融媒体时代中小学影视教育与思政教育

——从理论到实践

张丽伟／著

吉林大学出版社

·长春·

图书在版编目（CIP）数据

融媒体时代中小学影视教育与思政教育：从理论到实践 / 张丽伟著. -- 长春 : 吉林大学出版社, 2020.5
ISBN 978-7-5692-6798-3

Ⅰ.①融… Ⅱ.①张… Ⅲ.①影视艺术－艺术教育－应用－思想政治教育－教学研究－中小学 Ⅳ.①G631

中国版本图书馆CIP数据核字(2020)第138879号

书　　名：融媒体时代中小学影视教育与思政教育：从理论到实践
RONGMEITI SHIDAI ZHONG-XIAOXUE YINGSHI JIAOYU YU SIZHENG JIAOYU: CONG LILUN DAO SHIJIAN

作　　者：张丽伟　著
策划编辑：矫　正
责任编辑：张宏亮
责任校对：马宁徽
装帧设计：雅硕图文
出版发行：吉林大学出版社
社　　址：长春市人民大街4059号
邮政编码：130021
发行电话：0431-89580028/29/21
网　　址：http://www.jlup.com.cn
电子邮箱：jdcbs@jlu.edu.cn
印　　刷：长春市华远印务有限公司
开　　本：787mm×1092mm　　1/16
印　　张：13.75
字　　数：200千字
版　　次：2020年5月　第1版
印　　次：2020年5月　第1次
书　　号：ISBN 978-7-5692-6798-3
定　　价：50.00元

前　言

影视作为一种综合视听、时空、艺术与技术等多种元素为一体的存在形式，经过了剧本、表演、后期等步骤的加工呈现在人们眼前。它不仅对人们的价值观念、思想行为、生活习惯等产生着巨大的影响，更是当今以互联网和移动互联网为代表的融媒体时代下，青少年自主学习和娱乐成长的重要途径。融媒体的飞速发展不断弱化和淡化着传统媒体与新兴媒体的边界，随着融媒体时代的到来，信息技术能力成为影响教学效果的重要因素。在融媒体时代的大背景下，以视听艺术为核心的影视艺术和影视教育步入了机遇和挑战并存的新阶段。2018年12月，教育部、中宣部联合印发《关于加强中小学影视教育的指导意见》，正式将影视教育纳入中小学学校教育的教学计划。

影视教育作为辅助开展思想政治教育工作的有效载体，多年来在中小学思想政治教育中发挥着重要的作用，同时，在当今信息高速发展的融媒体时代，影视作为传播社会文化信息不可或缺的载体对社会发展进步起着十分重要的作用。通过加强中小学影视教育，着力在坚定理想信念、厚植爱国主义情怀、加强品德修养、增长知识见识、培养奋斗精神、增强综合素质上下功夫，努力构建德智体美劳全面培养的教育体系，对于激发学生对党、国家和人民的热爱，增强对"四个自信"的理解与认同，对于从小养成良好思想道德、心理品质和行为习惯，形成正确的世界观、人生观、价值观，对于提高学生审美和人文素养，形成健康文明的生活方式等具有重要意义。

影视教学凭借自身极富感染力的表现形式、震撼的视听、跌宕起伏的故事情节和性格不一的人物形象，深深地吸引了学生的注意力，让学生"天马行空"地自由想象。同时电影将景别、构图、光线、色彩、音响等多种视听元素集结起来，让学生赏心悦目，大大提高了学生的学习效果。因此，影视教学的出现，为思想政治教学提供了一次历史性的思考和改革，但到目前为止，还没有一套完善的影视教育融入中小学思想政治教育的教育教学体系，笔者从影视教育和思想政治教育的理论依据入手，结合时代背景分析了影视教育在思想政治教育中的价值体现，就融媒体下影视教育应用于中小学教学的现状、原因进行调查分析，并就分析结果提出影视教育促进中小学思想政治教育的创新途径，从理论到实践，探寻影视教育融入中小学思想政治教育的有效方法，以期形成教育教学体系，提高融媒体下影视教育与中小学思想政治教育相融合的实效性。

全书共分六章，第一章论述了影视教育的概念界定及相关理论依据，从理论上厘清影视教育的概念、特点、理论依据等，为中小学影视教育与思想政治教育的结合，提高教育的实效性，探寻切实有效的创新路径，打下坚实的理论基础。第二章论述了中小学思想政治教育的理论依据及发展历程，把马克思主义对青少年思想政治教育的相关论述、马克思主义中国化的最新理论成果、相关的教育学理论和我国传统文化关于思想道德教育的论述作为中小学思想政治教育的理论依据，指导新时代中小学思想政治教育内容的创新和发展，并对思想政治教育内容的发展历程、创新之处以及相关经验进行总结，不仅能够丰富中小学思想政治教育内容的研究，也进一步提高中小学思想政治教育的理论水平。第三章论述了影视教育在中小学思想政治教育中的价值体现，从"是落实'立德树人'根本任务的有效途径""为中小学开展影视教育工作提供丰富的资源和载体""传播社会主流价值观，提升学生综合素质""提高学生审美和人文素养，形成正确'三观'""提高全民族文化素养，增强国家文化软实力"等五个方面论述了影视教育在中小学思想政治教育中的重要价值体现。第四章论述了融媒体下影视教育应用于中小学教学的现状调查及原因分析，详细论述了融媒体的特点及其在中小学思想政治教育中的作用，并采用文献研究法和比较分析法两种方法调研并整理了相关数据，全面总结融媒体下影视教育应用于中小学思想政治教育的问题及成因，为后面提出针对性的实践创新对策，实现影视教育在中小学思想政治教育中的最大实效奠定科学基础。第五章论述了中小学思想政治教育中融入影视教育的影响因素，分析了融媒体背景下中小学思想政治教育的新机遇，同时，从教学内容的甄选、教学流程的运行、对教师的要求以及对学生的要求等方面，阐述影视教育融入中小学思想政治教育的影响因素，为创新途径的提出找寻实践依据。第六章论述了影视教育促进中小学思想政治教育创新的途径，从实现影视教育与中小学思想政治教育课堂教学的有效融合、开发影视文化校本课程，鼓励学生影视创作、提升教师影视教学能力，完善教师培训体系和考评机制、用影视教育助力丰富多彩的校园文化建设、充分调动社会资源辅助中小学影视教育以及发挥红色经典影视作品的爱国主义教育功能等六个方面就如何更好地以影视教育促进中小学思想政治教育，全面系统地提出了创新途径，旨在提高融媒体下影视教育与中小学思想政治教育的实效性，为中国特色社会主义事业培养合格的建设者和可靠的接班人。

目　录

第一章　影视教育的概念界定及相关理论依据⋯⋯⋯⋯⋯⋯1

一、影视教育的概念及特点 ⋯⋯⋯⋯⋯⋯⋯⋯⋯2

二、影视教育应用于中小学教学的理论依据 ⋯⋯⋯17

三、影视教育内容的选择依据 ⋯⋯⋯⋯⋯⋯⋯31

四、影视教育与思想政治教育的关系 ⋯⋯⋯⋯⋯32

五、我国中小学影视教育的时代背景 ⋯⋯⋯⋯⋯35

第二章　我国中小学思想政治教育的理论依据及发展历程⋯⋯⋯ 40

一、我国中小学思想政治教育的理论依据 ⋯⋯⋯41

二、我国中小学思想政治教育的阶段划分及教育内容的

发展变化 ⋯⋯⋯⋯⋯⋯⋯⋯⋯⋯⋯⋯⋯⋯53

三、我国中小学思想政治教育现状 ⋯⋯⋯⋯⋯70

第三章　影视教育在我国中小学思想政治教育中的价值体现⋯⋯⋯ 75

一、是落实"立德树人"根本任务的有效途径 ⋯⋯⋯76

二、为中小学开展影视教育工作提供丰富的资源和载体 84

三、传播社会主流价值观，提升学生综合素质 ⋯⋯⋯92

四、提高青少年审美和人文素养，形成正确"三观" ⋯⋯⋯95

五、提高全民族文化素养，增强国家文化软实力 ⋯⋯⋯99

第四章　融媒体背景下影视教育应用于中小学教学的现状调查及

原因分析⋯⋯⋯⋯⋯⋯⋯⋯⋯⋯⋯⋯⋯⋯106

一、融媒体在中小学思想政治教育中的作用 ⋯⋯⋯107

二、影视教育应用于中小学教学的现状调查 ·············· 114

三、影视教育应用于中小学教学现状的原因分析 ·········· 124

第五章 中小学思想政治教育中融入影视教育的影响因素·········· 135

一、融媒体背景下中小学思想政治教育的新机遇 ·········· 136

二、中小学思想政治教育中融入影视教育的作用与影响 ········· 140

三、中小学思想政治教育中融入影视教育的影响因素 ·········· 146

第六章 影视教育促进中小学思政教育创新的途径················ 160

一、创新原则 ······························· 160

二、创新内容 ······························· 164

三、创新途径 ······························· 166

结 语··· 196

附录一 教育部 中共中央宣传部关于加强中小学影视教育的

指导意见 ································ 198

附录二 中小学思想品德课影视资源应用现状调查问卷·········· 203

参考文献 ··· 205

第一章　影视教育的概念界定及
相关理论依据

在教育现代化的进程中，创新中小学思想政治教育教学方式是迎接未来科学技术所带来的挑战的重要方式，"人类教育模式的调整和转变已经在进行之中。这些变化既是生产力发展、政治力量变化、科学技术进步的结果，也是人类的社会理想、教育理想更新的结果"[①]。中小学思想品德课是帮助中小学生健康成长，促进中小学生形成正确价值观念，引导其独立思考的综合性课程。当前，影视是青少年日常生活中经常接触的视听觉信息，它不仅是娱乐消遣的方式，也是影响中小学生思想价值观形成的重要因素。计算机科学技术的发展将大众带入了一个"读屏时代"，"读屏"成为人们获取信息的主要方式，这也使中小学生的学习方式发生了翻天覆地的变化。面对新时代的挑战，中小学思想政治教师需要不断创新教学方式，根据教学对象的需求将有利于思想政治教育教学的方式方法应用到课堂教学当中，以适应时代发展的需要，通过结合多种教学方式的优势，提升思想政治教育效果。正如习近平指出："对中国人民和中华民族的优秀文化和光荣历史，要加大正面宣传力度，通过学习教育、理论研究、历史研究、影视作品、文学作品等多种方式，加强爱国主义、集体主义、社会主义教育，引导我国人民树立和坚持正确的历史观、民族观、国家观、文化观，增强做中国人的骨气和底气。"[②]

把作为数字化资源之一的影视资源融入中小学教育是时代发展的需要，以视听艺术为核心的影视教育作为艺术教育的重要组成部分，理应成

---

① 王志敏、赵斌.电影对人类文明发展的革命性意义[J].艺术百家，2012（04）：74-79.
② 习近平.建设社会主义文化强国　着力提高国家文化软实力[N].人民日报，2014-01-01.

为中小学德育、美育等工作的重要内容。2018年12月，教育部、中宣部联合印发《关于加强中小学影视教育的指导意见》，正式将影视教育纳入中小学学校教育的教学计划。把影视教育融入中小学思想政治教育，首先要从理论上厘清影视教育的概念、特点、理论依据等，为中小学影视教育与思想政治教育的有机融合，提高教育的实效性，探寻切实有效的实践创新路径，打下坚实的理论基础。

一、影视教育的概念及特点

（一）课程资源的概念及发展趋势

1. 课程资源的概念

课程资源又称教学资源，是指为课程学习提供帮助的各种学习材料，如课堂上的教师讲课、学生自己设计的黑板报、教室墙上张贴的名人名言、学校分发的课本、图书馆借阅的书籍，以及一些课外实践活动，包括参观博物馆、科技馆、实验室等，都属于课程资源。其中，教材是最基本的课程资源，综上所述，课程资源分为校内课程资源和校外课程资源两大类。校内课程资源包括教师、学生、课本、图书馆、实验室、教室、幻灯片、实践基地等；校外课程资源包括政府基础设施、工厂、村庄、电影、广播、电视、杂志、博物馆、科技馆等广泛而丰富的课程资源。这里提到的课程资源不同于我们通常所说的课程内容。因为课程内容侧重于教什么，是为了达到课程目标而选择的观点、原则、技能、价值观等要素，是学习的对象。

课程资源指的是课程要素来源以及实施课程的必要而直接的条件。学术界一般将课程资源分为广义和狭义两个层次。广义的课程资源是指实现课程目标的各种因素，狭义的课程资源只是指教学内容的直接因素。课程资源是课程建设的最基本内容，是课程教学过程中必不可少的重要因素。我们要在教学设计中合理、科学地以多种形式呈现课程资源，增加课堂的趣味性，减少学生对课堂学习的排斥，调动学生参与课堂的积极性，促进师生的良性互动。为了全面贯彻课程资源的理念，我们应该在教学过程中系统地开发与应用它。

2. 课程资源的特点

课程资源既不同于一般社会资源，也不是现实的课程成分或运作条件，而是具有多样性、潜在性、动态性和多质性的特点。课程实施者只有把握其特点，才能够对课程资源进行深度有效的开发和利用。首先，并非所有的资源都是课程资源，只有真正进入课程和教育活动的资源才是真正的课程资源。其次，课程资源具有不同的种类、表现形式、利用途径和方法等。第三，课程资源因地域、文化传统、学校以及师生各自的差异而不同。最后，同一课程资源对不同课程有不同的用途和价值。

（1）多样性

教材无疑是重要的课程资源，但课程资源绝不仅仅是教材，也绝不仅仅限于学校内部。课程资源涉及学生的学习与生活环境中一切有利于达成课程目标的资源，它覆盖于学校内外的方方面面，因而课程资源具有广泛多样的特点。

（2）潜在性

课程资源是一种"自然"因素，各种资源在未被课程实施主体开发之前，并没有显示出其教育功用，只有经过课程实施主体自觉能动地加以赋值和利用，才能转化为现实的课程成分和相关条件，发挥课程作用和教育价值。

（3）动态性

与自然资源相比，课程资源具有动态性的特点。生物资源、矿物资源等自然资源在很大程度上是以资源本身的客观属性来分类界定的，而课程资源则不同。课程资源作为社会资源，需经主体的意义筛选，不仅涉及资源的客观性层面，而且还包含着主体的主观意向性层面，表现出多个方面的动态特性。

（4）多质性

同一资源对于不同课程具有不同的用途和价值。例如，动植物资源可以成为学生学习生物学知识的资源，也可以成为学习环境学、生态学知识的资源，还可以成为学生调查、统计的资源。学校附近的山，既可以用于体育课程中的体育锻炼，也可以用于劳动技术教育中的植树绿化；既可以在艺术教育中陶冶学生的情操，也可以在生物课中用来观察动植物的种类。课程资源的这一特点，要求教师独具慧眼，善于挖掘课程资源的多种利用价值。

3.课程资源的分类

按照功能特点的不同，可以分为素材性课程资源和条件性课程资源。按照空间分布的不同，可以分为校内课程资源和校外课程资源。按照载体形式的不同，可以分为生命资源和非生命资源。按照性质的不同，可以将课程资源分为自然的和社会的。按照物理形态或呈现方式的不同，可以将课程资源分为文字的、实物的、活动的和信息化的。按照存在方式的不同，可以将课程资源分为显性的和隐性的。课程资源还可以按照物质与非物质进行分类，前者指人力资源和物力资源，后者指知识资源和思想资源。

4.课程资源的发展趋势

（1）课程资源开发的必要性

从学生角度而言，课程资源开发有利于改变学生的学习方式，拓展学生的学习空间，丰富学生的学习内容，使学生回归生活世界；从教师角度而言，有利于提升教师的课程意识和教学能力；而对于学校而言，则有利于丰富学校的课程内容，提高教学的实效性。

（2）课程资源的发展趋势

对课程资源的重新定位和认识，可以使我们在理论探讨和行动实践的方向上更加清晰明确。开发课程资源，必须改变对课程资源研究的忽视，走出对课程资源的僵化的思维定式。课程资源观的转变，将改变课程开发者和教师对课程性质的认识，使课程由狭隘向宽泛、由静态向动态转变。课程不再只是学科的总和，而是学科、儿童、生活和社会的有机整合。学生的生活、个人知识和直接体验将成为课程开发的基础和依据。课程资源从课堂延伸到课外，从学校延伸到社区和地区，学生所处的社会环境和自然环境都开始成为学习探究的对象，成为学习的"课堂"。

课程资源的开发利用是新课程改革的重要内容之一，也是新课程改革实现的必要条件。改变传统的教学观念，突出学生的学习主体地位，是课程资源开发的重要原则之一。开发优秀的课程资源，有利于培养学生"自主、合作、探究"的学习方式，有利于转变学生的被动学习状态，有利于实现素质教育，这就要求改变传统的以教师为教学活动中心的观念，也对新时代的教师提出了更高的要求。开发适合学生、受学生欢迎的课程资源，更有利于教学目标的实现，包括知识与技能、过程与方法、情感态度和价值观的培养等。在融媒体时代的大背景下，现代视听技术、信息技术和互联网等在课程资源建设中的作用受到了前所未有的重视，影视资源融入中小学思想政治教育是课程资源开发的突出趋势之一。

（二）影视教育的概念及特点

1.影视资源的内涵

影视，简单而言是电视和电影的统称，即通过画面、声音组接来传达和表现的视听艺术，是现代科技与艺术相结合的产物。影视资源，顾名思义，是指关于电视和电影的资源。由此，有研究者认为，"影视资源就是一种以电影或电视为手段，借用人物、事件、背景，使消逝了的时空与人物通过文字、图像、屏幕得以'复现'的'拟真'拍摄，它是一种对信息的具体化、形象化的叙述"[①]。这类观点凸显了影视资源作为视频的特点，但若是站在教学的角度，应在此基础上结合思想政治教学资源的教育特性，对其内涵作进一步的挖掘。因此，在论及教学资源时应当突出其利用主体和资源的效用性，从教育学的角度出发，除上述的基本概念外，影视资源还应当理解为：是指在学科课堂教学活动中，能够被教育者直接或者开发后利用的，有利于实现思想政治教学目的的，能够支持学科教学活动的或成为学科教学内容的影视材料的总和，其内涵包括以下几层含义。

（1）这里所说的影视资源，是指有利于实现思想政治教育的各种影视素材资料，包括具有直接应用价值的影视资源，如教育宣传片等为思想政治教育直接创作的影视作品，以及具有潜在应用价值的影视资料，即不是专门为思想政治课教学而创作的，没有明显带有教学目的的影视资源，但是经过教育者的仔细甄别、合理编排，能够运用于教学，对教学效果产生积极作用的影视素材。

（2）影视资源积极作用的发挥是通过教育者对资源的正确认识与合理

---

① 陈海涛.浅谈影视资源与文综合科目的课程整合［D］.辽宁师范大学，2010.

开发利用而实现的。影视作为大众传媒的重要载体之一，是未成年人娱乐和获取信息的重要途径。影视作品不会自发地在观众中发挥教育作用，也不会自发地在思想政治教育中发挥现实作用。影视作品确实具有思想性，优秀的作品可以使受教育者在观看的过程中潜移默化地受到美好思想的熏陶，但这样的素材需要选择，其所带来的教育影响也很不稳定。因此，充分发挥影视资源的教育功能，取决于教师是否有正确的资源开发利用理念和方法。

（3）影视资源必须是有条件被教育者获取、选择与应用，在现实中已经存在的视频材料。也就是说，使用者可通过一定的方式搜寻与使用的资源，这种资源类型广泛，包括作为广大群众最喜爱的视频类型之一的影视剧（电影、电视剧）；故事性强、色彩鲜艳、节奏明快的动画片；虽短犹精，情真意浓，通过特定的媒体形式，公开广泛地向公众传递信息的广告；依据各类主题打造的电视节目；作为事件"放映者"，具有真实性、时效性的新闻报道等。

2.影视教学的概念及特点

教育离不开教学，影视教育也同样也要通过影视教学来完成教学目标、达到育人目的，为了更好地理解抽象的影视教育概念，有必要厘定影视教学的概念及其特点。

（1）影视教学概念

师者，传道授业解惑也。因此，知识的传授不能局限于书本，这个过程也是一种思想、情感、情感，甚至价值观、人生观、世界观的铸造。新课改之后，以往的教师说讲、学生听的模式已不能满足学生的需要，如何让学生爱上课堂是教师思考的重中之重。

据调查，视听资料对人脑的刺激是文字资料的两倍，也就是说，如果把看、听、说、做、想合理地结合起来，将对提高学习效果大有裨益。瑞士著名心理学家让·皮亚杰在他的认知发展理论中指出，学习者可以在初步概念建构的基础上，集成泛化后的新事物；此外，还可以通过修正原有概念来容纳新知识。然而，如果完全凭空学习或记忆，效果往往不佳。我们都有这样的经历，当我们遇到新的问题时，如果这个问题阻碍了我们的步伐，我们就会不知不觉地成为一个学习者，以便解决它，主动收集资料，并对原始概念进行分类。这样的学习过程往往事半功倍，成效显著。因此，学习的起点是学习者通过感官接收信息。美国心理学家杰罗姆·布鲁纳在《教学论》一书中指出，在教学过程中应以学生的直接经验为基础，通过图像而不是经验，最后用符号，即通过语言的使用进行教学。也就是说，通过学习和认识事物直接具体的现象或抽象的象征意义，可以提高对符号的记忆和使用，因此合理使用视听资料可以显著提高教学效果。

综上所述，影视教学就是充分利用影视资源在教学中的优势，充分发挥影视资源的视听特性，结合教材知识和传统教学方法，优化教学信息的传输，采取高效教学，以能力培养和专业精准为准则，充分挖掘学生的"闪光点"。正确运用影视教学对实现教学目标、完成教学任务、提高教学质量具有重要意义，特别是一些无法用文字清晰表达的复杂信息，此外还可以克服教学在时间、空间和人数上的限制因素。

（2）影视教学特点

第一，实践性。影视教学的实践性，归根结底要求教师达到"给学生一瓢水，自己要准备一桶水"的标准。影视教学倡导师生共同学习的理念。教师根据教学目标和教学内容选择合适的影视资源对学生进行指导。

影视教学要求教师善于组织和使用影视教材，充分钻研教材，对难以用文字表达、学生难以理解的部分进行标注，以便选择合适的影视资源。学生在课堂上观看视频时，教师要及时收集学生的反馈信息，改正不足，提高教学水平。课后，教师和学生进行讨论和总结。学生应注意观察影视资源与课程内容的相关性，善于将感性资料上升为理性结论，及时向教师反馈问题，尽快解决问题。每一步都要求教师和学生不断地学习和实践，因此影视教学的选择必须不断实践，在实践中不断改进提高。

教师在选择影视教学时，一定要走进教学一线，与学生一起学习，一起探索，在实践中发现和总结规律，绝不能闭门造车、纸上谈兵。

第二，物质性。影视教学依赖于教学硬件、多媒体等物质条件，不受人的意志影响。在原始社会，教学仅仅依靠教师的语言和手势，随着书籍的出现，讲授法、谈话法应运而生。互联网技术普及后，远程教育进入了人们的视野。可见，影视教学的物质性体现了其时代性，决定了其发展变化趋势。

在教育面前，社会科学技术为教学方法的改革提供了物质基础。在人类教学方法的演变中，我们发现这是一个从低级到高级的漫长过程。当然，从发展的角度来看，影视教学这一更先进的教学方法，在未来将逐步退出历史舞台，在社会进步和教学实施中，将形成更优越的教学方法。

回顾教学媒体的发展历程，从最初的幻灯片放映、投影仪、带留声机的简易电影屏幕，到后来的有声电影，到现在我们已经能够根据具体的教学内容自由选择丰富的影视资源，期间的变化是不可估量的。作为新时代的教师，只有不断改进和掌握最新的教学方法，才能赶上新时代教育教学的发展脚步。

第三，迁移性，影视教学的迁移性是指传统教学方法对新生力量的影响。因为传统的教学方法必然会对新的、但不成熟的教学方法产生影响。这种影响可以促进新方法的发展，使其从原有方法中汲取有用的东西（即正迁移）；也可以影响和阻碍新方法的实施，使其不能单独发挥适当的教学效果（即负迁移）。以讲授法为例，它对于形象、视听兼备的影视教学法来说，可以用"启发性"给予营养，使之获得更好的教学效果；另一方面，也可以用"注入"的方法来干扰抑制，甚至阻碍新方法的发展。因此，在影视教学研究中，应加大传统教学方法对新方法的正向迁移作用，减少和消除负迁移的影响作用。

第四，再现、模拟性。为了再现真实的原貌，打破时间和空间的限制，使学生感知不易直观看到的现象，或通过模拟向学生传递信息，以揭示抽象内涵，提高教学效率。影视教学传递的信息是事物的形象、直观的声、光信息，是事物形态、色彩的具象信息，而不是语言、文字、符号等抽象内容。再现、模拟性是心理感知规律、记忆规律和注意规律的重要基础，鲜明生动的形象不仅能提高学生对讲解要点的选择性和理解力，而且能使学生的注意力稳定、集中，增强记忆的牢靠性，准确逼真的教学媒体能很好地表达教学对象在时间和空间上的运动变化。

例如，通过对记忆率的研究，我们发现，如果只是依靠听觉，在3小时后知识保留率为60%，3日后不到20%；如果我们仅仅依靠视觉，在3小时后知识保留率为70%，3天之后下降到了40%；如果视听结合，3小时之后会保留90%，3天之后仍然会保留70%以上。

第五，多样性。通过影视教学，教师可以利用看电影、写影评、表演同名情景喜剧、"我给爸爸妈妈讲故事"等多种方式方法，巩固教学成果、检验教学质量。通过这些丰富多彩的活动，不仅可以检验教学效果，而且这些新颖的教学评价模式可以使学生达到轻松学习、快乐学习的目的。

此外，丰富多样的活动还能培养学生协作学习的能力。协作学习，顾名思义，就是学生通过小组形式开展学习的模式。在协作互动的教学模式下，学生不是被动的接受者，而是在一定的情境下，借助教学媒体，利用必要的学习材料，积极主动地完成知识的建构。

在协作学习中，学习环境尤为重要，大致可分为组织环境、空间环境、设备环境和资源环境。组织环境是组织成员的内部构成，包括组织成员之间的小组分工和任务分工。空间环境是学习者的学习环境，如班级课堂、网络课堂等。硬件环境是指协作学习中使用的硬件条件，如计算机支持的协作学习、电影观看活动等。资源环境是学习所需的各种资源，如图书馆、网络等。

3.影视教育的概念及特点

（1）影视教育的概念

目前，我国学界对于影视教育尚未有明确概念，但通常分为影视专业教育和影视素养教育两大类。影视专业教育主要是针对未来影视从业人员进行定向影视培养，如科学分析影视内容和表现手法、影视拍摄技巧和后期剪辑等。影视素养教育更具普适性，教育对象范围更广，主要是培养学生对影视优劣的判断、观影后的个人理解以及通过影像来自我表达等。

（2）影视教育的特点

特征是事物本质的体现，是区分一个事物与其他事物的重要依据。事物的特征往往有多个，从不同角度切入，会呈现不同的特征。影视资源作为思想政治课堂教学资源之一，具有以下几个方面的特征。

①思想性

影视资源具有鲜明的意识形态属性，思想性是影视作品最基本的特征。从文化的角度看，主题和价值观是影视创作过程中最重要的问题，任何影视作品都是以传播某种思想观念为前提的。影视作品作为一种精神产品，是社会主流价值观的重要传播载体。"一个阶级是社会上占统治地位的物质力量，同时也是社会上占统治地位的精神力量。"①首先，影视资源本身蕴含着深厚的人文情感因素。影视作为社会生活的一面镜子，通过镜头语言再现和浓缩历史和当下，通过对故事场景、情节发展和人物形象的分析传递某种道理，暗示某种思想，展现人与人、人与社会、人与环境的关系，通过对现实世界的真实描绘和对生命意义的探究，探寻生活的真理，"影像的功能，诚如果戈里所说，是在表现生命本身，而非生命的理念或论述，它并不指涉或象征生命，而是将他具体化，表现它的独特风貌"②。其次，成功的影视作品往往传达出具有现实意义的主流价值观，这是因为优秀的创作主体会自觉地将时代精神和人民呼声融入作品的创作过程中，使社会责任感、时代使命感等伟大精神力量成为艺术创作的内在动力，从而诞生出影响广泛、寓意深远的优秀作品。

②教育性

鲁迅先生曾经说过：用活的电影来教学生，一定比教员的讲义好，将来恐怕要变成这样。影视资源可以成为教学辅助材料的原因，不仅是因为影视作品以生动形象的形式吸引人，而且影视资源蕴含着丰富的教育价值。"互联网时代的海量视频则记录着从世界图景到个体生活的详细境况。电影的纪录和呈现功能使其成为语言文字之后并不排斥语言文字而是将其包含于其中的最先进、最高效、最完整的媒介手段"③，主要表现在：第一，影视作品蕴含着丰富的科学文化知识。教师可以选择与教学相关的片段，让学生在看电影的过程中学习知识。第二，影视作品具有丰富的思想道德教育内容。可以说，影视作品从"孕育"的那一刻起，就肩负着传递特定政治文化内涵的重任。因此，观众在观看后会不同程度地受到电影中思想观念的影响，受到优秀作品的启发，在具体的影像元素当中，感受先进的思想、高尚的情操和美好的情感。因而，影视作品对于观者人性的陶冶、道德情感的培养、精神境界的提高具有不可忽视的作用。正如文化研究学者戴锦华所说："看50部有质量的电影会改变一个年轻人的世界。"④

① 马克思恩格斯全集（第三卷）[M].北京：人民出版社，1960：54.
② 李道新.中国电影文化史[M].北京：北京大学出版社，2005.
③ 王志敏、赵斌.电影对人类文明发展的革命性意义[J].艺术百家，2012（04）：74-79.
④ 戴锦华.镜与世俗神话：影片精读18例[M].北京：中国人民大学出版社，2004：321.

③观赏性

首先，影视资源的观赏性是指影视作品在表现形式上直观形象，视听兼备，能突破时间空间的限制。众所周知，影视通过"镜像语言"呈现社会现实生活，集图像、声音、文字等优势于一身，能够在不受时间和地域限制的情况下生动地再现生活。它能让肉眼观察不到的高速事物慢下来给受众观看，也可以让沉默静止的事物动起来供大家欣赏；它可以将庞大或细微的事物缩放至观众的眼前，也能将遥不可及的模糊事物聚焦至我们的视野中。不仅如此，利用声、光、色来营造视听空间的"镜像语言"，还能使遥远的历史画面真实再现，并能模拟未来的蓝图。可以说，影视具有其他媒体无法比拟的优势，没有任何一种方式能够像影视这样化抽象为具体、化远为近、化虚为实。

其次，影视资源的观赏性也体现在其内容组织上，影视作品不是简单的图像组合，不是机械的声音搭配，也不是生硬的文字表述。所有这些元素都是根据表演的目的有节奏地、巧妙地结合在一起的。即使是短小的公益广告片，也展现出很强的趣味性。因而，情节跌宕，具有吸引力的影视作品，能使受众在观看时，不仅享受到视觉与听觉的感官冲击，同时能够观赏到情节的巧妙、戏剧的冲突、表演的生动、配乐的感人等等，使得"学生可以在轻松、愉快的气氛中进行学习，既减轻了学生的疲劳，又充分利用了认识过程中的情感因素"[①]。影视的观赏性使其成为最通俗易懂、最具娱乐性的大众传播媒介。凭借其视听语言的优势，声情并茂地呈现事物与现象，将观者的思维意识融于感知之中。"思想教育主要是进行世界观、方法论教育，着重解决主观与客观相符合的问题。"[②]影视资源通过展示优秀人物和经典故事，以多种形式塑造人们的思想观念。

④ 艺术性

影视剧是最受欢迎的视频类型之一。它集音乐、舞蹈、绘画、表演等多种艺术形式于一体的表现方式，给观众带来了突破时空的艺术体验，为观众提供一场视听盛宴。优秀的影视作品能刺激人的感官，通过感人的故事情节和鲜明的人物形象传达美好的思想，净化人的灵魂，启迪人的心

---

① 　傅道春. 情境心理学 [M]. 长春: 东北师范大学出版社, 1997: 115.

② 　骆郁廷. 论思想政治教育内容结构及其优化 [J]. 学校党建与思想教育, 2002 (Z1): 39.

智。同时，影视艺术形式的多样性使其具有很强的表现力，它兼具了其他艺术门类的优势，将音乐、绘画、表演等艺术形式融为一体，极具表现力。"它生动而直观地反映生活，兼具理性与感性精神，在完整而适合的时间长度中以感性接近理性，碰触理性。"①作为意识形态传播的载体，影视的这一特性可以使观众在感受美和欣赏美的过程中潜移默化地接纳电影中所展现出来的理念，在娓娓道来、不露痕迹的叙述中，不自觉地接受其中的价值观念。例如，纪录片《焦裕禄》不仅是一组精心编排的画面和影像，更是一部生活事迹的实录。通过"记实"与"表意"的结合，让观众在巨大的视觉冲击中感受道德楷模的德育熏陶，正如巴赞先生所说："艺术上的'写实主义'，无不首先具有深刻的'审美性'。"②

我们常说思想政治教育要入脑入心，但如何使这些知识真正进入受教育者的脑中心中，是思想政治教育工作者长期面临的问题。影视作为网络时代传统媒体的幸运者，展示了其强大的艺术感染力和完美的意识形态传播能力，彰显了其思想政治教育功能，是提高思想政治教育效果的有益工具。"发挥影视吸引、感染观众的独特优势，使影视成为当今中国最活跃、最有影响的文艺样式，是社会主义文化大发展大繁荣的题中应有之意。更多更好的影视产品对满足人们文化需求、丰富人们精神世界有着不可替代的作用，对人们形成正确的价值取向、审美情趣、生活态度也会产生潜移默化的影响。"③

4. 红色影视的概念及教育功能

（1）红色影视的内涵

红色影视是中国共产党在领导中国革命实践过程中不断总结提炼的具有鲜明阶级性、民族性和历史性的红色文化的影视化表现。广义上讲，红色影视是体现共产党人和爱国进步人士为建立中华人民共和国所作出的流血斗争，以及在社会主义现代化建设而努力奋斗的影视作品。狭义上讲，是指描述新民主主义革命时期共产党人和爱国人士的先进事迹的影视作品。

---

① 胡克、张卫、胡智峰. 当代电影理论文选［M］. 北京: 中国传媒大学出版社, 2000.

② 巴赞. 电影是什么［M］. 北京: 中国电影出版社, 1996: 269.

③ 中共中央政治局委员、中央书记处书记、中宣部部长刘云山2010年9月26日在影视创作座谈会上的讲话_人民网［EB/OL］. http://www.people.com.cn/GB/paper39/8202/774.

红色是中华民族的象征，在中国传统文化中，红色是吉祥的颜色，代表着幸福和正义。俄国十月革命后，红色被定位为"革命"。中国共产党继承和发扬了这红色的民族性和阶级性，从此，红色成为无产阶级、社会主义、中国共产党和中华民族的代表色。1987年，广播电影电视部对国家电影创作团队提出了主旋律电影的发展要求，并以《开国大典》作为主旋律电影的标志。主旋律电影包括三个主要题材：一是以中国共产党革命奋斗史、抗日战争史和领袖人物传记为主线的重大革命历史题材，如《毛泽东》《长征》《开国大典》等；二是反映新中国成立以来各个时期社会主义制度建设先进事迹和优秀思想的现实主义题材作品，如《焦裕禄》《铁人》《激情燃烧的岁月》等作品；三是传播和发展中国传统文化和民族精神的历史题材影视作品，如《孔子》《康熙王朝》《天下粮仓》等。20世纪90年代初，文艺工作者和相关部门提出将主旋律电影与代表党、国家和民族的红色相结合，逐渐形成了今天的红色影视的概念。党的十八大提出文化自信观后，树立了中国特色的文化品牌，提升了国家文化软实力，赋予了中国红色影视独特的历史使命。

综上所述，本书将红色影视作品的概念界定为：以反映我国无产阶级革命和社会主义现代化建设为主题，以弘扬社会主义思想、传播社会主义核心价值观、树立中国文化品牌形象为目的的电影和电视作品。

（2）红色影视的类型

依据上文中对红色影视的内涵阐述和概念界定，红色影视的类型可以划分为革命抗战故事片、红色历史纪录片和先进人物传记片三个主要类型。

①革命抗战故事片

十四年抗日战争和十年解放战争，是中国红色影视作品取之不尽的灵感源泉。特定的历史时期和鲜明的民族特色是抗日革命专题片的主要特征，如讲述重大历史事件的影视作品《建国大业》《井冈山》《长征》《南昌起义》等，以及描写局部地区和特定职业的抗战故事的影视作品《地道战》《铁道游击队》《潜伏》《亮剑》等。通过影视技术对革命历史故事的艺术加工和形象再现，加强人们共同的历史记忆、激发人们内心的情感共鸣是此类题材作品实施思想信息传递的主要途径。

②红色历史纪录片

用真人、真事、真情、真景，客观地记录党和人民在革命和建设时期的真实历史情况，是红色历史纪录片的主要特点，如《角逐超高空》《大后方》《不忘初心牢记使命》《辉煌中国》等。红色历史纪录片整合和叙述了珍贵的历史影像资料，为人们正确了解历史事实、发展变化和民族风貌提供了可靠的资源，也是阐释党和国家执政合理性和合法性的重要影像资料。但是，由于纪录片具有突出的教育性和纪实性特点，娱乐价值和商业价值较低，致使红色历史题材影视作品的制作数量和社会影响力都十分有限，但仍然不可否认其具有极高的社会价值。

③先进人物传记片

传记影视作品不同于一般的故事类型片，在情节上受历史人物真实事迹的限制，必须以代表性人物为原型，以现实为基础，加上合理的想象、修饰和取舍，塑造出栩栩如生、细致入微的人物形象。我国的先进人物，如毛泽东、周恩来、钱学森、杨善洲等等皆有其相关的传记类影视作品，在观影的过程中，我们可以看到我国独特的价值理念和思想品质。先进人物传记片通过典型人物情感的表达和细致的讲述，具有极高的教育价值和历史价值。

（3）红色影视的教育功能

①政治性与教育性

红色影视产生的原因之一是为政治服务和人民服务，它是一种重要的政治宣传方式，具有鲜明的无产阶级、共产主义、社会主义立场和民族精神。从目的的角度看，红色影视在各个阶段的目的是宣传马克思主义思想、社会主义价值观和人民群众的民族意识和爱国主义精神。从内容上讲，是对共产党人英勇革命斗争史和社会主义建设史的讴歌，是对坚定的理想信念和不屈不挠、开拓进取、勇于创新的优秀人物的赞扬，是对共产党正确的路线、方针、政策和优良作风的体现。在生产和传播方式上，是由无产阶级和政府主导和推动，社会、文化各方面倡导的影视类型。因此，红色影视具有鲜明的政治性，为无产阶级所领导的中国人民传递主流意识形态、政治思想，引导人们走向富强民主生活的传播中介。

红色影视作品蕴含着丰富的思想政治教育信息，与其他影视作品不同，红色影视的教育性立足于政治性、真实性和现实性，开展教育活动目的明确。"以情动人，以感育人"是红色影视教育本质的主要体现。以丰富的情感和曲折的故事情节，以极具感染力的艺术表达方式将干涩的思想教育信息用情感的方式加工解读，观众在感受和欣赏的时候，不知不觉地理解并认同了作者想要传达的信息。这种"晓之以理、动之以情"的理性与感性交替进行互为补充的教育方式十分符合人心理的思想转化规律。同时，观众在观影后，会与周围或网上的人一起探讨该影片的内涵，在交流中不断加深对影片中教育信息的认识。

②生动性与真实性

影视艺术以生动的声音和形象讲述故事，给人以直接而具体的感受。红色影视的生动性是影视艺术家通过对周围环境的创造、对人物的细致描写、情节的巧妙设计以及对现实生活的理解而创造出来的。红色影视的生动性可以加深人们对其所表达的思想和价值观念的理解，使人们对红色历史的记忆更加长久。大多数红色影视的选材都源自真实的历史人物和事件，跌宕的革命斗争史和艰难的发展建设史是丰富的灵感源泉。只有有血有肉的、生动感人的艺术形象，真实地反映人民在各个社会阶级中的生活本质，才能给予观众最真实的感受，才能具有感染力和感召力，人民的榜样和精神领袖是无法捏造和虚构的，伟大的历史也不是不良舆论可以磨灭的。红色影视之所以保持了近九十年的活力，是因为通过对历史的真实再现使影视作品和观众内心之间所产生的情感共鸣，提醒我们要牢记历史，不忘身为一个中国人所肩负的历史使命。

③时代性与情感性

在近代中国的每一个历史时期，红色影视都扮演着不同的角色，具有鲜明的时代特征，具有不同的内涵和主题。在不同的历史时期，党和人民对影视作品的诉求各不相同，在革命时期，注重民族精神和革命精神的宣传，鼓励人民群众参加革命斗争。在社会主义建设初期，着重反映社会进步和社会主义方针政策的完善，鼓励人民积极参与祖国建设。在现代，红色影视节目着重丰富人们的历史观，增强人们对政治态度、伦理道德、社会文化的认同感。在艺术创作方面，红色影视进行了多次革新，为了满足人们的审美需求，充满现代感的影视特效、镜头剪辑和故事叙述不断创新，以满足当下观众的审美趣味。

情感是艺术美学的本质特征，通过影视手段把创作者的情感传递给观众，是开展红色影视教育引导活动的主要途径。红色影视的情感不同于历史事迹和现实生活的情感，它是对人们内心中最普遍的、共同的、强烈的、隐蔽的情感艺术化的凝练，这种情感往往具有跨地域、跨时代的沟通和联结能力。红色影视之所以能通过历史故事的重构激发人们的内心情感共鸣，是因为它抓住了人们对国家、民族、时代的共同内心情感，以"情感"为端点，将当下人们的思想道德品质与主流社会思想相连接，使红色影视始终保持着强大的生命力和广泛的社会效应。

④娱乐性与渗透性

娱乐可以被看作是一种通过设计和策划给人们带来欢乐或放松的活动。红色影视作为影视文化中的一个类型，其基本特征主要表现在以下几个方面：第一，观看红色影视作品，了解有关社会和历史的文化信息给人们带来的认知愉悦。第二，创作者在作品中创作的喜剧桥段和精彩画面给人们带来感官上的愉悦。第三，红色影视作品中对人和社会现象的理解和感受，引起观众的共鸣，让观众感到欣慰。娱乐需求是观众观看影视作品的主要原因。在社会主义市场经济体制下，影视已成为人们日常的精神消费产品。红色影视必须通过其娱乐性吸引更多的观众观看。

红色影视在思想政治教育信息传播中不是一种填鸭式的强行灌输，而是通过潜移默化的影响和无意识的渗透来塑造思想观念。随着我国经济技术的发展和对红色影视领域的日益重视，人们在生活中接触红色影视的机会越来越多。红色影视种类丰富，艺术表现形式多样，使红色影视逐渐成为人们日常休闲放松的主要选择。在获得感官和精神享受的同时则必定或多或少地得到思想的启迪和精神上的补益，民族性和地域性的文化价值观更容易使人们的集体意识产生和反馈。红色影视通过隐蔽、弥散的思想渗透，将思想政治教育生活化和艺术化，在潜移默化中影响着观众的人生观、世界观、政治观的形成。

二、影视教育应用于中小学教学的理论依据

（一）建构主义学习理论

1. 理论渊源及其发展

建构主义理论来源于学习理论的发展。学习理论中的行为主义认为行为可以被实践和塑造的，认知主义与行为主义的区别在于它关注人的内在心理过程。建构主义理论是建立在认知理论发展的基础上的，它主要关注个体知识的产生，代表人物有皮亚杰和维果茨基。

皮亚杰[①]的发生认识论强调个体，该理论认为智力的发展是一个认知结构不断以个体方式建立的过程，知识表征的结构为图示，而学习则是将原有的图示不断进行同化、顺应、经历过不平衡后最终达到平衡的过程。

维果茨基提出的是社会建构主义，和皮亚杰的相同之处是他也强调儿童在对知识的建构方面也是积极主动的，区别在于皮亚杰认为知识体系的构建是以个体的方式进行的，而维果茨基认为儿童对知识的认知与其生活背景和社会经验也有联系，即社会活动对儿童的认知有重要的作用[②]，此外，维果茨基还提出了"最近发展区"的概念，为支架式教学提供了理论基础[③]。

2. 概念界定

建构主义学习理论认为，学生在学习知识时应积极主动地进行意义建构，而不是机械地接受他人灌输的信息。通过与他人的切磋、交流、合作和讨论，可以根据自己的认知结构来分析外部信息，不断地调整、修改和补充自己的认知结构，从而实现对现实事物的意义建构。

3. 建构主义学习理论的主要观点

（1）知识观

这一理论认为，知识是在主客体相互作用下形成的，是人们对客观世

---

① 　[瑞士]让·皮亚杰著，范祖珠译.发生认识论[M].北京：商务印书馆，1990.

② 　[美]约翰·W.桑特洛克著，田媛、吴娜译.发展心理学[M].北京：机械工业出版社，2014.

③ 　麻彦坤、叶浩生.维果茨基最近发展区思想的当代发展[J].心理发展与教育，2004（02）：89-93.

界的一种解释和假设。每个人在面对同一问题时都会有自己独特的理解，即使身处不同的社会时期，也会对同一问题有不同的理解。如果人们对问题的理解达成了一致，也只是符合了所处时代的需要或在当时条件下对问题只能达到的理解程度，不是绝对和最终的答案。由于知识具有条件性，它不能完整概括客观世界的规律和法则。当人们面对问题时也不一定能解决所有的问题，具体问题必须进行具体分析。

（2）学习观

学习观认为，学生应在已有知识的基础上积极理解和解释新问题，完善自己的知识体系，实现意义建构。新知识的学习需要经过同化和适应的过程，但这并不意味着知识是简单的积累，而是当新知识与旧知识之间存在认知冲突时，认知结构会发生调整或重组。建构主义学习理论还倡导自主学习、探究学习和合作学习的学习方法，使学生既能记忆知识，又能真正理解知识，并能将其应用到实际问题中。

（3）学生观

学生观认为学生在学习过程中不是一张白纸，在此之前学生已经具备一些知识和经验。当他们遇到新知识时，会根据自己的经验来解读新知识，从而达到对新内容的理解和内化。换言之，教学是将新知识与学生已有的知识和经验联系起来的过程，从而扩展知识体系。因此，在教学过程中，教师要特别注意学生的基础，使学生在原有经验的基础上产生新的经验。在学习新知识的过程中，教师要注意学生的个体差异，在与学生的交往中注意因材施教，促进学生的发展。

（4）教师观

教师观认为虽然教学强调学生的主体地位，但教师仍然具有不可替代的重要地位。教师观认为教师的角色是教学活动的创造者，是学生学习的引导者和帮助者，具体表现为：帮助学生通过不同的学习方法进行学习，随时把控学习过程中活动和知识的进程安排、采取提问等方式促进学生思考、反思和评价，引导学生逐步形成自主的学习方式。

建构主义教学理论强调教学不能单靠教师向学生单向传递知识，知识也不是通过教师传授而得到的，而是学习者在一定的情境中，借助他人（包括教师和学习伙伴）的帮助，利用必要的教学资料，通过意义建构的方式获得。学习者的学习不是简单的知识接受，而是一个主动地建构内部心理表征的动态生成过程，在教学过程中，学习者根据自己的经验背景选择、加工、处理新知识，从而构建自己的知识结构。

建构主义指出，教学环境中的情境非常有利于学生对所学内容的意义建构。创设"情境"恰恰就是影视教学的独到之处，通过影视资源跌宕起伏的故事情节、饱满丰富的人物性格、震撼刺激的视听效果，都可以帮助学生身临其境，加深体会。例如，在学习人教版思想品德七年级上"防范侵害保护自己"专题时，可选择《新闻调查》特别节目《性侵犯：隐蔽的罪恶》为学生播放。一来用真实案例教导学生明辨善恶，明确什么是侵害；二来因学生社会阅历尚浅，用身边可能发生的案例帮助他们懂得如何保护自己，增强自我保护意识。

（二）人本主义学习理论

1. 人本主义学习理论产生的背景

人本主义学习理论依赖于以美国心理学家马斯洛和罗杰斯为代表的人本主义心理学而逐步发展起来的。从心理学的角度看，人本主义主张人是一个整体，对人本主义的研究也应立足于整体，立足于正常的个体和个体的综合心理状况，更加关注个体的人格、信仰、尊严、热情等高层次的心理活动。因此，人本主义学习理论从"全人教育"的视角出发，着眼于学习者的成长过程，关注人的本质的发展，主张引导学习者将自己的认知和已有的经验结合起来，挖掘其潜在的创造力。通过肯定自己来实现自我价值。人本主义心理学作为心理学界的第三种流派，不同于精神分析学和行为主义。它倾向于根据人的主观知觉和直接感受来理解人的心理，更加注重人的个性与自然、理想与追求。它认为一切创造都是为了实现自我价值，对人们的行为有着决定性的影响。人本主义心理学家主张个体通过改变信仰和情感来改变自己的行为。要理解其行为，就必须了解个体对世界的认知，即从行动者的角度认识事物。他们批评行为主义把人与一般动物混为一谈，因为人是不同于普通动物的高级生命，两者的特性有本质的区别。与行为主义相比，认知心理学关注的是人的认知结构，它弱化了人的本能情感态度和价值观在学习过程中的重要性，而这些恰恰又是最具人类特性的方面。人本主义心理学在教育上的意义是不主张客观地判定教师应教授学生什么知识，而是主张从学生的主观需求着眼，帮助学生学习他喜欢而且认为有意义的知识[①]。人本主义支持者通过剖析学习者的认知水平、情感高度以及信念强度等，从学习者内心世界中寻找个体习得差异的重要原因。因此，在创设有利于学习者快速进入学习状态的情境时，需要遵循以学生为中心的原则。这就影响了人本主义学习理论的研究方向，人本主义学习理论的研究重点是如何创造一个良好的学习情境，让学习者主动进入，从而能够运用自己的视角去感知和理解，发展创造性的学习过程，最终得以自我实现。

罗杰斯认为，人类具有天生的学习愿望和潜能，这是一种值得信赖的心理倾向，它们可以在合适的条件下释放出来；当学生了解到学习内容与自身需要相关时，学习的积极性最容易激发；在一种具有心理安全感的环境下可以更好地学习。他认为教师不直接向学生传输知识，而是要给学生提供利于学习的手段，对于学习过程如何进行则由学生自主决定并操作，教师在其中扮演的是促进学生学习的引导者角色。[②]

2. 人本主义学习理论的基础

以自然人性论为基础的人本主义研究理论支持人的本质属于自然实体，其原始的纯粹属性不应被复杂的社会实体所掩盖。人性的自然，表达了人最真实的本性。每一个有机体都有一定的内在倾向，即以有助于维持和增强有机体的方式发挥其潜能，并强调人的基本需要是由其潜能决定的。但自然的人性不同于动物的自然属性。人具有不同于动物本能的似本能需要，并认为生理的、安全的、尊重的、归属的、自我实现的需要就是人类的似本能，它们是天赋的基本需要。而似本能的需要就是人性，它们是善良的或中性的。恶，并非人性固有，它是由人的基本需要受挫引起的，或是由不良的文化环境造成的。[③]

---

① ［美］Robert D. Nye著, 石林、袁坤译. 三种心理学——弗洛伊德、斯金纳和罗杰斯的心理学理论［M］. 北京: 中国轻工业出版社, 2001: 32.
② 张春兴. 教育心理学［M］. 杭州: 浙江教育出版社, 1998: 255.
③ 李光珍. 解决化学实验问题思维训练对学生形式运算思维的影响［D］. 华东师范大学, 2006.

3. 人本主义学习理论的内涵

首先，人本主义学习理论认为学习的过程并不是简单的机械刺激与反应联结的叠加，而应该是一个有意义的学习心理过程，这是影响个体自主学习的重要因素。假设两个生活经验不同的人，对于同一事物的感知是不同的，其对感知事物的阐述自然也是不一致的，所以对事物的反应或者事件的应对都不同。当我们需要了解学习者学习过程时，单纯了解其学习的外部因素显然是不完整的，还需要了解学习者受到外部因素刺激的反应。若从学习动机的角度看，人类本身是具有自主学习倾向本能的，并且具备个体不一的潜在学习力。辩证唯物论的反映论认为，人对客观世界的认识是以客观世界在人头脑中的主观映像为基础的认识，而并非由自己的主观世界来决定客观世界。[①]与辩证唯物主义能动反映论相比，罗杰斯关注的认识主观能动性对认识的解释是完全不同的。他认为人类的学习过程是自主的、自发的、基于个人需要的、有选择性的。人本主义学习理论的学习观强调学习者应设定学习目标，主观选择和实施学习行为，实现自我价值。因此，罗杰斯提倡"以学生为中心"的教学，教师的任务是创造一种学习情境，让学生充分发挥个体潜能，提高学生对学习过程中遇到的障碍和困难的应对能力，促进学生正确的自我意识。切忌使用统一的规则给学生设置条条框框，这不仅限制了学生的学习能力，也打击了创造力的发挥。学习是一个需要耗费时间和精力的过程，所以这个过程不应该机械乏味，充满胁迫、批评甚至惩罚，而应该调整到和谐舒适的状态，让学习者感受到学习的乐趣，提高学习效率。

其次，人的学习是主动的、自觉的，是发挥学习者潜在学习能力的过程。人类社会的教育环境和实践经验对学习者的主观能动性有着非常重要的影响。当然，在实际教学中，在尊重学生主观能动性的前提下，也可以适当采取奖惩措施，起到一定的激励和监督作用。如果完全放开对学生的基本约束和规范，也会使教学陷入一种未知的、无法控制的境地。

最后，人的学习对自己来说是一项有意义的活动，在整个实施过程中，最有价值的是学会如何有效地提高自己的学习能力和创造力。就学习

---

① 张大均. 教育心理学［M］. 北京：人民教育出版社，2014：66-68.

内容而言，被个体判定为有趣或有价值的学习内容和技能通常更容易被学习者接受和维护。相反，个体的经验表现为学习障碍，或无趣或机械地单向输入知识，无法得到良好的内化和吸收，就更容易被排斥，或很快被遗忘。例如，如果某些教学内容刺激了学习者原有的学习结构，影响了个体的认知和兴趣，那么学习者就有可能抵制学习这一内容。因此，教师在教学中要充分了解学生的学习情况，以尊重个体的自我发展和实现自我价值为前提，结合学生的兴趣爱好，对教学内容的安排进行调整和优化。在教学的各个环节的设置和安排上，应尽可能地做出努力。在学科教学要求的范围内，采用适当的教学手段和方法，给予学生足够的学习自由。当然，教育教学自由是相对而言的。绝对自由容易使学习者避重就轻，影响学习态度，简化复杂，容易造成无法控制的局面。学习一定会是个艰苦的过程，不劳而获的学习定是"空中楼阁"，不会有实际意义。不是所有的学习内容都适合学生的兴趣爱好，有价值的学习内容经得起时间的考验和现实生活的检验。因此，学习的自由是要以接受当前学段要求的必修学习内容为前提，只有这样，才能系统地掌握学习内容和技能，更好地提高自己。罗杰斯认为学习是形成的，也就是说，学习应该通过实践来学习。一些知识不是直接从现有知识中获得的，而是通过实际操作和实践活动的实施和经验获得的。在实践中，学生自主操作和创造，自我认识和评价，在过程中获得有意义的方法和经验，结合自己的特点，转化为自己的知识和技能，引导自己未来的学习和生活。注重实践技能的固化是最可靠、最有效的学习观点和精神。它可以不断提高学习者的抗挫折能力，同时提高学习者应对未知变化的能力，所谓理论与实践相结合，强调实践活动的重要性，并不否定理论知识的重要地位，两者是相互关联，互为根本的。

人本主义教学理论强调人的因素和以学生为中心的教学理念。"人本主义之父"罗杰斯将教师定位于"促进者"的角色，他认为教师不应是课堂上高高在上的知识权威，而应真正落实以学生为主体、教师为主导的新型师生关系。因此，在影视教学中，应该提倡培养学生灵活、适应性和创造性的人才，使他们具有主动性和责任感，能够适应各种变化，实现自己的人生价值。新课程改革强调"一切为了学生，为了学生的一切，为了一切学生"的理念。在影视教学中，教师应尊重学生的主体意识。人本主义认为，教师是学生在教学中的向导和伙伴，是学生学习和成长的促进者。因此，教师应尊重学生的个性，使学生的个性得到自由发展，成为促进学生健康成长的鼓励者。

罗杰斯认为，意义学习提倡对知识的灵活理解，是指学生所学的知识能够引起变化，并充分渗透到学习的个性和行动中去。意义学习要求学生根据自己的兴趣选择学习材料；安排自己的情境；提出自己的问题，确定自己的学习过程；关心自己的选择结果。因此，教师首先要根据调研选择学生喜闻乐见的影片，只有当学生对选片感兴趣时，与自身的实践经验或生活理想有关，才能激发潜在的求知欲，促进意义学习。比如，在学习人教版思想品德七年级上的"学会调控情绪"专题时，有教师选择了"马加爵事件"纪录片告诫学生行为失控往往令人后悔莫及。选择这段视频材料可以提高学生的注意度，帮助学生解决日常生活中的实际问题，这是一个非常有意义的学习过程。

（三）情景学习理论

1. 情境学习理论的内涵

情境学习（Situated learning）是由美国加利福尼亚大学伯克利分校的让·莱夫（Jean Lave）教授和独立研究者爱丁纳·温格（Etienne Wenger）提出的一种学习方式。

根据情境学习理论，学习不仅是个体性意义建构的心理过程，而更是一个社会性的、实践性的、以差异资源为中介的参与过程。创设学习情境，就是要使学习者的身份意识、角色意识、完整的生活体验、认知任务回归到真实完整的状态，从而解决传统学校学习中长期存在的"去自我""去情境"问题。

在莱夫和温格1991年出版的代表作《情境学习：合法的边缘参与》（Situated Learning：kegitimate peripheral participation）中，他们提出了情境学习的三个核心概念：一是实践共同体，即从事实践工作的人组成的"圈子"，而新来者则会进入这个圈子，试图从中获得社会文化实践。二是合法的边缘参与，有三层含义：所谓合法，是指实践共同体的各方都愿意接受新来的不够资格的人成为社会的一员；所谓边缘，是指学习者开始只能围绕重要的成员转，做一些外围的工作，观察专家的行为，然后随着技能的增长，他们被允许做重要的工作并进入圈子的核心；参与指的是在实际工作参与中，在实践中学习知识，因为知识存在于实践共同体的实践中，而不是在书本中。第三个核心概念是学徒制，也就是说，用师傅带徒弟的方法进行学习。

2.情境学习理论对课堂教学的启示及运用

结合当前中小学课堂教学中存在的问题和新课标理念，从三个方面探讨情境学习理论在教学中的启示运用。

（1）采用参与式、合作式的教学方式

第一，参与式的教学方式。"情境学习观点强调学习者的主动活动，让学习者在解决某领域问题时像专家一样进行活动。对学习者的期望是学习者自身的活动结果。"[①]参与式教学法强调为每个参与者创造表达和交流的机会，使所有参与者都能积极参与学习和交流活动，在平等对话的背景下产生新思想，获得参与集体决策的机会和条件，从而提高参与者的学习积极性。

第二，合作式的教学方式。"学习，无论是发生在学校之内还是在学校之外，均是通过合作的社会相互作用与知识的社会建构而进步的。"[②]虽然小组合作学习是新课程倡导的三大学习方式之一，但在形式上已成为不同于传统教学的一个明显特征。在课堂教学过程中，大多数教师都有意识地将这种学习方法引入自己的课堂，但是这一方式仍然存在"轻效果、重形式、学生合作学习有效性差"这一问题，合作学习流于形式。要把合作学习付诸实践，就要把它与参与性学习结合起来，积极调动学生参与小组合作学习的积极性。

（2）在教学设计方面，重视学习情境的设计，强化与实际生活的联系

情境学习理论认为，"脱离个体生活的真实环境来谈论学习或能力是毫无意义的。个体与环境的相互作用是形成能力以及社会化的必经途径"[③]。虽

---

① 焦建利、贾义敏.真实境脉中的学习研究与教育变革——学习科学研究回顾、反思与展望[J].开放教育研究,2011(06):30.
② 陈梅香、连榕.情境学习理论在教育中的应用[J].当代教育论坛,2005(04):29.
③ 胡玲红.情境学习理论对英语教学的启示[J].新课程论坛,2010(08):37.

然学校的环境不是真实的生活情境，但我们的教师应该尽力把学科知识与现实生活联系起来，创造真实的任务情境，使学生在参与中不被孤立的学科知识所包围。此外，为了建立贴近日常生活的真实情境，设计有意义、有目的的学习活动，教师应巧妙地利用丰富的教学资源。实物、图片、简笔画、幻灯片的录音材料、VCD、多媒体网络等影视资源都可以用于教学。

（四）"期待视野"理论

1. 概念界定

什么是"期待视野"以及如何定义它，姚斯在《文学史作为向文学理论的挑战》这篇著名演说及后来的诸多著作中多次提到，但他并没有对这一概念作出具体而严格的界定。"期待视野"的内涵在姚斯那里总是模棱两可、模糊不清。这意味着姚斯给人们留下了足够的空间来定义和理解这个概念。1967年，姚斯出版了《文学史作为向文学理论的挑战》，集中论述了他的"期待视野"理论。他认为："一部文学作品的历史生命如果没有接受者的积极参与是不可思议的。只有通过读者的传递过程，作品才进入一种连续性变化的经验视野中。"[①]他解释了"期待视野"的构成问题，他认为读者的"期待视野"由"传统的流派、风格或形式形成"[②]。英国人夫拉德·戈德齐希也有相关的论述，他认为阅读的结果存在着"期待视野"的满足和"期待视野"的落空两种情况。

20世纪80年代，接受美学正式传入中国。在翻译的基础上，国内许多学者对其进行了深入的研究。其中比较著名的有金元浦先生、杨守森先生、朱立元先生，他们对接受美学的核心概念——"期待视野"都有自己的理解。

金元浦先生认为"期待视野"是一种预期结构，且指向了文本和文本创造。[③]杨守森先生则认为读者在接受的过程中存在着"期待视野"的顺向相应和逆向受挫两种情况。[④]朱立元先生则借鉴了心理学家皮亚杰认知发展

---

① 金元浦. 接受反应文论［M］. 济南: 山东教育出版社, 1998: 8.

② ［联邦国］H.R.姚斯、［美］R.C.霍拉勃著, 周宁、金元浦译. 接受美学与接受理论［M］. 沈阳: 辽宁人民出版社, 1987: 28-30.

③ 金元浦. 接受反应文论［M］. 济南: 山东教育出版社, 1997: 112, 59-60.

④ 童庆炳. 文艺理论教程［M］. 北京: 高等教育出版社, 1998: 301.

理论中关于"同化""顺应"的原理，他指出"期待视野"是由"定向期待"和"创新期待"构成的。他将"期待视野"解释为："文学接受活动中，读者原先各种经验、趣味、素养、理想等综合形成的对文学作品的一种欣赏要求和欣赏水平，在具体阅读中，表现为一种潜在的审美期待。"[①]可见，不同的学者对"期待视野"的概念有着不同的定义，这些定义在内涵和本质上都是相似的，并且这些论述与姚斯的思想是一脉相承的。本书将引述朱立元先生对"期待视野"概念的界定，以满足本书论述的需要。

2. "期待视野"的形态

根据姚斯的观点，期望视界可以分为两种主要形态。一种是基于以往的审美经验的较为狭窄的"文学期待视野"，包括文学类型、语言、主题、风格等；另一种是基于以往的生活经验的较为广阔的"生活期待视野"。朱立元先生在深入分析了姚思的相关理论之后，将《接受美学导论》一书中的"期待视野"概括为以下三个方面。

一是对某类文学作品基本类型和判断标准的熟识与掌握，比如遇到小说、散文、诗歌等不同的文体能根据已有的经验判断出它们的文体类型及大致要求； 二是对文学史上或当代部分作品的内容、形式、主题、风格等的熟悉与掌握，这种熟悉与掌握将阅读经验积累同化并顺应于读者头脑中，从而影响着读者对新作品的理解和阐释； 三是读者处于现实生活中，所以在阅读过程中会有意无意地结合现实经历去理解作品，并将现实生活与作品虚构的世界进行比照，将生活用语言和文学语言进行对比等。[②]由此可以看出，无论是姚斯划分的两个层次的形态，还是朱立元先生总结的三个方面的内容，"期待视野"中所包含的形态不仅局限于文学的范围，还涉及现实生活的影响。

3. "期待视野"的作用

自20世纪80年代接受美学传入中国以来，朱立元教授对其进行了深入浅出的研究。在《接受美学》一书中，在接受美学中，他提到审美经验的"期待视野"在阅读中起着两种作用，一种是定向期待，另一种是创新期待。定向期待，在读者心理上表现为一种预期，即一种希望在阅读过程中

---

① 朱立元.接受美学［M］.上海：上海人民出版社，1989：13.
② 朱立元.接受美学导论［M］.合肥：安徽教育出版社，2004：202-203.

证实内心已有答案的愿望。它类似于生物中的同化作用，表现在功能上，它起着选择、求同和定向的作用，为阅读和接受规定基本的走向。[①]在阅读过程中，读者总会有意无意地联系已有的世界观和人生观、文学艺术素养、生活经验积累等，以了解和理解他们所读的文本。他们在阅读之前，就对文本有一定的定向期待，阅读的过程就是验证期待的过程。

创新期待是与定向期待相反的、对立的一种期待，它类似于生物中的顺应作用。在读者的阅读过程中表现为不断打破已有的习惯方式，调整并修正原有的经验与知识结构，以开放的心态接受与原有视界不同的、没有的、相反的事物。[②]创新期待有利于读者追求新意，缩短和克服与作品的审美距离，拓展原有的期待视野，发现作品的独特性。

读者的定向期待与创新期待是对立统一的，正是这种对立统一的矛盾运动促使读者不断地提高自身的知识结构、文化素养、思想情感等各方面的能力。

（五）马克思主义文艺观

红色影视作为中国特有的文艺形式，必须接受马克思主义文艺观的科学指导。红色影视之所以能够具有思想政治教育的价值，是因为它的文艺主体性即思想、政治、道德内容与之相关。马克思恩格斯多次指出，文艺是"更高的悬浮于空中的思想领域"，它不是与物质直接相关的，而是通过一个"中介环节"。这个中介环节包括上层建筑的一切要素，包括政治、道德、法律、宗教、哲学等全部意识形态。它们相辅相成，在形式上相互交叉，相互作用，形成一个整体的文化。列宁认为政治是经济的集中表现，经济基础的决定作用和文艺对经济基础的反作用，通常都要与政治作为中介的。正因如此，文艺与政治的关系一直是一个不宜探讨的敏感的理论和实践问题。毛泽东同志在延安文艺座谈会上强调："要使文艺很好地成为整个革命机器的一个组成部分，作为团结人民、教育人民、打击敌人、消灭敌人的有力的武器。"[③]可以看出，是否承认"文艺为政治服务"

---

① 朱立元.接受美学 [M].上海：上海人民出版社，1989：138.
② 朱立元.接受美学 [M].上海：上海人民出版社，1989：142.
③ 毛泽东选集(第三卷) [M].北京：人民出版社，1993：857.

这一客观规律是区别马克思文艺观与其他文艺理论的基本标准，能否科学地理解和实践"文艺为政治服务"更是判断文艺是否有思想政治教育价值的重要依据。

马克思主义思想高度重视文艺的美学价值，认为艺术美本身是人类社会实践的产物，艺术审美活动也是"按照美的规律"改造社会的实践活动。随着社会生产实践的发展，人们的审美能力将不断提高，审美范围将不断扩大，美将会成为人的全面发展、社会的进步的重要精神力量和"思想武器"。他们把真实性的现实主义作为美的第一原则，这种真实不简单地等同于生活的真实，它是融合了倾向性和艺术性的"真""善""美"的统一，可以说，现实主义美学的提出为社会主义文艺实践提供了基本原则，在美学史上也具有经典性的地位和意义。

毛泽东在延安文艺座谈会中指出："为什么人的问题，是一个根本的问题，原则的问题。"①可见，文艺的政治属性决定了文艺创作有着明确的目的，要牢牢把握为无产阶级人民服务的原则。邓小平强调，艺术形象应该"有血有肉、生动感人"，"文艺的路子要越走越宽，在正确的创作思想的指导下，文艺题材的表现手法要日益丰富多彩，敢于创新，要防止和克服单调刻板、机械划一的公式化概念化倾向"②。由此可以看出，文艺的运用必须遵循现实主义美学的真善美原则。文艺创作必须以人为本，满足人民群众的需要，才能发挥思想政治教育的作用。如果违背了这一原则，不仅不能发挥其作用，而且会导致文艺和思想政治教育的双重损害。

习近平同志指出："一个国家，一个民族的强盛，总是以文化兴盛为支撑的，中华民族伟大复兴需要中华文化发展繁荣为条件。"③只有坚持先进文化的方向，把我国丰富的文化资源和文化遗产转化为强大的文化竞争力，才能切实提高我国的文化软实力，维护我国的意识形态安全。红色影视作为一种文化产品，在新时代文化繁荣的大背景下，肩负着不可推卸的历史使命。同时，维护国家意识安全是思想政治教育的根本责任。换

---

① 毛泽东选集（第三卷）[M]．北京：人民出版社，1993：857.

② 邓小平．马克思主义文艺论著选讲[M]．北京：中国人民大学出版社，2003：463.

③ 钱均鹏、徐荣梅．习近平总书记系列重要讲话精神学习辅导读本[M]．北京：中国言实出版社，2014：227.

言之，如果中国特色社会主义意识形态如果没有独立的优秀的文化作为支撑，就无法充分把握意识形态的话语权，红色影视的思想政治教育功能的内容根基将会被动摇。

文艺是思想文化的重要载体，是传播社会主义先进文化的发声器。社会主义文艺是人民的文艺。文艺需要人民，人民需要文艺。文艺要坚持为人民服务、为社会主义服务的方向，坚持以人为本的创作方向，把满足人民精神文化需求作为文艺工作的出发点和落脚点，把人民作为文艺表现的主体，把人民作为文艺审美的鉴赏家和评判者，把为人民服务作为文艺工作者的天职。在中国特色社会主义新时代，中国文艺事业要以满足人民日益增长的精神文化需求为目标，提高艺术产品质量，扩大艺术产品的影响范围，发出时代的声音，回答时代的问题，站在时代的前沿，发出思想的声音。因此，红色影视作为中国特色社会主义文艺的法宝，也必须坚持以人为本的发展道路，立足现实，着眼未来，坚持把人民群众的实际问题作为艺术创作的活水源，并把是否解决人民思想问题作为衡量艺术思想价值的根本标准。

文艺取之于人民受之于民，文艺之美源于人民之美。人民群众的物质和精神需要是文艺创作的灵感源泉，也是判断文艺优劣的标准。马克思主义文艺观指出了红色影视的思想政治教育功能必须坚持的发展道路和原则。红色影视的创作只有立足于人民群众的需要，避免空想主义和虚无主义的影响，才能实现"寓教于乐"的教育方法。

（六）思想政治教育学接受理论

"接受"是任何形式的思想政治教育是否具有实效性的检验标准，关于"接受"的内涵，恩格斯曾经说过："世界体系的每一个思想的映像，总是在客观上受到历史状况的限制，在主观上受到得出该思想影响的人的肉体和精神状况的限制。"[①]从思想政治教育角度出发，可以理解为："思想政治教育接受是指发生在思想政治教育领域内的接受活动，它反映了思想政治教育接受主体与思想政治教育接受客体之间的相互关系，是接受主

---

① 马克思恩格斯全集（第二十卷）[M].北京：人民出版社，1994：523.

体出于自身需要，在环境的作用影响下通过某些中介对接受客体进行反映、选择、整合、内化、外化、行为多环节构成的连续的、完整的活动过程。"①

从接收系统的角度看，红色影视在当前思想政治教育中阻碍功能发挥的因素有：一是红色影视的接收对象范围相对狭窄，红色影视是以反映无产阶级革命和社会主义现代化建设为题材的；以弘扬社会主义思想、传播社会主义核心价值观、树立民族品牌形象为宗旨的影视作品，与其他影视作品相比，其阶级性、目的性和功能性更为明显，在一定程度上不符合现代人开放性、自主性的接受特征。社会上的各种信息、文化、思想观念和价值理念相互交织、形成了一个庞大的、开放的接受客体，红色影视在整个影视系统中处于弱势地位。二是接受主体的接受心理干扰了红色影视思想政治教育功能的发挥，接受主体的接受心理是以需要为前提、以情感为基础、受群体所影响的，如个人生理需求，包括饥饿、睡眠、性等先天因素和包括求知欲、尊重、社交等社会因素的综合影响；情感是人类心理结构的重要组成部分。教育能激发人的情感，使人发挥主观能动性，自觉地、不断地学习，而缺乏情感或抵触情感则会使教育失去意义。群体心理是通过集体信念、价值观和规章制度给个体带来的心理压力，人在群体的影响下会产生服从、妥协等非主观意愿的被动心理，这种心理是不容易被自己察觉的，复杂的接受心理使得思想政治教育的效果因人而异，这无疑增加了红色影视思想政治教育的功能不稳定因素，影响着思想政治教育的实际效果。

以上是从六个大的方面对影视教育融入中小学思想政治教育的理论依据做了简单阐述，全书中的任何论述皆离不开马克思主义理论和思想政治教育相关理论的指导，对于当下存在的一些客观问题的解决和未来发展的判断也必须以历史唯物主义和辩证唯物主义作为方法指南。

---

① 王敏. 思想政治教育接受论[M]. 武汉：湖北人民出版社，2002：32.

三、影视教育内容的选择依据

影视教育是一种多因素构成体，在实际教学中，如何正确合理地选择影视资源为教学服务，是直接影响教育教学质量的关键问题之一。

第一，依据教学目标。教学目标总体上确定了影视教育资源的选择。教学目标是教学活动的出发点，是教学过程的总向导。教学内容的确定是围绕教学目标来安排的。这是优化教学的重中之重。同一知识点的教学目标不同，相应的教学内容也不同；具体的教学目标往往需要通过具体的教学方法来实现；多层次的教学目标和教学环节的多样性决定了影视资源选择的多样性。

第二，依据教材内容。教材的特点制约着影视资源的选择和利用。一般来说，不同学科的不同教材应该选择不同的影视资源，学科的具体内容也应该选择相应的影视资源。从中小学思想道德教育课程标准的要求出发，要把握的因素很多，包括思想化、人性化、实用度等，全方位地让学生逐步将书本知识扩展成生命体验，帮助他们了解自己、认识自己、做热爱祖国、热爱人民、热爱集体，对社会有贡献的栋梁之材。

第三，依据学生特征。教学设计的目的，包括影视资源的选择，都是为了帮助学生达到预期的目标，这应该体现在学生的理解和发展上。作为学习活动的主体，学生的学习具有自己的特点。因此，了解学生的学习准备情况、学习风格，对教师提高教学质量意义重大，也就是我们常说的"因材施教"。也就是说，教师在选择影视资源时，必须考虑学生的情商、智商和接受能力是否能满足影片的要求。但是，这并不意味着教师要被动地适应学生的实际水平，因为这样，将永远无法提高学生的知识能力水平。只有从学生的实际情况出发，选择一些能够促进和发展学习能力的影视资源，才能达到影视教育的预期目标。

第四，依据教师素质。教师素质是影视资源选择的重要元素之一。在教学媒体现代化的背景下，教学活动的传播手段发生了变化，教师不再是学生获取知识的唯一信息来源。教师不仅是知识的传播者、教学过程的组织者和管理者，而且是学生学习的引导者、教学资源的开发者、教学活动的研究者和不断进取的学习者。教师应充分了解各种现代教学媒体的特点，熟练运用教学媒体，尽可能收集、组织和创新新的教学资源，在课堂教学中取得最佳效果。此外，教师的基本心理特征也决定了不同的教学风格，如不同的课堂气氛与学生的关系，以及是否受学生欢迎等。例如，一位平日表情严肃的教师在使用"分角色扮演影片人物"时，效果可能就不如一位私下和学生相处融洽、轻松活泼的教师好。

此外，教师素质的差异也制约着教学方法的选择。如果一个教师善于根据自己的特点选择教学方法来弥补自己的不足，他会得到意想不到的结果。比如，一个肢体表现力较差的老师，可以在课余表演中运用视听手段，并利用舞台剧的视频让学生参考学习。作为教师要懂得如何选择正确的教育教学方法，面对影视这种新的教育教学方法，教师不应该胆怯。首先，要正确认识自身素质和教学风格，其次要善于取长补短，根据自身特点，适当有效地选择教学方法。

第五，依据课堂教学。毫无疑问，影视资源的呈现是为了更好地激发学生强烈的求知欲，更好地实现预期的学习目标。作为教学活动的设计者和指导者，在课堂教学管理中，影视资源如何组合、何时呈现等显得尤为重要。恰当的影视资源是高效课堂教学的条件，呈现时机的选择既可以提升和兴趣，创设情境，激发学习动机；也可以形象直观，集中学生注意力，提高课堂教学效果；还可以帮助学生加深印象，巩固记忆。课堂教学是一个动态的教学过程，影响影视资源选择的因素很多。影视资源的物理特性、学习结果预期、学生的特点、教师的因素、课堂教学的管理等都是主要因素，学习情景、环境条件等也是制约选择的因素。

四、影视教育与思想政治教育的关系

（一）影视作品是思想政治教育功能发挥的重要载体

在传播学的定义中，载体是连接信息源和信息客体的纽带，思想政治教育的实践是信息传播的过程，信息是思想政治教育的内容，包括马克思主义理论、民族主义精神，集体主义思想、形势与政策教育、道德与法制教育、中国特色社会主义价值观教育等，丰富的教育内容是对我国整个社会交往体系的高度概括和总结，是信息传递过程的信息源。信息源必须依靠有效的载体将信息传递给接收对象，以保证其信息传递的有效性。因此，思想政治教育的载体将直接影响思想政治教育实践功能的发挥。影视作品，尤其是红色影视蕴含着丰富的思想政治教育信息，并能够将这些信息转化为大家喜闻乐见的影视符号，并具有广泛的信息传播等特点，这些特点是决定它能否成为思想政治教育载体的重要依据。

首先，具备思想政治教育功能的影视作品的题材和内容一目了然，或反映共产主义的革命斗争、社会主义建设的成就和先进事迹，或反映爱国主义、道德价值观、个人奋斗理想和人民群众的审美趣味。尤其红色影视，相比其他影视题材，内容更集中、指向性更明确，对各种社会现象的反映更符合主流道德理念和价值观念的要求。

其次，影视作品是思想政治教育信息的情感性表达。影视作品是情感的集中表达，情感是人类审美本质的重要表征，影视作品是情感积累的产物，不是逻辑上的结论。"以情动人，以感育人"是影视作品思想政治教育功能的主要特征，选择真实的故事题材，创作情感丰富、情节曲折的故事，以一种极具感染力的方式对枯燥的思想教育信息进行情感化的处理和解读，使观众在感受和欣赏的时候，不知不觉地理解并认同了作品想要传达的信息。成功的思想政治教育是"晓之以理、动之以情"的理性与感性交替进行的，这种方式十分符合人的心理转化规律。

最后，影视的普及和发达的网络平台为影视的传播提供了广阔的平台，尤其是青少年群体作为进行思想政治教育的主要对象，影视已经成为他们日常生活当中最普遍的休闲方式。影视作品在一定程度上解决了思想政治教育功能中时间、空间和强制性因素的影响，这也是影视教育融入思想政治教育的主要原因。

（二）思想政治教育工作的需要是影视教育发展的动力

影视教育与思想政治教育不是利用与被利用的单向关系，而是相互联系、相互促进、相互影响的辩证关系。思想政治教育在优化思想政治教育信息传播、拓展思想政治教育领域的同时，也促进了影视文化内涵、文化功能和文化价值的优化创新。

首先，思想政治教育的目的是传播主流意识形态。通过广泛而持续的灌输、传播、教育等活动，使人们形成对主流意识形态的认同，并内化和吸收正确的政治思想和价值观念，进而外化为自己的行为。蕴含思想政治教育功能的影视作品是社会主义先进文化和智慧的结晶，是对主流意识形态的深刻理解，同时也是大众文化中供人们日常休闲和放松的行为活动之一，尤其具有基本的思想政治素养的红色影视是人们选择观看的主要原因之一。影视作品只有拥有更大的受众群，才能具有文化传播的价值。

其次，思想政治教育需要刺激影视作品的生产。国家对影视教育的大力支持，将加大对影视制作和传播的投入，得到政府和社会对相关产业的支持。为响应国家政策，各影视公司也会依照爱国主义思想、主流价值理念对影片的内容进行优化和创新。诸如近年来，《湄公河行动》《北平无战事》《黄大年》《见字如面》等各类型的优秀影视作品如井喷式的生产，都与国家为加强影视教育思想政治教育功能工作制定的相关政策和政府的扶植有着紧密的联系。

最后，思想政治教育的发展引导着影视教育的发展趋势。党的十八大以来，思想政治教育理论的研究和创新取得了巨大成就。根据国际形势的变化和国内经济社会的发展，强化人本意识、问题意识和实践意识是今后思想政治教育的发展方向。因此，影视教育的发展趋势也一定要适应思想政治教育的发展，影视作品的创作同样要适应这一发展趋势，尤其是红色影视。近年来，红色影视的发展方向已经从最初的集体主义思想占主导地位，转向对个人情感的深入剖析，如电影《集结号》，通过对战场上的老兵坚决执行命令的态度，和战后对和平生活的种种不适应以及沉在内心里为死去的战友证明他们是烈士而不是失踪者的决心，深刻地反映出人在不同阶段心态的变化和观念的转变，侧面反映出了当下政治与人、物质与人、人与人所表现出来的情感和行为，用切合人性的情感与观众进行沟通，以此达到思想政治教育的目的，也是强化"以人为本"——思想政治教育理念的体现。

五、我国中小学影视教育的时代背景

（一）中小学影视教育政策推行的进程

长期以来，国家高度重视中小学影视教育。经过20多年的政策实施和教育实践，如利用优秀影片开展爱国主义教育，成立了"全国中小学生影视教育协调工作委员会"，加强和改进中小学影视教育。20世纪90年代初，国家就高度重视青少年尤其是中小学电影教育的功能和实践。1993年，宣传部、教育部、文化部、广播电视部联合发布了《关于运用优秀影片在全国中小学中开展爱国主义教育的通知》，推进学校素质教育，培养新时期跨世纪优秀人才。围绕教育内容，根据不同时期、不同情况，选择影片并通过放映后的活动，深化影片的教育功能。3年后，教育部、文化部和广电部，联合成立"全国中小学影视教育协调工作委员会"，统筹指导"优秀影片在全国中小学中开展爱国主义教育"工作，并在京津沪三地开展试点工作，总结经验并在全国范围内推行。2008年6月19日，教育部、国家发展改革委员会、财务部、文化部、国家广电总局印发《关于进一步开展中小学影视教育的通知》，①为适应新形势下加强和改进未成年人思想道德建设的要求，进一步发挥优秀影视作品的教育功能，促进中小学影视教育健康发展，制定了具体要求，提出"将影视教育纳入中小学教学计划，充分发挥优秀影片的育人功能；采取多种方式，促进影视教育的均衡发展；加大支持和扶持力度，为影视教育提供保障"。2016年11月7日，全国人大常委会发布《中华人民共和国电影产业促进法》，自2017年3月1日起施行。该法为促进电影事业健康繁荣发展，弘扬社会主义核心价值观，规范电影市场秩序，丰富人民精神文化生活而制定的。该法第二十八条明确规定："国务院教育、电影主管部门可以共同推荐有利于未成年健康成长的电影，并采取措施支持接受义务教育的学生免费观看，由所在学

---

① 教育部、国家发展改革委、财务部、文化部国家广电总局关于进一步开展中小学影视教育的通知 ［EB/OL］. http://www. moe. edu. cn/jyb _ xxgk/gk _ gbgg/moe_0/moe_1964/moe_2375/tnull_37641.html.

校组织安排。"由此，我国中小学影视教育进入法制化阶段。2018年12月25日，教育部、中共中央宣传部联合印发《关于加强中小学影视教育的指导意见》[①]，更加注重优秀影片对促进中小学德智体美劳全面发展的重要作用，并提出中小学实施影视教育的具体措施，如中小学实施影视教育，要利用优秀影片去推动和开展；力争用3至5年时间在全国中小学基本普及影视教育，建立基本工作机制体系，充分利用学校及校外活动场所和社会有效的观影资源，形成中小学影视教育浓厚氛围。上述文件比以往的政策文件更加全面、具体，更具操作性和方向性。

（二）融媒体时代中小学影视教育的必要性与可行性

影视艺术作为一门综合性的视听艺术，受众最广，教育功能也最明显。早在2007年，国家领导人就指示有关部门重视和支持中小学影视教育的发展；2010年，国务院办公厅印发的《关于电影产业繁荣发展的指导意见》中，再次要求"将观看爱国主义教育影片纳入中小学、中等职业学校教育计划"；2016年，教育部指定陕西省为全国省级影视教育实验区实施影视教育。然而，以往影视教育相关政策的实施效果甚微，主要被视为爱国主义教育的辅助内容，"看爱国主义电影"是其主要形式。如今，融媒体时代，影视产业迅速发展，对社会文化产生了广泛而深远的影响。

中国互联网信息中心（CNNIC）发布的第42次《中国互联网络发展状况统计报告》显示，截至2018年6月，我国网民规模为8.02亿，其中手机网民规模达7.88亿，网民通过手机接入互联网的比例高达98.3%。中国社会科学院2018年9月出版的《中国未成年人互联网运用和阅读实践报告（2017—2018）》指出，被调查的中小学生"拥有自己手机"的比例达64.2%，其中初中生为71.3%，高中生为86.9%[②]。可见，手机上网已经成为中小学生上网的最重要方式。如今，中小学生不仅利用网络获取信息、放松和表达自我，而且利用网络自主学习和互动学习成为未成年人学习的重要方式。在

---

① 教育部、中共中央宣传部关于加强中小学影视教育的指导意见［EB/OL］. http://www. moe. gov. cn/srcsite/A06/s3325/201812/t20181224_364519.html.

② 中国未成年人互联网运用和阅读实践报告：六成小学生有手机_央视网 http://www.southmoney.com/caijing/caijingguanch/201809/2579400.html.

新媒体技术的支持下，影视艺术的创作和传播呈现出新的特点。鉴于我国青少年网民比例较大，影视艺术的内容监管和教育功能等问题再次引起全社会的关注。

总的来说，影视艺术在融媒体时代的迅猛发展，对社会生活的方方面面都产生了广泛的影响，特别是在青少年的艺术素养和审美修养方面，显示出不可替代的艺术教育功能；青少年熟练使用互联网、手机等移动终端，为影视教育提供了渠道和效果保证。借助新媒体开展影视教育既有必要性，又有可行性。

（三）融媒体时代中小学影视教育的新机遇

1. 影视教育形态更加多元

传统中小学影视教育的基本形式相对固定，以线下教育为核心。主要途径有：一是统一组织，集体观看教育部、中宣部推荐的经典电影；二是开设影视课程，内容涉及影视文化、作品欣赏、媒介素养、科教知识等，然而，就影视课程设置而言，大多数学校没有提供影视教育相关课程的师资，开设电影校本课程的学校数量少之又少；三是作为辅助教学内容，一般是因为其他学科的需要，选择与辅助教学相对而言比较有贴近度和关联性的影片。以上形式的影视教育数量有限，内容单一；师资缺乏导致课程缺乏丰富性和科学性，无法保证教学效果；辅助教学的形式只把影视内容作为讲义、图片素材等教学材料，背离了影视教育的初衷，影视教育的作用还没有充分发挥出来。

随着新媒体技术的全面参与，中小学影视教育获得了前所未有的发展空间。借助新媒体技术，中小学生更容易接触影视文化，改变以往影院观影和课堂教学对影视知识的浅显接受形式，使用互联网，手机等渠道通过慕课、微课、SPOC、翻转课堂等形式，实现影视艺术的深度学习，有效改善了中小学影视教育师资匮乏的状况、课程开设有限的状况。在学习方式上，出现了不同于传统学习方式的在线直播学习、应用程序学习等新的在线学习形式。在丰富影视教育内容渠道的基础上，拓宽了影视教育场域。例如，东方闻道网校与四川成都七中合作开办直播班，西部贫困地区的248所中学通过直播可远程观看成都七中的高水平、专业化课程。16年来，7万多学生由此改变了命运。这一案例反映了融媒体时代教育领域的巨大变化，展现了以互联网为代表的新媒体在教学资源均衡配置方面的巨大优势。

2. 影视教育素材全面拓展

互联网为中小学影视教育提供了大量的内容资源。网络内容的差异和传播形式的多样化，使影视学习更加开放。融媒体时代，中小学影视教育的内容得到突破。影视教育不再局限于课堂范围。学生也可以在课余时间接触影视艺术，接触范围比课堂上更广泛。与传统的单向教学模式相比，双向互动的在线学习模式大大提高了影视教育的实效性。网络时代，教材丰富多样，既方便教师因材施教，又有利于发挥教师的主观能动性。比如，教师在课堂上的教学时间有限，学生可以利用网络在课后继续学习自己感兴趣的内容，从而扩大影视教育的广度和深度。同时，慕课、微课等在线学习课程提升了中小学影视教育的专业性，而"戏曲进课堂""电影进课堂"等活动的开展，不断激发中小学生学习影视的兴趣和积极性。

随着网络资源的引入，影视教育从一开始以电影教育为主体的范围不断扩大。在融媒体时代，影视的范围越来越广泛。目前，网络剧、网络电影、网络节目、纪录片、动画片等不断丰富影视艺术的内涵，也丰富了影视教育的资源储备。任何有利于中小学生身心健康、能够给予积极引导、帮助他们树立正确价值观和审美观的影视作品，都可以也应当纳入中小学影视教育素材库。但必须承认，融媒体时代内容资源的鱼龙混杂是中小学影视教育面临的复杂现实。新媒体使中小学生获得了学习资源，但他们正处于价值观未形成的青少年时期，不具备准确辨别影视内容优劣的能力，需要教师和家长的正确引导。因此，如何引导青少年正确选择影视教育资源，通过优化的渠道去粗取精，是一个需要广泛关注的重要课题。

3. 影视资源融入中小学思政教育的契机

新课程改革的背景下，在教育部研发的义务教育思想品德课程标准中，"课程开发与利用建议"明确指出："课程资源既包括学校内的教育资源，也包括学校外的各类社会机构和各种教育渠道所蕴含的多种教育资源。"[①]同时提出："教师应建立融合、开放、发展的课程资源观，整合并

---

① 中华人民共和国教育部. 义务教育思想品德课程标准 [M]. 北京: 北京师范大学出版社, 2011.

优化课程资源，充分发挥各种课程资源的人文教育功能，使之为课程实施和教学服务。"①影视资源作为中小学思想政治教育中教师常用的多媒体素材，是中小学思想政治教育课程资源的重要组成部分，是有待进一步开发和研究的教学方法。但是，由于诸多原因，教师对影视资源的开发利用一直缺乏重视，在一定程度上阻碍了影视资源教育功能的发挥，不利于提高影视资源的使用效益。探索影视教育融入中小学思政教育，有利于完善教师影视资源的应用模式，提高资源应用效益，提升教师对课程资源的开发与利用能力。

融媒体时代，创新才能创造生命力，创新意味着变化万千，创新意味着推陈出新。在教育现代化的进程中，创新中小学思想品德课教学方式是迎接未来科学技术所带来的挑战的重要方式，"人类教育模式的调整和转变已经在进行之中。这些变化既是生产力发展、政治力量变化、科学技术进步的结果，也是人类的社会理想、教育理想更新的结果"②。中小学思想品德课是帮助学生健康成长、促进正确价值观形成、引导学生独立思考的综合性课程。目前，影视是青少年日常生活中最常见的视觉信息。它既是一种娱乐方式，也是影响中小学生思想价值观形成的重要因素。计算机科学技术的发展使公众进入了"读屏时代"，"读屏"已成为人们获取信息的主要方式，这也使中小学生的学习方式发生了翻天覆地的变化。面对新时代的挑战，中小学思想政治教育教师需要不断创新教学方法。根据教学对象的需要，将有利于思想政治教育的方式方法运用到课堂教学中，以适应时代发展的需要，通过结合多种教学方式的优势，提升德育效果。正如习近平指出："对中国人民和中华民族的优秀文化和光荣历史，要加大正面宣传力度，通过学习教育、理论研究、历史研究、影视作品、文学作品等多种方式，加强爱国主义、集体主义、社会主义教育，引导我国人民树立和坚持正确历史观、民族观、国家观、文化观，增强做中国人的骨气和底气。"③

---

① 中华人民共和国教育部. 义务教育思想品德课程标准 [M]. 北京: 北京师范大学出版社, 2011.
② 王志敏、赵斌. 电影对人类文明发展的革命性意义 [J]. 艺术百家, 2012 (04): 74-79.
③ 习近平. 建设社会主义文化强国　着力提高国家文化软实力 [N]. 人民日报, 2014-01-01.

第二章 我国中小学思想政治教育的理论依据及发展历程

习近平强调，办好思想政治理论课，最根本的问题是全面贯彻党的教育方针，解决好培养什么人、怎样培养人、为谁培养人这个根本问题。把中国建设成为富强、民主、文明、和谐的社会主义现代化国家，需要每一代中华儿女的努力。青少年是21世纪社会主义现代化建设的主力军，他们的思想道德决定着国家和民族未来能否兴盛强大。加强中小学思想政治教育，是建设社会主义精神文明的需要，是培养共产主义接班人的根本措施。在新形势下，做好中小学思想政治教育的关键之一，就是不断创新中小学思想政治教育的内容，构建符合思想政治教育历史发展规律、符合国情和时代要求的思想政治教育内容体系，不断提高中小学思想政治教育的实效性，为培养德智体美劳全面发展的中国特色社会主义事业合格建设者和可靠接班人筑牢思想基础。因此，把马克思主义对青少年思想政治教育的相关论述、马克思主义中国化的最新理论成果、相关的教育学理论和我国传统文化中关于思想道德教育的论述作为中小学思想政治教育的理论依据，指导新时代中小学思想政治教育内容的创新和发展，并对思想政治教育内容的发展历程、创新之处以及相关经验进行总结，不仅能够丰富中小学思想政治教育内容的研究，也将进一步提高中小学思想政治教育的理论水平。

一、我国中小学思想政治教育的理论依据

（一）思想政治教育内涵

对于思想政治教育基本内涵的争论一直是学术界关注的焦点，但随着中国社会主要矛盾的转变，中国特色社会主义建设进入了社会主义新时代。人们对更高质量、更深层次的"美好生活"的向往越来越迫切，在这样的背景下，无论是推进社会经济深入转型，还是全面深化改革攻坚战都离不开精神文明建设的有力支撑，因而，新时代的思想政治教育必然会作出深刻的调整和改变。所以，必须对学术界关于思想政治教育的争论进行梳理和评判，并在此基础上思考新时代思想政治教育的基本内涵，最终从学术理论的角度为新时代思想政治教育的发展打下坚实的基础。

1. 思想品德教育与创新

思想品德教育，即德育，是思想教育、政治教育和道德教育的总称。它包括家庭道德教育、社会道德教育、学校道德教育等形式。本书所要阐述的德育仅限于对中小学生进行的"学校德育"。它是为中小学学生品德健康发展奠定基础而进行的教育，是人们在一定思想指导下，对青少年的心理特点、思想倾向和行为习惯的指导和规范。思想品德教育的实质是把一定社会的思想道德转化为受教育者个体的思想道德。具体来说，思想品德教育是指一定的阶级、政党或社会群体用一定的社会的或国家的思想观念、政治观点、道德规范，对青少年学生施加有目的、有计划、有组织的影响，使他们形成符合一定社会或一定阶级所需要的思想品德的社会实践活动。《教育学》中对思想品德教育下了定义，即"狭义的思想品德教育专指学校品德教育，是指教育者根据一定的目标要求和受教育者的个体需要，身心发展的规律，对受教育者有目的、有计划、有系统地施加影响，并通过受教育者的内化和外化，促使其养成一定的思想品德教育活动"①。

"创新"一词最早由奥地利经济学家约瑟夫·熊彼特在1992年出版的

---

① 云南现代教育中心. 教育学［M］. 昆明: 云南人民出版社, 2010: 201.

《经济发展理论》一书中提出来的。其最初的内涵是指事物内部结构的革新，后来扩展到科技、管理、文化、教育等一切领域。根据《韦氏词典》的定义，"创新"一词的含义是引入新概念、新东西和革新。我国的《辞海》中，没有"创新"一词，但有"创造"一词，是指"首创前所未有的事物"①。在《现代汉语词典》中，"创新"是指创造新的、有新意，是指内在的变化和更新，既有创新又有创造。从本质上讲，创新是事物运动和变化的趋势，是发现和解决问题的过程；从内容上讲，创新是创造某种实现，是创造的过程和目的性的结果。

创新一般与保守、守旧相对，因此我们可以理解"创新"是首创前所未有的新事物，或是对现有事物的重新组合、引入，即主体通过自己的思维和实践，在原有的基础上，开展创先争优活动，产生一定的价值结果，从而产生新的效益。本书所讲的思想道德教育内容创新，是指处于各个不同历史阶段的思想品德教育内容上的创新。

习近平说："抓创新就是抓发展，谋创新就是谋未来。不创新就要落后，创新慢了也要落后。"②同样，思想品德教育内容是一个不断创新的实践性过程。思想品德教育内容的创新，就是跟紧时代的步伐，贴近青少年的成长实际，突出思想教育的核心内容，优化思想品德教育的内容结构，拓宽覆盖到未成年人生活、学习的方方面面，逐步完善思想品德教育的内容体系。③通过内容创新，努力提高思想道德教育的针对性、时效性、吸引力和感染力，培育德智体美劳全面发展的社会主义建设者和接班人。

2. 社会主义新时代背景下思想政治教育内涵的深化

习近平在党的十九大报告中指出："中国特色社会主义进入新时代，我国社会主要矛盾已经转化为人民日益增长的美好生活需要和不平衡不充分的发展之间的矛盾……同时，我国社会生产力水平总体上显著提高，社会生产能力在很多方面进入世界前列，更加突出的问题是发展不平衡不充分。"④社会主要矛盾的变化，意味着思想政治教育也要相应地调整和部

---

① 陈燕. 新时期思想政治教育新探［M］.昆明：云南科技出版社，2009：128.

② 习近平. 谋创新就是谋未来.［N］.人民日报，2015-07-20.

③ 陈燕. 新时期思想政治教育新探［M］.昆明：云南科技出版社，2009：231.

④ 朱磊. 高校思想政治理论课翻转课堂教学改革的"变"与"不变"［J］.思想政治教育研究，2016（05）：69-73.

署，也就是说，从"物质文化需求"到"美好生活需要"的变化实质上反映出人们除了追求更高质量的物质生活之外，更加突出的是对更高质量的精神文化生活的追求，是人们在物质生活保障不断稳固和完善的前提之下，对享受美好精神生活的向往。报告中的"不平衡不充分"不仅具有地域和行业的含义，还包括物质文明建设与精神文明建设的平衡关系和充分程度。因此，主要矛盾的变化，决定了中国社会对更高质量精神文明的强烈需求，决定了中国人民面对新时代社会主义核心价值体系建设需要不断提高科学文化素养，以及深刻认识国家由大变强、经济转型、深化改革等一系列社会变迁。此时，除了传统的革命道德精神外，更迫切需要弘扬历史悠久、内涵深刻的包括传统美德思想在内的优秀传统文化思想，加强对人们的伦理道德教育以丰富和发展新时代中国特色社会主义道德体系就显得更加迫切。

在政治原则的基本前提下，应根据社会主义新时代的基本国情，灵活调整政治、意识形态教育和道德教育的关系，更多地关注社会主义核心思想价值体系的塑造建构与充实拓展，以及关注中国国民在具体生活实践中的社会认知水平与评价标准方法。当前的思想政治教育与马克思恩格斯时代和中国新民主主义革命时期的区别在于，那时的思想政治工作是以社会主义革命为主题背景的，所以它的主旋律是政治斗争、阶级斗争，甚至是武装革命等，社会主义中国进入了社会主义建设的新时代，要实现这一目标，必须在把握政治立场原则的基础上，紧紧围绕和平与发展的主题和新时代深化精神文明建设的实际需要，不断加强对人们的思想道德教育，特别要避免当前思想政治教育工作沦为僵化刻板、硬性灌输、一成不变的政治与意识形态说教。因此，坚持政治原则的方向和意识形态的根本立场不变，科学合理地提高包括传统美德教育在内的道德教育的比重，这正是新时代思想政治教育新的工作内容和方向。

综上所述，新时代思想政治教育的基本内涵是以政治和意识形态教育为根基，以确保思想政治教育实践的阶级原则地位和社会主义本质属性，并在此基础上灵活调整各种教育工作的比例关系。也就是说，新时代深化精神文明建设的要求，使思想政治教育工作中的道德教育在这个时候显得更加重要和突出。因此，我们要在坚持基本政治原则的根本前提下，积极学习和改造包括中国传统美德思想在内的中国优秀传统文化思想，在思想政治教育工作中合理增强道德教育的力度。

（二）思想政治教育功能的界定

1. 思想政治教育功能的概念

"思想政治教育是社会或社会群体用一定的思想观念、政治观点、道德规范，对其成员施加有目的、有计划、有组织的影响，使他们形成符合一定社会所要求的思想品德的社会实践活动。"[①]关于思想政治教育功能的内涵，目前学术界还没有统一的标准。本书在前人研究的基础上，从思想政治教育功能的生成逻辑出发，以教育主体为切入点，对其概念进行界定。

思想政治教育是由教育主体、教育内容、教育中介、教育目标等要素构成的教育系统。在整个系统中，主体起主导作用，决定着教育活动的目的。思想政治教育本身具有鲜明的阶级性，这就决定了思想政治教育的活动必须以维护统治阶级的根本利益为目的，以解决社会形态与人们的政治态度、思想素质和道德观念之间的矛盾为目的，这也要求一切要素都能在主体的支配和统治下发挥作用。在教育系统中，教育主体的主要职能是：确定适应当前环境的目标，确定内容，选择切实有效的方法和载体，引导教育对象的思想政治水平达到规定的标准，激励他们提高个人能力，根据教育活动实施前后教育对象的思想观念和行为实践的变化，对教育效果进行评价，检查是否符合之前设定的教育目标，不断改进和完善思想政治教育实践等。

通过对思想政治教育系统的分析，可以看出思想政治教育的功能是指教育主体在教育实践中对社会和个人所发挥的作用和能效。

2. 思想政治教育功能的内容

思想政治教育功能具有整体性（德育功能是多元有机整体，多种功能同时发挥作用）和差异性（各项功能在不同的历史阶段发挥的作用不同）、间接性（功能对于政治、经济、文化和自然界起间接作用）和直接性（个体性功能对个体生存、发展和享用起直接作用）。[②]具体来说，可分

①　张耀灿、郑永廷、吴潜涛、骆郁廷. 思想政治教育学 [M]. 北京: 北京高等教育出版社, 2007: 4.
②　李辽宁. 思想政治教育功能研究综述 [J]. 求实, 2005 (02).

为社会和个人两个层面。

（1）社会层面的思想政治教育功能

从社会层面看，思想政治教育的功能是建立和维护相应的社会制度，促进社会规范的统一，维护社会秩序的稳定。

第一，保证功能，把控社会主义发展方向和道路，维护社会主义核心价值观的确立，动员人民积极为社会主义伟大事业奋斗，制止和克服其他非无产阶级思想对人民思想的侵蚀。也可以说，它是集体经济利益、政治阶级统治、文化意识形态和社会综合管理体系的保证。

第二，导向功能，通过启发、动员、教育和监督等方法，把人们的思想和行为引导到符合社会发展要求的正确方向上来

第三，凝聚功能，社会主义现代化建设需要祖国各行业、各地方人民的共同努力，运用思想政治教育方法，把各行各业的、千差万别的个体凝聚成一股力量，共同实现中华民族伟大复兴。

（2）个人层面的思想政治教育功能

"为人民服务"是中国共产党人革命前行的根本宗旨，作为无产阶级执政党，历经九十余年而不衰，是因为它是按照"以人为本"的科学发展观，为人民的幸福、人民的利益、人民的国家而成立的。归根结底，我们的思想政治教育工作也是为人民服务的，人民队伍是由亿万个体的人组成的。思想政治教育对个体的作用表现在以下几个方面。

第一，调节功能，用科学民主的教导和沟通，调整个人的心理情绪和社会人际关系，引导他们养成良好的行为习惯，学习正确的人际关系处理方法和健康的心理状态，进而推动人与人、人与社会之间良好关系的建立，自觉维护文明和谐的社会氛围。

第二，激励功能，通过榜样示范、情感交流和目标的确立，唤醒人们内在的精神力量，调动人们参与到社会主义现代化建设中来，确定自我价值，避免消极思想的侵蚀。

第三，认知功能，马克思主义和中国特色社会主义是我们党和国家保持活力的理论源泉。了解和认识马克思主义理论和社会发展的现状，是培养社会主义生力军的必要条件，也是思想政治教育宣传工作主要内容之一。

第四，德育功能，通过不同教育载体，把积极向上的思想品德、价值

理念、传授给人们，提高他们的精神内涵，不为物质利益所诱惑，培养高尚的人格，是思想政治教育个体性功能的主要任务。

（三）思想政治教育的理论依据

1. 马克思主义对青少年思想政治教育的相关论述

中国共产党自成立以来，一直以马克思主义为指导思想，在长期的革命和建设中坚持以马克思主义为指导思想。马克思恩格斯关于教育的论述也指导了我国思想教育的发展。马克思在《〈黑格尔法哲学批判〉导言》指出："批判的武器当然不能代替武器的批判，物质力量只能用物质力量来摧毁。理论只要说服人，就能掌握群众。"[①]恩格斯在《英国工人阶级状况调查》一文中指出："学校教育和宗教教育连在一起，对工人所产生的结果显而易见，所以学校教育要争取对工人的道德教育产生影响。"[②]马克思在《共产党宣言》中指出："人们的意识，随着人们生活条件、人们的社会关系、人们的社会存在的改变而改变。"[③]在论述儿童教育方面，马克思指出："对儿童和少年工人应当按不同年龄循序渐进地授予智育、体育和技术教育课程，把有报酬的生产劳动和技术教育结合起来，就会把工人阶级提高到比贵族高得多的水平。"[④]在《法兰西内战》一文中，马克思指出："一切学校对人民免费开放，不受教会和国家干涉。这样，不但学校教育人人都能享受，而且科学也摆脱了阶级成见和政府权力的束缚。"[⑤]在马克思主义的思想体系中，马克思提出了人的全面发展学说，他指出："要实现人的全面发展，就要提高社会生产力水平，将教育与劳动有机结合，将社会发展与人的发展有机结合。"[⑥]

马克思主义对教育的论述，极大地丰富了思想品德教育的理论内容，为思想政治教育奠定了丰富、坚实的理论基础。

---

① 马克思恩格斯选集（第一卷）[M].北京：人民出版社，1972：9.
② 马克思恩格斯选集（第二卷）[M].北京：人民出版社，1957：398.
③ 马克思恩格斯选集（第一卷）[M].北京：人民出版社，1972：270.
④ 马克思恩格斯选集（第十六卷）[M].北京：人民出版社，1964：219.
⑤ ［德］马克思.法兰西内战[M].北京：人民出版社，1961：56.
⑥ 教育部人事司.中学教育学[M].北京：北京师范大学出版社，2012：19.

2. 马克思主义的人的全面发展理论

马克思主义关于人的全面发展理论和利用"融媒体"发展中小学思想政治教育之间有着特殊的关系。马克思主义追求的根本价值目标是人的自由全面发展。人的全面发展是每一个现实的人的全面发展，不仅体力和智力得到发展，各方面的才能和工作能力得到发展，包括人的社会联系和社会交往也得到发展。恩格斯在《共产主义原理》中就认为："各方面都有能力的人，即能通晓整个生产系统的人。"[①]即强调人对社会发展的认识范围和认识程度。这样的人需了解社会发展的既定规律，认识社会生产的既定规律以及各生产系统的既定形态，能够了解系统发展中存在的问题，并通过一定的方法和手段解决现存的问题。全面发展的人就是在这样的状态下产生的，全面发展的人具有较高的劳动能力，能够在大环境中认识或熟练掌握社会生产发展的各个环节和要素；能够随着社会化大生产的不断发展所衍生出的新社会要素，做到有效认知并能熟练掌握，进而提高自己各个方面的能力。

思想政治教育是促进人的全面发展的教育，因此，思想政治教育必须以新时代出现的新内容、新形态更新人的思想观念，改善人的行为方式，从而使得人的全面发展得到全面彻底的落实、中小学思想政治教育发展得以有效推进。随着时代的发展和社会的不断进步，社会要素的不断更新，新的社会内容不断涌现，也给人的发展带来了挑战，但同时，这些挑战也在一定程度上促进了人们生存技能和思想意识的进步。思想政治教育作为传播意识形态的重要途径，需要与时俱进，促进传播方式的时代化发展。"融媒体"因其独特的优势，承担着提升人们思想意识的重要使命，在发展过程中，要充分挖掘"融媒体"优势，充分结合中小学思想政治教育，塑造新时代高素质的青少年，为社会储备丰厚的人力资源基础。

3. 马克思主义的联系观

马克思主义唯物辩证法的总特征之一就是它的联系观，世界上的一切事物都是一个普遍联系的整体。马克思主义认为，联系具有普遍性，事物之间以及事物内部各要素之间构成了客观联系，这些要素相互影响、相

---

① 马克思恩格斯选集（第一卷）[M].北京：人民出版社，1972：23.

互作用、相互制约。整个世界是由普遍联系构成的有机整体。唯物辩证法的联系观适用于整个物质世界，这种联系是多样的，表现为整体联系或部分联系、内部联系或外部联系、本质联系或非本质联系、必然联系或偶然联系、间接联系或直接联系等，这些联系为我们提供了一个快速了解和审视这个大千世界的重要思路。在此基础上，思想政治教育必须利用"融媒体"，更重要的是，这种联系是直接而相互的，"融媒体"的深入发展，可以不断优化思想政治教育传播方式，提高思想政治传播效果；思想政治教育的发展，又可以在一定程度上约束媒介发展的自由化，不断将媒体发展带到更加科学的轨道上来。

此外，与传统媒体和新型网络媒体相比，"融媒体"是一种新的媒介传播形态，它将传统媒体发展过程中所需要的快速、及时、有效传播和新兴网络媒体所需要的公信力和说服力进行相互融合、相互影响和相互作用，从而形成一种新的媒介形态。唯物辩证法联系观对传播方式上表现出孤立化、碎片化等特征和局限性的传统媒体和新型网络媒体来说，具有重要的指导作用和特定价值，它不仅可以整合各媒体的一些优势内容，达到"一加一大于二"的效果，而且可以通过整合，为思想政治教育的时代化发展提供机遇，为中小学生主动、快速、高效接受和树立正确的思想观念提供前提或基础条件。

4. 马克思主义的传播观

从本质上讲，无论是"融媒体"还是中小学思想政治教育，都属于传播学范畴。马克思主义中对于传播意识形态的媒介也有相关论述，在《德意志意识形态》中将媒介（语言）作为"意识"或者精神的物质载体，"语言也和意识一样，只是由于需要，由于和他人交往的迫切需要才产生的"[①]。这里的"语言"我们可以理解为媒介，也就是说，实质上媒介就是一种意识或者精神的物质载体，它是由于需要才产生。随着社会的不断运转，为了满足人们更高、更优质的精神需求，一种更科学的传播媒介——"融媒体"应运而生。而且，与此相似的是，马克思主义的传播观中一个重要范畴就是"精神交往观"，它是马克思主义传播学的核心范畴，其中

---

① 马克思恩格斯选集（第一卷）［M］. 北京：人民出版社，1972：34.

也强调过媒介传播对于精神思想传播的重要性。马克思主义的精神交往观认为，"占统治地位的精神思想或者主流意识必须要借助一定的交往手段或者传播媒介来才能得以实现"①，随着社会交往手段或传播媒介的逐渐发展，"融媒体"的传播模式已成为传播主流意识形态的唯一选择，它是新时期媒介发展的产物，具有旧时代媒介所不具备的优势；是懂得"扬弃"的高级媒介形态，这种媒介形态扬优弃缺，把一切媒介所具有的优点集于一身，使其在传播社会主流思想时脱颖而出，并逐渐崭露头角。

5. "立德树人"教育理念

我国历代领导人对青少年思想政治教育都十分重视，关于青少年思想教育的论述和教育理念，直到今天依然是我国思想政治教育的强大精神动力，将长期激励和指导我们思想教育工作前进。以习近平同志为核心的中央领导集体更加重视思想品德教育，党的十八大首次把"立德树人"写入大会报告，并确定为中国现代教育的根本任务。2013年11月底，习近平考察了曲阜孔府和孔子研究院并指出："国无德不兴，人无德不立"，我们必须加强全社会的思想道德建设，"引导人们向往和追求讲道德、尊道德、守道德的生活，形成向上的力量，向善的力量"。"只要中华民族一代接着一代追求美好崇高的道德境界，我们的民族就永远充满希望。"②

德为才之基础，才为德之所用。树人是以立德为基础来培养学生，塑造学生，成就学生。而立德树人从理念转变为实践，将精神寓于实处，就是要培养真正德才兼备之人。在传统的价值观念里，不重视道德培养的教育不是成功的教育。立德与树人呈现了一个完整的教育理论体系，立德是方法，树人是目的，立德是过程，树人是成效。在中国特色社会主义进入了新时代的历史方位下，借鉴中华民族优秀教育传统，重申立德树人的指导思想，赋予其符合时代发展和当代国情的新内涵，是民族复兴语境下中国教育发展的必然要求。

立德树人，就是要求培养德才兼备、德智体美劳全面发展的人。实现人的全面发展是马克思主义的基本立场，也是社会主义教育的根本目标。

① 刘世衡.马克思主义传播观的现实借鉴意义［J］.马克思主义研究,2017(02).
② 肖群忠.铸民族文化道德之魂——学习习近平总书记关于理想、文化、道德的重要论述［N］.中国教育报,2014–02–26.

激烈的国际竞争和技术创新决定了人才培养的极端重要性，人才是创新的关键，是发展的第一资源。国家发展需要的人才不仅要求具备丰富的知识、优秀的技能，更需要拥有坚定的理想信念、高尚的道德修养、健康的人格品质。当前中国教育也存在着只重知识技能传授而轻道德价值培养的现象，导致虚无主义、功利主义大行其道，甚至"精致的利己主义者"成为很多大学生的追求。我们必须认识到，那种家国情怀淡薄、责任担当缺失、德行操守败坏的"人才"，无论技能多高、专业知识多深厚、研究思想多前卫，也只是没有灵魂的"专家"，绝不能称之为"才"，他们绝不是社会主义教育培养的目标。

立德树人，就是明确人才培养才是教育事业的根本使命。教育以育人为本，但是不够科学的机制体制却使得教育偏离了育人这个本质目标。在中小学基础教育中长期存在唯分数、唯排名、唯升学的"指标导向"，素质教育、综合教育、价值教育往往流于空谈。以立德树人为教育事业的核心，要求把育人的中心任务融入教育政策的顶层设计和具体执行之中，贯彻到学生管理、课程设置、教材编写、师德建设、教学改革等各个环节，正如习近平所说的，凡是不利于实现立德树人目标的做法都要坚决改过来。

立德树人，就是要坚持正确的政治方向，明确中国特色社会主义教育必须培养合格的社会主义建设者和接班人。"立什么德""树什么人"是贯彻立德树人根本任务必须回答的问题。我国是中国共产党领导的社会主义国家，这个基本国情决定了我们的教育事业必须为社会主义培养合格的建设者和接班人。明确了这个目标，也就明确了坚定理想信念和爱国情怀是立德的基本内涵。共产主义远大理想和中国特色社会主义共同理想，是共产党人精神上的"钙"，也是所有共产主义事业建设者的"钙"，只有把理想信念作为道德的最高内涵贯穿教育全过程，才能塑造有信仰有力量的民族未来。只有把握立德树人的本质内涵，才能真正回答培养什么人、怎样培养人、为谁培养人的根本问题。唯有立德，才能更好地树人，思想政治教育要从娃娃抓起，因此，中小学要把思想政治课摆在突出位置，提高学生的思想政治理论水平，让学生真正内化于心，外化于行。

6.青少年思想政治教育相关的教育学理论

教育是一种育人活动，是传承社会文化、传递生产经验和社会生活经验的基本途径。广义的教育是指能够提高知识、技能、影响人们思想观念的活动。狭义的教育主要指学校教育。它是随着人类的出现而产生的，是随着社会的发展而发展的。教育本质上是与社会发展和人的发展相联系的。一方面，教育为社会发展和人的发展提供了保障。另一方面，社会和人的发展不断对教育提出更高、更新的要求，从而促进教育的不断发展。

教育学作为一门独立的学科萌芽于捷克教育家夸美纽斯的《大教学论》，其中有强烈的民主主义思想，强调教育的自然性。而从独立的教育学诞生角度说，以德国的赫尔巴特的《普通教育学》为教育学规范建立的标志。[①]在教育学中，德育的定义是明确的，德育是指教育者培养受教育者进行一定的思想道德教育，是思想品德教育的简称。德育在个体发展和社会进步中发挥着重要作用。从个体角度看，德育的核心作用是促进青少年健康成长，形成良好的个体社会价值观念体系，满足个体自我完善的需要，刺激和调节个体智能发展，促进个体心理健康。从社会的角度看，德育为社会的稳定和发展培养合格公民，德育通过培养人的思想道德品质来规范人的发展方向，使之成为社会稳定和发展所需要的公民。德育传播和倡导社会稳定和发展所需要的思想、意识和舆论，影响整个社会风尚。此外，德育对教育也具有导向功能，在德育实施过程中，德育对其他方面具有导向作用，许多教育家都把思想品德教育作为教育的最高目的和核心内容。

7.我国传统文化中关于思想品德教育的论述

从中国教育的发展历程来看，中国最早的古代教育形式可以追溯到4000多年前的夏朝。《孟子》记载了当时的教育内容和目的。西周以后，学校教育制度迅速发展，建立了政教合一的官学体系，形成了以礼乐为中心的"六艺"教育。但总的来说，重视品德教育是我们一贯的传统。在古代社会，几千年的教育主要集中在品德教育上。在整个教育体系中，智育、美育、体育都从属于品德教育。因此，从古至今，我们在品德教育方面积累了非常丰富的经验。如孔子认为教育对德育形成有十分重要的作

---

① 教育部人事司.中学教育学[M].北京：北京大学出版社，1997：17.

用，他的弟子也曾说过："君子学以致其道"[①]，他认为只有通过教育和学习，才能完成君子之道。荀子认为，人的道德标准不是与生俱来的，而是经过教育和学习以后才有的，而且，人的本性是恶的，对于天然的恶性，要经过教育，才能变得善良而有道德。

在我国古代思想家的著作中，还有一些关于道德认识和道德实践的论述。朱熹在他的道德教育论述中，认为教育首先要使人明义理，即明确道德知识，才能做出合乎义理的事。荀子认为，应该把读经典学礼仪贯彻在道德教育中。他说："学恶乎始？恶乎终？曰：其数则始乎诵经，终乎读礼。"[②]所以在我国古代，很长时期都把"四书五经"作为必读的教材。还有教育家强调具体的榜样作用，把榜样作为道德的化身，应用榜样来教化别人。荀子就认为，作为"礼"，应该由贤士以身作则树立榜样，方能掌握它。他说："礼者所以正身也，师者所以正礼也。"[③]宋代王安石强调，统治者要在社会实践中以身作则，做好表率工作，教化百姓。

对道德品质形成过程中的自我省，即道德修养中的自我认识和自我评价，也有相关的论述。孔子说："见贤思齐，见不贤而内自省也。"[④]就要求人们从客观的贤与不贤中认识到自身修养的差距，并进行自我反省。曾子还提到"吾日三省其身"，通过反省来鞭策自己。在内省中，还包括对自己的思想斗争和自我约束，即孔子所谓的"克己复礼"，要求人们学会约束、克制自己，把生活中不符合"礼"的思想和行为纳入"礼"的规范中，创造一种合乎礼仪的融洽世界。

总之，对中国传统文化中思想道德教育的探讨，对推动和启迪我国道德教育的发展起到了很好的促进和启发作用，丰富了人类思想品德教育的宝库。

① 郭学萍、徐谨. 论语·子张 [M]. 广州: 南方日报出版社, 2012: 28.
② 安小兰. 荀子·劝学 [M]. 北京: 中华书局, 2012: 56.
③ 安小兰. 荀子·劝学 [M]. 北京: 中华书局, 2012: 76.
④ 郭学萍、徐谨. 论语·子张 [M]. 广州: 南方日报出版社, 2012: 53.

二、我国中小学思想政治教育的阶段划分及教育内容的发展变化

（一）我国中小学思想政治教育的阶段划分

我国中小学思想政治教育内容随着时代的发展不断创新。随着党的十一届三中全会的召开，中国进入了改革开放的新时期。我国中小学思想政治教育内容，也在拨乱反正、正本清源的基础上，迎来了新的转机和发展，先后经历了恢复、探索、发展和深化四个阶段。笔者根据我国义务教育阶段教育史上的重大事件，将中小学思想政治教育内容的发展大致划分为四个时期。

第一阶段从1978年改革开放开始，是中小学思想政治教育内容的恢复期。"文化大革命"给教育领域带来巨大的混乱，改革开放开始，教育领域的拨乱反正势在必行，恢复思想品德教育的真面目、培养社会主义接班人的工作迫不及待，中小学思想品德教育迈入新阶段。这一时期的主要内容和任务是恢复思想政治教育的真实面貌，不断理顺思想政治教育的内容。

第二阶段从1986年《义务教育法》颁布开始，是中小学思想政治教育内容的探索期。《义务教育法》的颁布实施是中小学教育史上的一件大事，标志着义务教育正规化、法制化的开始。这段时间是在恢复的基础上，进一步探索中小学思想政治教育内容，构建适合社会主义现代化建设的思想政治教育内容。

第三阶段从1997年"素质教育"提出开始，是中小学思想教育内容的发展时期。实施素质教育是教育领域改革的核心，标志着我国教育事业开始真正的迈向以人为本的新阶段。这一时期，中小学思想政治教育发展的总体趋势是好的，但在实际工作中还存在许多问题和困难，需要通过不断发展加以解决。

第四阶段，从2007年实施免费义务教育开始，是中小学思想政治教育内容的深化时期。这一时期，随着党的重要改革文件提出的新思想、新理念，中小学思想政治教育内容在改革发展中不断深化。

（二）各阶段教育内容

1. 恢复时期

（1）恢复时期思想政治教育的主要内容

在恢复期，中小学思想政治教育在指导思想上抛弃了"以阶级斗争为纲"，在内容上以"五爱"为基本内容，注重运用中小学守则教育学生，注重爱国主义和集体主义的培养，培养学生热爱祖国、热爱人民、热爱党等优良品德。总之，这一时期思想政治教育的基本内容可以概括为以下几个方面。

第一，坚持四项基本原则教育。1979年春，中共中央就明确提出了要在青少年中进行坚持四项基本原则的教育。四项基本原则是中华人民共和国的立国根本，是中国共产党一贯坚持的原则。通过中小学思想政治教育来引导学生热爱社会主义祖国，正确认识建国30年来的成就和挫折、经验和教训，正确认识改革开放以来中国各条战线取得的伟大成就，坚信在中国共产党的领导下，一定能够把我国建设成为具有高度物质文明和精神文明的社会主义国家。

第二，坚持马列主义毛泽东思想的基本理论教育。马列主义毛泽东思想是我们党和国家指导思想的理论基础，中小学思想政治教育要求每一个青少年都要认真学习，领会其精神实质，逐步树立科学的世界观，用马克思主义的立场、观点、方法处理和解决实际问题，更好地为社会主义建设服务。

第三，加强共产主义道德教育。这一阶段共产主义道德品质的培养是多方面的，热爱祖国、热爱劳动、关心集体、舍己救人、助人为乐、尊敬师长、文明礼貌、艰苦奋斗、英勇抗敌等，都是共产主义道德教育的内容，是社会主义精神文明建设的重要组成部分。中小学开展的"向雷锋学习""创三好活动""五讲四美三热爱"活动等，都是对青少年共产主义道德品质的培养。在这些教育活动中，集体主义教育尤为突出，教育学生把国家和人民的利益放在首位，自觉把个人利益服从于国家、集体利益，反对个人主义、无政府主义等自私的观念和行为，使中小学生初步具备共产主义道德品质和良好的行为习惯。

第四，重视劳动教育。我国宪法将热爱劳动规定为社会公德，中小学思想政治教育也把热爱劳动作为基本内容之一。这一阶段全国各地中小学组织学生参加适当的体力劳动和勤工俭学活动，培养学生热爱劳动、热爱劳动人民的思想感情，培养学生艰苦朴素的优良品质，克服轻视劳动和体力劳动者的观念，把思想政治教育与社会实践相结合。在劳动教育中，要求学生懂得劳动创造幸福生活，各行各业劳动都是光荣的。青少年应积极参加力所能及的自我服务劳动、公益劳动和简单生产劳动。要把劳动，把劳动与思想政治教育紧密结合起来，使学生懂得劳动的社会意义。

（2）恢复时期思想政治教育内容的特点

思想品德教育内容总是受一定的社会政治环境的影响，纵观这一阶段的思想品德教育内容，大致具有如下特点。

第一，过于强调教育的阶级性。1981年11月，教育部召开小学思想品德课教学大纲和教材座谈会，明确指出思想品德课是小学的政治课。要有计划、有步骤地对青少年儿童进行共产主义思想品德教育。这一时期的许多文件都明确提出中小学德育是"区分社会主义教育与资本主义教育的重要标志"。德育内容要求中小学生"热爱祖国，热爱人民，热爱中国共产党，热爱劳动，热爱科学，热爱社会主义"，即以共产主义的思想精神道德来确定中小学思想品德课的内容。这些都带有浓厚的政治色彩。

第二，坚持以集体为中心。德育内容要求中小学生"热爱集体，爱护公共财物，助人为乐，艰苦奋斗"等，但对学生的个人健康发展却鲜有描述。1981年颁布的《小学生守则》第十条中的第7、8、9项分别要求学生"遵守学校纪律，遵守公共秩序""尊敬师长，团结同学""关心集体，爱护公物"等，都从社会层面对学生提出了道德品质的要求，要求培养学生的集体主义精神，在中小学生的一切思想和行为中灌输集体主义原则，从小养成良好习惯，用集体主义原则解决爱国主义问题。要求学生爱集体、爱人民、为人民服务，把个人发展与集体利益结合起来。

第三，始终强调爱国主义的培养目标。从1979年9月教育部印发《全国中小学思想政治教育工作座谈会纪要》开始，"热爱祖国"就成为中小学思想品德教育的核心内容。《中小学生守则》第一条永远是"热爱祖国"。在对学生进行思想品德教育的过程中，学校通过多种形式加强了对学生的爱国主义教育，使这一内容深入人心。

第四，德育内容趋于理想化。这一时期，以"五爱"为基本内容的中小学思想品德教育从大处着手，展现出理想化的教育效果，培养的是"完美少年"。在学生思想品德教育中，要求系统地、逐步地提高学生的道德认识，培养学生良好的道德品质，有计划地培养学生的行为习惯。但在实际的思想品德教育中，教育内容往往过于空洞，脱离实际，忽视了中小学生身心发展的规律。

（3）恢复时期思想政治教育内容的创新

第一，四项基本原则成为思想政治教育的主要内容之一。"文化大革命"结束后，思想教育战线亟须恢复。根据这一时期政策文件的要求，可以看到党和政府进行拨乱反正、极力恢复恢复思想政治教育的切实努力，对中小学也提出了明确的马克思主义指导思想。1979年，邓小平在《坚持四项基本原则》的重要讲话中表明思想政治教育工作方向无论如何都要坚持马克思主义指导和社会主义方向，这也为中小学思想政治教育指明了方向。随后，中小学思想政治教育内容在原来"五爱"基础上融进了"坚持四项基本原则"的教育内容。

第二，思想政治教育中"新四有"成为时代口号。1980年底，邓小平同志在中央工作会议上指出："要努力使我们的青少年成为有理想、有道德、有知识、有体力的人，使他们立志为人民作贡献，为祖国作贡献，为人类作贡献，从小养成守纪律、讲礼貌、维护公共利益的良好习惯。"①有理想、有道德、有知识、有体力被称为"老四有"，"老四有"的提出，是对青少年道德教育的要求，也是后来邓小平1985年3月在全国科学大会上阐述的"四有新人"思想的基本雏形。到1985年，"老四有"正式改为"有理想、有道德、有知识、有纪律"，培养"四有人才"已成为20世纪80年代的一个重要的教育口号，邓小平特别强调"四有"中"有理想""有纪律"尤为重要。

第三，加强青少年日常行为养成教育。《中小学生守则》是青少年学生日常学习、生活的行为准则，也是对中小学思想政治教育内容的再次

---

① 邓小平文选［M］.北京：人民出版社，1994：369.

更新。正如专家解读所说："《守则》对于加强中小学思想品德教育，抵制资产阶级思想侵蚀，培养学生良好的道德风尚和文明行为，起了积极作用。"[①]1981年11月，教育部召开小学思想品德教学大纲座谈会，明确指出了："中小学思想品德教育内容要以共产主义的思想、精神、道德来确定。"[②]

总的来说，从1978年到1985年，党中央经过指导思想的拨乱反正，对教育工作作出了一系列新的论断和决策，我国教育事业得到了恢复。我国中小学思想政治教育内容的发展也出现了恢复和转变的新局面。

2. 探索时期

（1）探索时期思想政治教育的主要内容

1985年至1996年，在党和政府的高度重视和思想政治战线工作者的努力下，我国教育事业进一步发展，取得了显著成绩。中小学思想品德教育内容的发展，经过这段时期的探索，在坚持马克思主义的指导下，在原有的"五爱"基础上，结合贯彻《中小学生守则》，向青少年学生进行社会主义国家公民应有的道德品质和行为规范的教育[③]，尤其是在中小学法制教育和心理教育方面，有了很大变化。这时期思想政治教育内容主要有下几方面。

第一，马克思主义基本理论教育。马克思主义基本理论教育主要是研究马列主义和毛泽东思想的一些基本理论，尤其是马克思主义经典著作和党的重要文献，掌握理论武器，提高鉴别能力，努力坚持社会主义和共产主义的理想信念。

第二，党的基本路线教育。党的十三大制定了以经济建设为中心，坚持四项基本原则、坚持改革开放为基本点的党的基本路线。基本路线是立国之本和强国之路，是党和国家进入新的历史时期的总路线和总方针。因此，在各级各类学校中，必须结合学校实际，运用各种有效形式开展党的基本路线教育。

第三，民主法制教育。社会主义民主是社会主义法制的前提和基础，

①　中国教育年鉴编辑部.中国教育年鉴（1949—1981）[M].北京：人民出版社，1982：444.

②　中国教育年鉴编辑部.中国教育年鉴（1949—1981）[M].北京：人民出版社，1982：569.

③　刘敬发.思想品德教育概论[M].哈尔滨：黑龙江人民出版社，2001：65.

社会主义法制是社会主义民主的体现和保障。在学校教育中，要注意引导青少年学生建立和发扬社会主义民主，维护社会主义法制的正确观念和道德品质。要培养青少年自觉遵守国家法律法规、自觉遵守纪律，自觉维护公共秩序的道德品质和行为习惯，教育青少年不断提高尊重和发扬民主、守法、护法的自觉性。小学阶段的法制教育内容主要是与日常生活密切相关的初步的法律常识，重点进行有关《交通管理规则》和《治安管理处罚条例》的常识教育和法制观念的启蒙教育。[①]初中阶段进行道德、法制、纪律教育，逐步培养学生热爱祖国和热爱人民等道德品质，养成守法、守纪的好品质。

第四，青春期心理健康教育。青少年正处于心理和生理发育时期，也是人生观和世界观形成的重要时期，适时开展青少年心理健康教育，对促进中小学生的健康成长有很重要的作用，同时也是加强社会主义精神文明建设的需要。探索期间，开始重视青少年的心理健康教育，通过青春期心理健康教育使青少年认识到自身生理的变化，注意保护健康，养成卫生习惯；培养学生良好的心理素质和道德修养，懂得自尊、自重、自爱、自强，具有自我控制能力。

第五，历史国情教育。针对这一时期资产阶级自由化思潮的影响，国家教委明确提出要对青少年进行思想政治教育、历史教育和国情教育，其内容要求结合当前国际、国内阶级斗争的形势和特点，加强对和平演变与反和平演变斗争的复杂性、长期性的教育；加强历史尤其是中国和世界近代史教育，使青少年学生牢记历史经验，让青少年学生了解我国的自然国情和人文国情，加深对祖国的热爱。

（2）探索时期思想政治教育内容的特点

经过恢复期的发展，思想政治教育的发展步入正轨，思想政治教育战线开始结合党和国家的中心工作和时代变迁进行探索。

第一，开始把法制教育纳入中小学思想政治教育。教育部要求对义务教育阶段的学生进行法制教育。小学法制教育的内容主要是与小学生生活和学习有关的初步法律知识，主要对小学生进行《交通管理规则》和

---

① 中国教育文献选编（1997—1985）[M].北京：光明日报出版社，1987：624.

《治安管理处罚条例》的常识教育。初中阶段主要进行民主和法制、纪律教育，使学生养成树立遵守法律和纪律的观念。1986年，是普法工作着力推进的一年。从这年开始，国家连续开展了四个"五年普法（法制宣传教育）"活动，每次都有五年总体规划，1986年开始实施第一个"五年普法规划"。同年，我国通过并实施了《中华人民共和国义务教育法》，1991年又颁布并实施了《未成年人保护法》。这些政策和法律法规的颁布，对加强义务教育阶段的法制教育、大力宣传法制教育常识起了很好的助推作用。

第二，强化历史国情教育，以爱国主义为主。为贯彻落实党的十三届四中全会精神，教育部要求义务教育阶段的思想品德教育要按照党的四届四中全会的要求进行，旗帜鲜明地开展用坚持党的基本路线、坚持四项基本原则等内容教育青少年，反对资产阶级自由化。随着改革开放的深入，我国社会在健康发展的同时也遇到了许多困难。自由主义思潮和全盘西化的影响，在一定程度上动摇了我们青少年的信念，因此，党和政府更加重视四项基本原则和反对资产阶级自由化的教育。此后，教育部发布《关于进一步加强中小学德育工作的几点意见》等文件，强调中小学必须进一步端正办学指导思想，抵制资产阶级自由化思潮的干扰，逐步建立和完善热爱祖国、热爱社会主义、热爱中国共产党的教育制度。为了提高中小学生对历史和国情的认识，1991年，国家教委发布了《中小学加强中国近代、现代史及国情教育的宣传纲要》，要求广泛深入地开展教育义务教育阶段的"两史一情"教育。随后，在小学思想品德、中学思想政治课中增加了中国近代史、现代史及国情教育的内容。开展历史和国情教育，就是要唤起青少年的爱国情怀，爱国主义是一个永恒的话题。无论哪个时代、哪个阶级，爱国主义教育的内容始终被摆在重要位置。1994年，中共中央宣传部发布的《爱国主义教育实施纲要》强调，爱国主义教育的重点是青少年。这进一步加强了中小学的爱国主义教育，要求中小学把爱国主义教育贯穿于育人的全过程，开设以爱国主义教育为主要内容的专题讲座。这些举措，其目的就是强化爱国主义教育。

第三，开始重视心理健康教育。随着时代的发展和社会的变化，中小学生的心理健康问题越来越受到有关部门的重视。中小学生心理健康教育包括心理健康和身体健康两个方面。这一时期的心理健康内容不仅是为了保护学生的心理健康，促进健康人格的发展，更是对学校日常教育的补充。但在1995年以前颁布的思想品德教育文件中，对中小学心理健康教育没有明确的说明。1995年，《国家教委关于进一步加强和改进中学思想政治课教学工作的意见》明确指出，要对学生进行良好的道德品质教育和心理健康教育。这是改革开放以来，中小学心理健康教育第一次被提出要强化和重视，为今后中小学思想品德教育内容中关于心理健康教育作了很好的指导和准备。

1985年至1996年，在党和政府的高度重视和思想政治战线工作者的努力下，我国教育事业进一步发展，取得了显著成绩。中小学思想政治教育内容的发展，经过这一时期的探索，在坚持马克思主义的指导下，在原有"五爱"的基础上，进一步完善了中小学思想政治教育内容，尤其是法制教育已逐渐在中小学思想政治教育内容中占有了重要地位，并开始重视学生的心理健康教育。

（3）探索时期思想政治教育内容的创新

第一，继承以"五爱"为核心的基本内容。纵观这一时期的教育内容，始终保持着上一阶段以"五爱"为核心的基本教育内容，但在"五爱"教育中，慢慢淡化了在1981年提出的"五讲四美"的内容。1988年8月，《小学德育纲要（试行）》发布，在坚持"五爱"的前提下，取消了"五讲四美"教育，增加了"浅显的政治常识教育"；在《中学德育纲要（试行）》中，初步开展了马克思主义常识教育、国际主义教育、社会主义共同理想教育和身心健康教育，并增加了个性发展教育；但进一步强调，要把热爱祖国、热爱党、热爱社会主义结合起来，从小学起就要开展国旗、国徽、国歌、中华人民共和国版图和首都的教育。1993年，教育部颁发的《小学德育纲要》文件指出："小学德育主要是向学生坚持以'五爱'为基本内容的社会公德教育和有关的社会常识教育，着重培养和训练学生良好的道德品质和文明行为习惯，教育学生心中有他人，心中有集体，心中有人民，心中有祖国。"①

---

① 中国教育年鉴（1993年）[M].北京：人民出版社，1994：967.

第二，在改革进程中进一步探索新内容。经过恢复期的发展，思想政治教育的发展已经走上正轨，并开始结合党和国家的中心工作和时代变化进行探索。特别是20世纪80年代中期以后，我国基础教育课程改革开始进入一个新的阶段，向前所未有的深度和广度迈进。1985年的《中共中央关于教育体制改革的决定》充分肯定了取得的教育成绩，同时也指出教育仍然存在的问题，该《决定》指出："教育工作方面的'左'的思想影响还没有完全克服，教育工作不适应社会主义现代化建设需要的局面还没有根本扭转，要从根本上改变这种状况，必须从教育体制入手，有系统地进行改革。特别要改革同社会主义现代化不相适应的教育思想、教育内容"。[①]因此，在教育改革的过程中，开始重视法制教育和心理健康教育，同时，在中小学思想品德教育内容中加强了历史、国情教育。

第三，法制教育内容得到加强。1985年，国家教委、司法部印发了《关于加强小学法制教育的意见》，标志着中小学初步普法教育的开始。从1985年提出加强中小学法制教育的意见，到1987年短短两年，全国各中小学在思想品德教育中基本普及了法律常识教育，这也是中小学思想品德教育内容的再一次完善。也正是从这一时期开始，中小学思想政治教育中强化了法制教育的内容。

3. 发展时期

（1）发展时期思想政治教育的主要内容

发展时期的思想政治教育内容，在前一时期的基础上，仍然保持着以"五爱教育"为核心的基本内容和常规道德教育。这一时期，更加重视青少年学生的心理健康教育和法制教育，同时用党的新理论成果进一步教育学生，主要内容集中在以下几个方面。

第一，心理健康教育。在上一阶段的基础上，青少年心理健康教育越来越受到教育部门的重视。这时期小学的心理健康教育内容主要包括学生心理健康维护、学生心理行为矫正、学生心理潜能和创造力开发。具体要求青少年学生正确认识自己，接纳自己的生理变化，认识青春期心理；学习调节情绪，增强调控自我，承受挫折，形成乐观向上的性格。学会客观

---

① 中央文献研究室. 十二大以来重要文献 [M] 北京: 人民出版社, 1994: 276.

评价自己，形成健全的人格和良好的个性心理品质。初中阶段心理健康教育的主要内容包括普及心理健康基本知识，树立心理健康意识，了解简单的心理调节方法，认识心理异常现象，以及初步掌握心理保健常识，其重点是学会学习、人际交往、升学择业以及生活和社会适应等方面的常识。①

第二，法制教育。在上一阶段的基础上，进一步加强对青少年的法制教育，增强青少年的法律意识，让他们知道法律是保护人民权利的武器，也是保护青少年学生的有效工具。青少年应该学会使用法律。同时，青少年要正确处理权利与义务的关系，了解社会主义国家实施依法治国的初步知识。同时，要把心理素质教育、道德教育和健康人格教育相结合，加强学生的人格培养，并强调对学生进行富有成效的法制教育以及加强国情、国策教育。

第三，马克思主义中国化理论成果的初步常识。教育部要求"中小学的德育工作要坚持以'五爱'为主线，以日常行为规范教育为基础，对学生进行文明习惯的养成教育、公民意识教育、健康心理品质教育。浅显易懂地对学生进行马列主义、毛泽东思想和邓小平理论常识教育"②。2003年《关于进一步深化"三个代表"重要思想"三进"工作的通知》文件中也指出："三个代表"重要思想要进教材、进课堂、进学生头脑工作，毛泽东思想、邓小平理论、"三个代表"重要思想等马克思主义中国化的理论成果也成了思想品德教育的内容之一。

第四，开始注重诚信教育。随着社会主义市场经济的发展，各种不诚信行为对青少年学生产生了深刻的影响，这也引起了教育部对青少年诚信教育的重视。2004年3月，中宣部、中央文明办、司法部、教育部、全国总工会等联合印发的《关于开展社会诚信宣传教育的工作意见》，要求中小学诚信教育要以"三个代表"重要思想和党的十六大精神为指导，突出抓好诚实教育和守信教育。教育部《关于进一步加强中小学诚信教育的通知》明确要求，要充分认识加强中小学诚信教育、建设诚信社会对实现全面建设小康社会的重要性，明确诚信对青少年成长的重要意义。③具体说，

---

① 中小学心理健康教育 [M].长春：东北师范大学出版社，2004：35.

② 中国教育年鉴编辑部.中国教育年鉴（1997年）[M].北京：人民出版社，1998：767.

③ 王树荫.中国共产党思想政治教育史 [M].北京：中国人民大学出版社，2010：311.

就是"使中小学生懂得诚信是做人的基本准则,增强学生法律意识和诚信意识,提高守法、守规的自觉性,牢固树立守信为荣、失信可耻的道德观念,从小立志作讲诚信、讲道德的人"[①]。

（2）发展时期思想政治教育内容的特点

在这一阶段,思想政治教育内容不断更新、调整,总结起来有如下特点。

第一,实施素质教育推动青少年素质全面发展。在中小学历史、地理、语文、中学思想政治等相关学科的教学中,全面开展素质教育,多渠道开展思想政治教育。除常规的中小学思想品德教育外,加强中小学心理健康教育,使之成为这一时期思想政治教育的重要组成部分。

第二,强化爱国主义教育。这一时期,爱国主义教育进一步强化。特别是在1990年6月,第七届全国人民代表大会通过了《国旗法》。全国中小学纷纷按照《国旗法》的规定和国家教委的有关要求,建立了升降国旗制度,开展"在国旗下的讲话"以及"我向国旗敬礼"等爱国主义活动,对学生进行热爱祖国、爱护尊重国旗教育;同时开展学唱国歌活动,要求中小学生会唱国歌和一些优秀歌曲,看好的图书和影评书评,学校设立图书馆图书角等场所对学生开放。

第三,抓好日常行为规范养成教育。学校加强学生日常行为规范的养成教育,通过《中小学守则》对中小学生的养成教育进行规范和引导,并对学生吸烟,赌博,考试作弊,浪费粮食,使用不文明语言,在黑板墙壁课桌等处乱涂乱画等日常的行为进行约束和引导。

（3）发展时期思想政治教育内容的创新

第一,在继承优良传统中创新。在这一时期,有些根本内容是始终坚持的,它对中小学生提出了基本要求。这些内容都是从品德内容结构中继承下来的,具有基础性和稳定性的特点。因此,1997年,国家教委制定并颁布了《小学生思想品德课程标准》和《初中思想政治课程标准》等文件,并多次强调,中小学思想政治教育要坚持以"五爱"为主线,立足日常行为规范教育,开展文明习惯养成教育、公民意识教育、学生健康心理品质教育,浅显易懂地对学生进行马列主义、毛泽东思想和邓小平理论常

---

① 林兴岚.诚信教育论[M].长春:吉林人民出版社,2005:45.

识教育。

第二，素质教育背景下心理健康教育内容得到重视和发展。1993年，中共中央、国务院颁布《中国教育改革和发展纲要》，提出了"中小学要从'应试教育'转向全面提高国民素质教育的轨道"①。这是党中央第一次在文件中明确提到素质教育。1995年，国务院明确提出"科教兴国"战略，要求全面贯彻科学技术是第一生产力的思想，坚持以教育为基础。党的十五大再次向全党提出科教兴国战略，这使全党和全社会对教育有了更加准确的认识，也为素质教育做好了准备。《中共中央国务院关于深化教育改革、全面推进素质教育的决定》的颁布，标志着我国全面开展素质教育。素质教育的实施促进了思想政治教育内容的进一步完善，心理健康教育受到了前所未有的重视。《中共中央国务院关于深化教育改革、全面推进素质教育的决定》明确指出："要在中小学大力实施素质教育，提高学生的综合素质。要加强学生的心理健康教育，培养学生坚忍不拔的意志、艰苦奋斗的精神，增强青少年适应社会生活的能力，要动员全党和全国各族人民全面推进素质教育，深化教育改革。"②

2002年，教育部颁布《中小学心理健康教育指导纲要》，该文件指出："心理健康教育的主要任务是全面推进素质教育，增强学校德育工作的针对性、实效性和主动性，心理健康教育的主要内容包括普及心理健康基本知识，树立心理健康意识，了解简单的心理调节方法，认识心理异常现象，以及初步掌握心理保健常识，其重点是学会学习、人际交往、升学择业以及生活和社会适应等方面的常识。"③可以看出，在这一时期，心理健康教育和法制教育共同成为思想政治教育内容的主要部分，其内容在中小学生心理健康教育中起到了非常好的教育作用。

第三，将党的新的理论成果融进思想政治教育内容中。党的第十五、第十六次全国代表大会分别把邓小平理论和"三个代表"重要思想作为我们党的指导思想，是马克思主义中国化的理论成果。这些理论成果不仅指导了思想政治教育内容的创新，而且被称为思想政治教育内容的重要理论

---

① 中国教育改革和发展纲要读本［M］.北京：人民教育出版社，1993：12.

② 中国教育年鉴编辑部.中国教育年鉴（1999年）［M］.北京：人民教育出版社，2000：247.

③ 中小学心理健康教育［M］.长春：东北师范大学出版社，2004：35.

来源。2003年，教育部先后下发《关于进一步深化"三个代表"重要思想"三进"工作的通知》《"三个代表"重要思想学习纲要》等通知，以推动党的重要理论——"三个代表"重要思想进教材、进课堂、进学生头脑，至此，"三个代表"重要思想开始走进中小学思想政治教育的课堂，成为思想政治教育内容的组成部分。

第四，强化中小学守则教育。制定中小学生守则的目的是培养学生自觉遵守学习纪律和生活纪律的优良品质。改革开放以来，教育部于1981年制定颁布了《小学生守则》，实行了十年；到了1991年，教育部制定颁布了《中学生守则》和《小学生日常行为规范》，进一步修订完善守则教育；1994年，颁布了《中学生日常行为规范》；到2004年，《小学生守则》和《中学生守则》合并补充为《中小学生守则》，修订合并后的《守则》对学生良好品德的形成和文明习惯的养成提出了基本要求。每一次守则或者规范的颁布和修订，既给中小学生思想政治教育制定了一个实践标准，也丰富了思想政治教育的内容。

1997年至2006年的十年间，中小学思想政治教育内容在发展中逐步完善，特别是《关于进一步加强和改进未成年人思想道德建设的若干意见》的出台，进一步扩大和完善了中小学思想政治教育内容中的法制教育、心理教育和网络道德教育，为中小学思想政治教育进一步加强和改进未成年人思想教育做出了重大贡献。

4.深化时期

（1）深化时期思想品德教育的主要内容

新时期，党的重要改革文件提出的新思想、新理念，为思想政治教育内容的修订提供了重要指导。随着教育改革的深入，中小学思想政治教育的内容在发展中不断完善和深化。这一时期的主要内容除了延续常规的思想品德教育外，侧重以下几个方面的内容。

第一，强化理想信念教育。在新时期，对青少年的理想信念教育显得十分重要。所谓理想，就是人们对未来社会的期待和展望。实现共产主义社会是人类的最高理想，因为它是以马克思主义对人类社会历史规律的精辟分析为基础的科学预见，符合全人类的最高利益。因此，教育青少年学生树立共产主义伟大理想，是历史的呼唤，是历史发展的必然选择，也是党和国家对青少年学生的要求。共产主义理想和共产主义道德教育是思想政治教育中的高层次教育，是我们党和国家、人民对未来美好目标追求和向往的精神源泉，青少年是党和国家的未来，学校要教育他们不仅要有坚定的共产主义信念，还要与现实的努力紧密结合。新的时期，"中国梦"凝聚了每个人的梦想，中华民族的复兴，寄托了党和国家对青少年的期望，青少年肩负着民族复兴的责任和重担。

第二，从青少年开始抓廉洁教育。随着社会主义市场经济的发展，社会上少数人的腐败现象对青少年学生的成长产生了不良影响，社会各界也意识到应该把廉洁教育开始从青少年抓起。2007年，教育部在《关于在大中小学全面开展廉洁教育的意见》中指出，要在义务教育阶段时期，全面开展廉洁教育，并在教育过程中围绕社会主义核心价值体系，灌输社会主义荣辱观，培养青少年的廉洁意识和行为，促进青少年学生健康成长。具体说，小学廉洁教育包括："知道廉洁是一个好品质，在学习知识中独立作业，考试不作弊，与同学交往中，真诚待人、说话算数、不占别人的便宜，在集体生活中遵守纪律、爱护公物。"[①]初中生廉洁教育包括："要诚实守信、遵守规则、崇尚正义，不要为达到个人目的的欺骗行为、占有不属于自己的钱财、有意损坏他人和公共财物是不廉洁的行为，学会根据廉洁需要的品质和廉洁行为的标准判断自己的行为是否符合廉洁要求，知道党纪法律法规惩治不廉洁行为。"[②]

第三，科学发展观教育。2009年，全国中小学开展了进一步深化科学发展观"三进"工作，要求把科学发展观教育纳入国民教育全过程，大力发展社会主义荣辱观教育，集中开展中华民族优良传统和中国革命传统教育。科学发展观是以胡锦涛总书记为代表的中国共产党的创新理论成果，是对毛泽东思想等理论的继承和发展。在深化科学发展观"三进"工作中，中小学思想政治教育不仅以科学发展观为指导，而且把科学发展观融入青少年思想政治教育内容中，以新的理论武装青少年的头脑，为青少年思想政治教育提供了有力的保障。

第四，加强青少年的社会主义核心价值观教育。党的十六届六中全

---

① 马之先. 廉洁教育中小学读本 [M]. 合肥: 安徽大学出版社.2013: 23.

② 马之先. 廉洁教育中小学读本 [M]. 合肥: 安徽大学出版社.2013: 24.

会总结概括了社会主义核心价值体系的基本内容。社会主义核心价值体系主要包括马克思主义指导思想、中国特色社会主义共同理想、以爱国主义为核心的民族精神、以改革创新为核心的时代精神和社会主义荣辱观。其中，以"八荣八耻"为主体的社会主义荣辱观体现了中华儿女优良的美德和品质。在加强中小学生社会主义核心价值观教育方面，教育部要求各级各类学校要把社会主义核心价值体系的要求体现在对学生的思想政治教育中，帮助青少年树立社会主义核心价值观。

第五，日常行为规范养成教育。这一时期，党和政府对青少年学生日常行为规范的养成教育仍然是常抓不懈的。教育部要求，各地中小学必须严格按照中小学日常行为规范培养学生。从1981年颁布《小学生守则》到2004年，教育部将《小学生守则》和《中学生守则》修订后合并为《中小学生守则》。2004年，《中小学生守则》对学生思想品德的形成和行为习惯的培养提出了基本要求，再次完善了中小学日常行为规范养成教育的内容。到2015年，为适应全面发展的新形势，教育部将《小学生守则》《中学生守则》和《小学生日常行为规范》三者合为一，修订颁发了《中小学生守则》，新守则共九条合计二百八十二个字，涵盖了对学生各方面的基本要求，保留了2004年守则中仍具时代价值、体现中华传统品德、应坚持弘扬的内容。新的守则更有针对性，结合中小学生的实际情况，从实际细小的日常行为入手，帮助青少年学生养成遵守规矩的和基本的行为规范，最终把他们培养成为社会主义事业合格的建设者和可靠的接班人。

（2）深化时期思想政治教育内容的特点

新时期党的重要改革文件中提出的新思想、新理念，以及党的创新理论成果，都为思想政治教育内容的创新提供了重要的指导。总结这一时期思想政治教育内容的创新情况，有以下几个特点。

第一，新的理论成为思想政治教育的创新源泉。从这一时期思想政治教育内容的变化可以看出，党的每一次理论创新都紧紧围绕马克思主义的指导思想，与中国的实际相结合。这样的创新理论成果经得起实践检验。因此，新的理论成果成为思想政治教育内容的理论支撑，也是中小学思想政治教育内容完善和发展的重要来源。

第二，坚持社会主义核心价值观教育。这一时期，坚持正面教育为主。社会主义核心价值观成了新时期、新形势下义务教育阶段思想品德教育内容中最主要也是最重要的教育内容。在全国范围内，社会主义核心价值体系贯穿于中小学教育的各个学科，包括思想政治教育课程，在青少年学生教育中发挥着重要作用。

第三，思想政治教育内容更细化。在这一时期，思想政治教育内容更加细致，更加贴近学生的实际，也体现了德育的实效性。比如，2015年修订的《中小学生守则》，就是在中小学生学习和生活环境发生重大变化的背景下，为适应全面发展的新形势而进行的修订。从修订后的比较可以看出，2004年《中小学生守则》的一些内容在微观方面对学生的规范重视不够，青少年学生在理解守则的一些要求时显得有些吃力，在具体操作中，对青少年的有些规范一时难以到位。本次修订对青少年学生的要求越来越细化，更加贴近青少年自身的生活和学习实际，便于青少年学生在学习和生活中遵守和自律。

总之，从2006年到2015年，中小学思想政治教育内容在完善中坚持马克思主义指导，结合时代发展和党的理论创新，与时俱进，与青少年的思想发展同步，不断深化中小学思想政治教育内容的内涵，紧扣时代脉搏，引领和规范新时代学生的思想品德与言行举止。

（3）深化时期思想政治教育内容的创新

第一，党的创新理论成果不断融入思想政治教育内容体系中。科学发展观也是党的理论创新成果，党的十七大对科学发展观作了完美的概括和总结，2009年，教育部要求进一步深化中小学科学发展观"三进"（进教材、进课堂、进头脑）工作，要求中小学把科学发展观教育融入国民教育全过程，从而影响和带动广大青少年学生的学校活动。

为贯彻落实党的十六届四中全会提出的社会主义和谐社会思想，教育部在2010年思想道德课程标准修订中，把社会主义和谐社会思想体现在思想道德教育内容上，即把民主、法治、公平、正义、诚信、友爱、人与自然和谐相处的价值观渗透在思想政治教育中。

2006年，胡锦涛同志提出了以"八荣八耻"为主要内容的社会主义核心价值观，加快了社会主义核心价值体系的形成。在党的十六届六中全会上，中共中央在构建社会主义和谐社会的有关文件中明确提出了社会主义核心价值体系的科学命题，指出了核心价值体系的基本内容。在提出以"八荣八耻"为主要内容的社会主义荣辱观时，教育部要求加强中小学社会主义荣辱观教育，"八荣八耻"已成为中小学思想政治教育与当代党的理论相结合的创新内容。随后，社会主义核心价值体系的基本内容也成为思想政治教育的内容之一。

第二，在修订课程标准中完善思想政治教育内容。随着社会和时代的变化，我们要不断修订《思想品德课程标准》，以适应新形势下的思想政治教育。在对2010年的《思想品德课程标准》修订中，学校思想政治教育及时引导和促进学生公民意识的形成和发展，加强公民意识教育，使公民意识的形成与学生道德品质、健康心理、民族精神等内容形成新的统一。同时，在修订中，思想政治教育坚持与时俱进，体现时代发展的新要求和科技进步的新内容。这一时期中小学思想政治教育的创新主要体现在以下几个方面。

①在心理健康教育方面，在前一阶段的基础上，增加了中小学心理健康教育。要求学生了解自身成长过程，接受生理变化，促进生理与心理的协调发展。学会正确处理自己与他人的关系，积极与同学、朋友沟通，养成热情开朗的性格。学会观察社会环境的变化，培养有益的兴趣爱好，提高生活质量。学会面对生活中的困难和逆境，正确应对学习和生活的压力，提高心理承受能力。

②在德育方面，教育内容没有像前几个阶段那么宽泛和宏观，而是要求从小事做起，培养中小学生道德品质。要求学生不要做有损人格的事情，诚实做人，与人为善。能够辨别是非善恶，会在复杂的社会生活中做出正确的选择。懂得爱护公共环境和设施，遵守公共规则。要注重承诺，勇于承担责任，努力做一个负责任的公民。

③在法制教育方面，有新增或突出的内容，具体要求学生理解"有法可依、有法必依、执法必严、违法必究"的含义，成为知法守法的公民；学习自我保护的方法，了解未成年人获得法律帮助的方式方法。同时，同时弱化了有些内容，如依法维护社会主义经济秩序、公民在婚姻家庭关系中的权利和义务等内容。

④在国情教育方面，新增了"三个代表"重要思想、科学发展观和习

近平新时代中国特色社会主义思想等党的新理论成果内容，对实施科教兴国战略的现实意义，努力提高自身科学文化素质作了强调。

三、我国中小学思想政治教育现状

（一）教育目标层次不适合

1. 培养目标定位不适合

我们的中小学思想政治教育目标一直是理想化的，但在本质上，这只是一个预期的目标。由于忽视了对中小学生身心发展水平和社会发展阶段的客观认识，教育工作者很少考虑受教育者的年龄特点和接受程度，在制定思想政治道德规范时缺乏实事求是的科学态度，脱离了学生的实际道德认知水平，学生只能肤浅地理解。

小学阶段，思想政治教育的目标是定位在如何使小学生树立远大的共产主义理想，成为共产主义事业的接班人。但就小学生的身心发展而言，他们不可能理解什么是共产主义社会和共产主义理想，更不用说如何去做了。中学阶段思想政治教育的目标是对学生进行集体主义教育，使他们成为社会主义事业的合格建设者和接班人。但是，由于应试教育的存在，离开了家庭和社会这两方面的配合，学校思想政治工作不可能取得成效。在学校思想政治教育工作中，尽管许多校领导口口声声喊着"把德育工作放在第一位""齐抓共管"等，但落实到最后，往往只有政教处和班主任在孤军奋战。上述情况分散了思想政治教育的力量，导致思想政治教育的实效性低下。

2. 课程目标不适合

中小学法制教育课程内容作为学校法制教育的一部分，一定是有计划有组织的，并且服务于一定的课程目称。但是，各个阶段的法制教育课程目标联系不够密切。法制教育最终目标必然不是各阶段目标的简单相加，而是各阶段目标形成特定的结构，建立内容联系，使得整体目标在阶段目标的有机构成中得以体现。而目前中小学法制教育课程的各阶段目标没有建立彼此之间的良好的联系，如小学阶段强调的参与意识和参与能力在初中阶段得不到相应的重视；在中学阶段强调的依法维护自身权益的目标，在小学阶段没有给予适当的铺垫等。同时，法制教育课程目标体系的不完善，直接影响到法制教育各个阶段内容的有效衔接及连续。此外，目前中小学法制教育的课程内容还不能完全实现相应课程标准规定的课程目标。课程内容只能以课程目标为导向，对课程内容进行设置和安排，以求更好地服务于法制教育的课程目标，但课程目标的最终实现有赖于完整的教育教学活动。相应地，法制教育课程的内容和教学活动也制约着最终课程目标的实现。法制教育课程目标的最终实现与课程标准规定的课程目标存在一定的差距，即现实目标与预期目标之间的差距。通过文献的整理和舆论、新闻的反馈看，我国中小学法制教育课程的现实目标与预期目标还有较大差距。如何使现实目标尽可能接近或超过预期目标，是中小学思想政治教育改革中要解决的问题。

（二）教育内容缺乏针对性

1. 教育内容脱离生活实际

中小学思想政治教育内容的确定，没有充分考虑我国国情、教育教学规律和中小学生身心发展特点，思想政治教育的要求没有随着社会发展而与时俱进，内容过于宏观、空泛，且追求短期教学效果，并未注重学生思想品德素养的培养，从而导致了中小学思想政治教育实效性的低下。

学校思想政治教育的内容不仅要稳定，有利于课程建设，而且要有较强的包容性和发展性，贴近现实生活。随着改革开放的深入和市场经济的发展，人们的物质生活和精神生活都得到了前所未有的提高，同时也出现了许多新的问题，教育也同样随着社会的发展而面临新的问题与矛盾，需要学校在发展中做出调整。例如科学技术的高速发展带来的环境道德、生命伦理、科学道德等新的课题，一般意义上的科学道德则是现代中小学生都应了解和学习的，包括科学家的社会责任感、勇于追求真理的精神、严谨治学的精神、创新精神、科学协作精神等，以及与市场经济相适应的竞争意识、公正意识等在中小学思想政治教育中应有所涉及，但目前由于思想政治教育内容与现实生活联系不够，这些内容在中小学校思想政治教育中是缺乏的。

2. 教学内容开放不足

目前中小学法制教育课程内容的开放形式随着学生的认知水平发展和生活经验的丰富逐渐变化，但总体上还是存在开放形式过于单一的问题。小学阶段以图画为主，中学阶段以案例、镜头和故事与图画相结合的方式，除此之外，很少有其他形式。新课程改革强调课程的开放与生成，开放不仅是课程内容向学生生活开放，同时强调课堂教学向学生生活开放。课程内容的开放也不只是图画、照片、案例等静态形式，也可以包括影音资料与互联网资源等动态形式，且动态开放形式有利于课程内容的更新，不受纸质教科书的束缚。课堂教学向学生生活开放强调的是课堂教学组织形式的开放，必要的课外教学及实践活动是课堂教学的补充，更是延伸，应从小学阶段就进行适合学生的课外实践活动，并随年级升高，不断丰富和深化开放形式。近几年，思想意识形态多元化发展，社会生活更加丰富多彩，学生们的思想也更加活跃。但是，当前中小学思想政治教育与实际生活联系不紧密，往往局限于教材和课堂，难以解释复杂多变的社会现象。

（三）教育手段单一

中小学思想政治教育的手段和方法比较单一。在我们的中小学，仍有相当一部分教师仍以说教、灌输和强迫执行为主，在实践中缺乏探索精神和创造能力，长期停留在任务式的工作水平上，以完成常规工作、应付书面考试为满足。在教学工作中，片面追求知识的传授和获得，满足单纯的、特定的价值准则和传递，使思想政治教育停留在知识的宣传和理论的谈话上，而忽视学生的主体参与和实践环节，忽视思想政治教育的实践体验性特点和情感、意志、行为习惯因素的培养，不能很好地把知识传播和行为培养结合起来。

如今的学生思想更加多元化，内心世界更加复杂，传统的教育方法过于僵化，不能更好地适应中小学生年龄特点和接受能力的发展，不能因材施教，降低了学生们学习的积极性和兴趣。教学方法单一，课堂大多局限于传统形式，灌输传授知识，没有充分运用网络、多媒体等现代教学方法，不能及时满足学生的海量信息需求。

这种课堂教学形式一定程度上同生活相背离，将道德和生活割裂开来，学生们获得的只是关于思想政治教育和道德修养的字面含义，无法明白践行道德的方式和意义，高分低能，其结果就是学生有道德之知，而无道德之行、道德之情和道德之信①，难以做到言行一致、知行合一。

（四）教育评价体系滞后

一是学校思想政治教育效果的评价体系滞后。当前我国中小学的思想政治教育评价，缺乏科学的制度和体系，主要表现在：许多学校普遍存在"重智育、轻德育，重学业、轻品德"的现象。一个学生品德再好，高考差一分也上不了大学，学生上不了大学，老师就完不成指标，而这个完成情况又直接与学校评价、教师奖金、评职称等利益挂钩，有了这个利益驱动机制，就造成了以分定优劣、以成绩论成败的现象，考试成绩成为对学生评价的唯一标准，它是学生能否升学和毕业的主要依据，从而忽视学生的道德素质教育。

二是学生思想道德素质的评价体系滞后。在评价过程中，教师很少从学生的实际出发，没有从全面的、发展的、辩证的角度考虑学生思想道德素质的实际水平。没有扎实地做好对学生思想认识和行为表现、学生在校表现和家庭社会表现的评价坚持实事求是的原则，在评价方式上，没有把自我评价、家长评价和教师评价有机地结合起来。学生做好事加分，做错事减分，年终把每个学生各项表现的分数相加，排等级，便是思想政治品德的结果。至于学生在实际的学习和生活中是否养成自觉行为，如何做好思想政治工作，培养学生高尚情操和健全人格，教育工作者很少考虑。评价过程流于形式，严重阻碍了学生思想政治道德的内化。他们往往为了提高道德分数而追求表现或做出符合规则的行为，容易导致口是心非、言行不一的双重性格的养成。

---

① 石中英. 关于当代道德教育问题的讨论［J］. 教育研究.1996（07）：38.

（五）没有形成教育合力

学生的思想品德是在外界各种信息源的影响下形成的。它是家庭教育、学校教育和社会教育在学生活动和交流中的统一影响而形成的。但是，在客观现实中，家庭教育、学校教育和社会教育之间会出现很多不和谐的地方，并没有形成更大的合力，存在"五加二等于零"的现象，即每周在学校进行五天的思想政治教育，两天的假期，思想政治教育对学生的影响最终为零。

思想政治教育的开放性决定了思想政治教育不能摆脱社会环境的负面影响。特别是在社会转型时期，出现了一些新情况、新问题、新矛盾。西方的思想和生活方式容易使人迷茫和困惑。个人主义、享乐主义、拜金主义等思想的滋生和蔓延，会对学生的思想产生负面影响，更重要的是，网络时代的到来给学校思想政治教育工作带来新的课题和挑战。面对信息污染、网络言论、网络聊天、网络游戏等负面影响，学校没有采取有效措施并忽视了对环境的消极影响。

家庭是人出生后的第一所学校，是个人成长的摇篮，中华民族历来重视家庭的作用。无论时代如何发展变化，家庭的社会功能和文明作用都是不可替代的，只有重视家庭环境的建设，才可以让千千万万个家庭成为国家发展、民族进步、社会和谐的重要基础。孩子的思想观念很大程度上取决于家庭环境，家庭环境起着其他环境没有的基础性作用和渗透性作用。但是，如今的家庭环境普遍表现为家长们重视智育，轻视德育，过于看重孩子的成绩，而忽视了孩子的心理和个性，培养德智体美全面发展的人才对于家庭教育而言只是一句空话。家长与孩子之间缺乏沟通交流，容易导致孩子的逆反心理。这种现象无法调动家庭环境的积极因素，无法了解孩子的心理特点和价值需求，最终让孩子树立起"分数论英雄"的错误观念，而忽视自身的道德水平和思想水平的提高。

第三章 影视教育在我国中小学思想政治教育中的价值体现

美国学者赖特在《大众传播：功能的探讨》中提出了"四功能说"：一是大众传播的心绪转换效用——提供消遣和娱乐的方式，帮助青少年"逃避"日常生活的压力，缓解紧张情绪；二是大众传播的自我确认效用——大众传播中的人物、事件、状况、矛盾冲突的解决方法等，为青少年提供一种自我评价的参考，通过比较，他们能够反思自身行为，从而协调自己的观念和行为；三是大众传播的环境监测效用——通过观看影视作品可以获得与自己生活直接或间接相关的各种信息，及时把握环境的变化；四是大众传播的环境认知模糊化效用——这一点符合了影视传播对青少年受众行为影响的理论，缺少辨别能力的青少年有时无法区分影视作品中的信息世界和现实世界，为了寻求一种现实中不能实现的心理补偿，他们更情愿沉浸于剧情中构建的理想化的虚幻世界。[①]赖特的这一总结为我们理解影视教育在我国中小学思想政治教育中的价值体现提供了帮助。

长期以来，我国许多的优秀经典影片影响和感染了一代又一代人，鼓励青少年学习英雄人物、先进人物，在学习和生活中养成良好的思想品德追求。影视教育作为辅助思想政治教育的有效载体，多年来在我国中小学思想政治教育中发挥着重要作用。同时，在当今信息高速发展的时代，影视作为传播社会文化信息不可或缺的载体，对社会发展进步起着非常重要的作用。在社会教育中，思想政治教育影视作品本着传承和弘扬中华民族优秀传统文化和优秀品质的理念，始终起着宣传和引领作用。在学校教育教学工作中，继续采用思想政治教育影视载体的输出模式和渠道，有利于

---

① 周鸿铎. 传播学教程 [M]. 北京: 中国书籍出版社, 2010.

深化思想政治教育理论，拓宽学生思想政治教育实践的范围。

目前，随着电影产业的快速发展，我国涌现出一大批不同类型的优秀电影，在满足人民群众精神文化需求、提高全民族文化素养、传播社会主流价值观、弘扬中华优秀传统文化、增强国家文化软实力等方面发挥了重要作用，也为中小学进一步开展影视教育工作提供了丰富的资源和载体。通过加强中小学影视教育，着力在坚定理想信念、培养爱国主义精神、加强品德修养、增加知识和见识、培养奋斗精神、提高综合素质上下功夫，努力构建德智体美劳全面发展的教育体系，激发学生爱党、爱国家、爱人民，增强对"四个自信"的理解和认同，对于从小养成良好的思想品德、心理素质和行为习惯，形成正确的世界观、人生观和价值观，提高学生的审美素质和人文素质，形成健康文明的生活方式等具有重要意义。影视教育在中小学思想政治教育中的价值主要体现在以下几个方面。

一、是落实"立德树人"根本任务的有效途径

优秀影片具有生动、形象、感染力强等显著特点，蕴含着丰富的思想、艺术和文化价值。利用优秀影片开展中小学生影视教育，是加强中小学生社会主义核心价值观教育的时代需要，是落实立德树人根本任务的有效途径，是丰富中小学育人手段的重要举措。

（一）提升精神境界，促进学生全面发展

影视教育具有提升精神境界、塑造品德、促进学生全面发展的作用。

1. 促进个体道德发展。道德是人们共同生活及其行为的准则与规范。习近平在全国高校思想政治工作会议上强调："要坚持把立德树人作为中心环节。"[①]思想道德素质的提升在我国当前发展布局中的位置可见一斑。优秀影视作品作为一种先进的文化形态，对个体道德的塑造起着积极的作用。这主要表现在引导道德意识、完善道德品质以及促进道德行为三个方面。尤其是红色影视作品作为一种以革命为主题的艺术形式，其中必

---

① 习近平在全国高校思想政治工作会议上发表重要讲话_新华网［EB/OL］. http://news. xinhuanet. com/politics/2016-12/08/c_1120082577. htm.

然包含着无数无产阶级人士为了革命的胜利而放弃个人利益甚至牺牲的无私奉献精神和集体主义精神，以及为了将革命进行到底的艰苦奋斗、自强不息的伟大民族精神。认知心理学认为："人的认知与学习具有情境性本质。"[1]即人们的学习效果与其当时所处的情景密切相关，如果在学习的过程中，主体能够身临其境，这必然能够极大地促进对学习对象的认知，并在潜移默化的过程中并加以强化。红色影视把红色精神融入有血有肉的人物和恰到好处的剧情当中，观众在观看这些影视作品的时候，能够情不自禁地感受到这些伟大的革命精神，为道德意识的萌生创造了条件。例如，在电影《长征》中，当观众看到无数老百姓饱受战争之苦、流离失所，或者因为恶劣的生存和生活条件而死亡的情景，看到红军身穿补了又补的破旧衣物在寒冷的雪山行军时，就会觉得自己的小康生活来之不易，自然产生勤俭节约的念头。当观众被剧情中人物的精神和气节所震撼和折服时，便开始了道德意识的内化和道德情感的生成，进而逐步向培养优秀道德品质发展。当类似的情况多次出现时，道德场景可以得到强化和重复，这种道德品质便在潜移默化中逐渐转化为自觉而稳定的道德行为。

在社会主义市场经济条件下，随着经济全球化的深入发展和信息技术的愈加发达，西方资本主义国家趁机通过各种各样的方式对我国进行意识形态渗透，拜金主义、享乐主义等错误的价值观越发盛行，道德滑坡已不是什么新鲜事。在这样严峻的形势下，我们要增强危机意识，以红色影视等先进文化形式占领我国的文化阵地，以红色影视弘扬社会主义价值观，让人们的思想向积极健康的方向发展，传播正能量，提高全民思想道德水平。

2. 激发精神动力。激励本是管理学术语，在思想政治教育视域下，激励是指通过外部刺激来激发人们的积极性、主动性和创造性，具体手段有四种：民主激励、榜样激励、情感激励、奖惩激励。民主激励主要用于参与决策和管理，奖惩激励主要采用奖惩的手段发挥作用。显然，红色影视对人的激励并不涉及这两种，而是主要依靠榜样激励和情感激励，这两种激励手段基本上是同时起作用的。榜样激励是建立在情感接受和认可的基

---

① 徐建军、胡杨.大学生认知特征与思想政治工作创新[J].思想教育研究, 2007(12): 13.

础上的，情感激励更多时候需要借助榜样来表达。榜样激励，即通过先进的典型示范效应，为人们的思想素质和行为提升提供精神动力。情感激励主要是指通过情感满足来调动人们的热情和积极性。在红色影视作品中，革命英雄是贯穿全剧的核心角色。依托现代影视技术，红色影视融合了动人的场面和巧妙的情节，把存在于历史长河中的革命英雄塑造得有血有肉——剧中人物为革命事业的胜利不顾一切、坚持到底的强大信念，为了民族为了国家身负重伤却仍然穿梭于枪林弹雨中的顽强毅力。从人物到情感，红色影视实现了榜样激励和情感激励的完美结合。以《草地》为例，影片讲述了红军战士在气候条件极其恶劣的草原上行军，为了跨过茫茫草地，红军战士风餐露宿，以野草为食，饥寒交迫，加之草地中密集的泥潭，很多士兵因此长眠于此。然而，尽管困难重重，红军终于以坚定的信念战胜了困难，取得了长征的胜利。剧中既刻画了性格饱满、立体的、平凡的普通士兵，又在丰富的剧情中拔高了影片的整体立意，集中表现和赞颂了伟大的长征精神。观众在观看影片时，当听到英勇的士兵们踏在草地上那铿锵有力的脚步声，看到士兵脸上视死如归的表情，仿佛身临其境，这必然能够使观众心头为之一振，在心理上给予极大的认同，受之感染，为之动容，情感上产生强烈的共鸣，进而精神上也必然受到极大鼓舞。红色影视这种潜移默化的激励作用，比纯粹的言语激励更持久、更深入，真正达到了"以优秀的作品鼓舞人"的教育目的。

3. 树立理想信念

青少年在努力学习提高自身的知识水平，增强综合素质的同时，更应该树立科学崇高的理想信念，这对于自身的发展、成长成才具有重要的意义，通过影视教育，强化青少年的理念信念教育，使青少年树立远大的理想信念，是中小学思想政治教育的方向。

（1）理想信念对青少年的成长具有动力作用。所谓的动力作用，是指理想信念一旦形成，便会激励并指引人们自觉地为既定的目标而努力奋斗。人们具有各种各样的思想，系统的整合或者零散的想法、持久的信念或者暂时的动机、感性的认识或者理性的思考，这些思想支配着人们的行为，并产生驱动作用，但是，没有理想的支配和引导，这种驱动注定是暂时的，会随着人们情感的消退和利益的满足而消失。理想作为人们深层次、高层次的思想观念，以一定的信念信仰为基础，集中体现了一个人的世界观与人生观。因此，相比于一般的思想动机，理想具有更强大、持久的驱动力。理想在提供内在动力的同时，还会有效地整合人们的情感、动机等各种思想因素，形成系统与零散、持久与短暂、感性与理性之间的良好互动，产生单方面驱动所不能比的驱动合力。理想信念是激励人们向着自己所追求的目标不畏艰难、坚毅进取、奋发向上的动力，是人生不断发展进步的源泉。一个人追求的目标越高，他的才力就发展得越快，对社会就越有益。

（2）理想信念对青少年成长具有指引作用。所谓的指引作用，是指理想信念在人们的思想、行为方向等方面的引导作用。人生是一个在实践中不断奋斗向上的过程，生命的意义便是在一个富有意义的目标指引下，沿着正确的人生道路不断前进。理想信念具有确信性、目的性，理所当然地成为人生的指路明灯，成为航行过程中的灯塔。对于各种事物和思想的分析与评判，人们总是要根据自己所确信的观念来进行，当事物、思想或者行为符合自身的观念时，人们给予积极的肯定；不符合时，人们给予否定并采取措施力图使事物等按照自己所期望的方向发展，让政治行为、道德行为、工作行为、学习行为等符合预定的目标，因此，理想信念对人们的认识活动和实践活动发挥了重要的导向作用。理想信念之于社会，决定了社会性质，确立了共同的价值取向，引导社会发展；理想信念之于个人，提供了价值追求目标，指明了奋斗方向，选择了生活道路。如果没有理想信念，社会将会混乱不堪，个人便会无所适从。没有理想，就没有了坚定的方向，没有方向，便没有了生活。

（3）理想信念对青少年的心灵具有净化作用。所谓理想信念的净化作用，是指理想信念能够提升精神境界、充实心灵、塑造高尚的人格。人生是物质生活与精神生活相辅相成所构成的统一，理想信念作为道德的基础、精神生活的核心，一方面能够使人的精神生活的各个方面统一起来，使人的内心世界成为一个健康有序的系统，保持心灵的充实与安宁，避免内心世界的空虚和迷茫，另一方面，指引着人们不断地追求更高的人生目标，提升精神境界，塑造高尚人格。一个人的理想信念越崇高，精神境界和人格便会越高尚，人生便会越充实，心灵上才不会空虚和迷茫，从而能够经受住任何艰难曲折的考验，保持高尚的情操及美好的心灵。

（4）理想信念具有凝聚作用，激励青少年把个人的奋斗志向同国家和民族的前途命运紧紧联系在一起。所谓理想信念的凝聚作用，是指理想信念对人的思想、行为所产生的吸引作用，理想信念能促使青少年更好地服务祖国与人民。任何一个国家、团体都需要采用强大的凝聚力将相应范围中的人们团结起来，而这种凝聚力的一个重要来源便是共同的理想信念。共同的理想信念犹如精神纽带一样，通过深层精神和文化的凝聚将人们团结起来，凝聚人心，使大家向着共同的目标齐心前进。一个国家如果树立了共同的理想信念，便会产生强大的民主凝聚力，战胜一切艰难困苦。正如邓小平同志所指出："我们过去几十年艰苦奋斗，就是靠用坚定的信念把人民团结起来，为人民自己的利益而奋斗。没有这样的信念，就没有凝聚力。没有这样的信念，就没有一切。"[1]

（5）影视教育在潜移默化中促进青少年树立科学崇高的理想信念。坚定的理想信念是人们实现自身价值的力量源泉。没有理想和信念，人们就不具备创造和改造世界的主观能动性。实现中华民族伟大复兴的中国梦，需要无数人民坚定的理想信念与坚毅品质的支撑，这种品质来源于无数共产主义革命先烈和社会主义建设的爱国志士为拯救处于危难中的中国不畏牺牲、艰苦奋斗和勇于创新的故事当中。影视作品通过对榜样的艺术再现，把为祖国而战的英雄人物带进了观众的视野。电视剧《黄大年》生动再现了本可以在英国过上富裕生活的华人科学家黄大年，在接到祖国"千人计划"的召唤后，毅然放弃了安逸的生活，回到了祖国，因为不分昼夜地进行科研项目最终积劳成疾而病故的感人故事，那一句"振兴中华，乃我辈之责"让无数观众流下的感动的泪水。在电影《集结号》中，一个连的战士，为保护大部队，毅然坚守阵地阻击敌军，连队指导员王金存从一个胆小懦弱的书生，在战争的洗礼中逐渐成长为一名英勇坚强、视死如归的革命战士，也让无数人为之感动。还有像《董存瑞》《雷锋》《邱少云》等无数红色影视作品中的英雄形象，加深了人们对坚定爱国主义、社会主义理想信念的认识，进而指明了进行社会主义建设实践的奋斗方向。

---

[1] 邓小平文选（第二卷）[M]. 北京: 人民出版社, 1993.

4. 实现思想政治教育目标

利用优秀影片开展中小学生影视教育，是加强中小学生社会主义核心价值观教育的时代需要。社会主义核心价值观是我国居于主导地位的价值目标和价值追求，是中小学思想政治教育的目标和方向。在社会思潮多样化的背景下，开展青少年社会主义核心价值观教育，并使之转化为他们的自觉行为，提高青少年的社会主义价值观认同度，引导青少年树立正确的价值标准、形成高尚的道德品质、养成文明的行为规范，是大、中小学思想政治工作的重要内容，有利于实现思想政治教育目标。"育人为本、德育为先"的教育理念是我国教育的一贯坚持，解决青少年的思想观念、政治信仰等思想问题，是我国各级各类学校思想政治教育的首要任务。加强青少年社会主义核心价值观的培养，是学校体现和坚持社会主义发展方向、实现思想政治教育目标的关键所在。当然，学校在进行社会主义核心价值观培育时不能只以文化知识讲授为主，而忽略了社会实践对培育的辅助作用。否则，很容易导致一些学生的思想道德和价值观出现问题，如缺乏坚定的社会主义信念，个人价值追求偏向功利，思想道德素质有待提高，知行不一甚至严重脱节等。影视教育作为中小学思想政治教育的辅助教学手段，对社会主义核心价值观教育、实现思想政治教育目标起到了重要作用。一些优秀影视作品弘扬了社会主义价值观内容，如国家价值目标上倡导的"富强、民主、文明、和谐"，社会层面上倡导"自由、平等、公正、法治"的价值理念，以及个人层面倡导的"爱国、敬业、诚信、友善"的价值标准。通过这些影视作品，使学生在潜移默化中接受社会主义核心价值观教育，培养中小学生的爱国主义情怀，增加国家和民族认同感，树立正确的价值观，尤其是个人层面的"爱国、敬业、诚信、友善"的价值理念，是公民的道德规范，是对道德价值尺度的判断和衡量，反映的是应该成为一个什么样的社会主义公民、怎样做社会主义合格公民的问题，与中小学生个人成长与发展十分契合。

5. 有利于加强学生的自我教育，促进学生全面发展

通过中小学影视教育，强化社会主义核心价值观教育，是丰富中小学育人手段的重要举措，有利于加强学生的自我教育，促进学生全面发展。随着时代的不断进步，改革开放和社会主义市场经济也在不断发展和完

善，在这一过程中，人们的文化思想和意识观念也发生了深刻的变化，特别是青少年在思想观念和价值观上的多元表现。青少年是祖国现代化建设的人力资源，是祖国的未来和希望，加强青少年思想政治教育，使他们具备良好的道德品质、树立正确的价值观尤为重要。否则，他们就极易受到国外多元文化思想中一些负面因素的影响，比如，一些青少年在被西化、分化思想侵蚀后，盲目崇拜西方资本主义国家的价值观，动摇理想信念，抛弃对祖国的热爱。而现在，各国文化软实力的竞争更加激烈，教育的发展和科学技术的进步是提高国家竞争力必须关注的部分，因此，要保证青少年顺利成长，就要不断加强思想政治教育力度，引导他们树立正确的价值观。

思想政治教育发挥着构建精神家园的基本功能，在精神家园建设过程中，社会主义核心价值观对引领价值取向具有重要作用。价值取向是精神家园的价值支撑，社会主义核心价值观的培育，有利于建设青少年的精神家园，丰富青少年的精神生活，引导青少年树立正确的价值观。要引导青少年树立正确的价值观，青少年应树立正确的价值信念，对现实中的价值歪曲现象做出正确的批判，将来实现自己的人生价值，造福社会。正确的价值观应当符合历史发展和社会要求，这正如马克思主义关于人性的认识一样，人性可以分为共同人性和具体人性，共同的人性就是"贯穿于人类一切历史阶段的一般特性"，具体的人性就是"不同历史阶段的特殊人性"[①]。社会主义核心价值观是时代发展产生的理论，对社会实践具有指导作用。利用影视弘扬社会主义价值观，让青少年的思想观念向积极健康的方向发展，传播正能量，以提高青少年的思想道德水平，提高青少年自我教育、自我约束的能力，提高青少年辨别外界信息的能力，也能够促使他们用正确的价值标准规范自身言行，促进其全面发展。

（二）获得个体享受

个体享受功能是以某种方式满足人们的精神和欲望，从而获得心理上的享受。在经济高速发展的今天，"快节奏"已经成为很多人的固定标

---

① 赖亦明、汪荣有. 马克思主义基本原理专题研究 [M]. 合肥：安徽大学出版社，2009：175.

签。因此，越来越多的人提出享受"慢生活"，在紧张的工作之余能够通过某些方式放松身心，愉悦心情，实现劳逸结合。观看影视不失为一种良好的放松方式。影视作品具有个体享用功能是其本身作为艺术的一种表达形式这一性质所决定的。一方面，它的个性化享受功能可以让观众在忙碌的工作之余放松身心，愉悦精神，特别是对于历史影视作品的爱好者来说，观看红色影视是一个更好的选择。如今，影视播出平台正朝着多元化的方向发展。智能手机、智能电视的普及和电影产业的发展为这一功能发挥提供了良好的物质基础，尤其是随着现代电影技术的发展，画面壮丽，画质清晰，特效精湛，情节有趣，演员的演技扎实，可谓耳目一新，去影院观影可以说是去享受一场听觉和视觉的盛宴。另一方面，看优秀影视作品，尤其是红色影视作品可以提升观众的幸福感。红色影视作品把观众带入了新民主主义革命时期，也就走进了一段艰难的岁月，没有高楼大厦，没有四通八达的交通和安全的生活环境，处处都萦绕着战争和死亡的气息。这就向观众传递一个信号，时代的发展给了我们更好的物质生活条件，国家也给了我们稳定的生活环境，在潜移默化中传递给观众一种满足感和幸福感。这一功能的发挥，不仅得益于红色影视作品的专题性，还得益于当今影视技术的发展，数字影像技术、长镜头、蒙太奇等拍摄技术的应用，3D立体技术、仿真道具的运用，再借助演员精湛的演技，能够将新民主主义革命时期人民的真实生活生动形象地刻画出来，这样更能够将观众带进作品，体味那一段艰难岁月。

由著名导演黄建新执导的影片《建国大业》，将导演深厚功力、演员扎实演技和现代高超电影制作技术融为一体，是近年来少见的优秀影视作品。影片情节跌宕起伏，立意突出，以宏大的历史视野和独特的艺术手法，再现了中华人民共和国成立前多党合作制度和政治协商制度形成的艰难历程，以及中国共产党和各民主党派和衷共济、团结一致的光辉历史。资深影评人温浩溟先生指出，该片气势宏大，画质细腻，史诗气质浓厚。作为这样一部优秀的红色影片，对于观众来说，观影过程就是一个享受视听盛宴的过程，一定程度上可以让观众暂时忘记生活中的烦恼，全身心投入中华人民共和国建国的波澜壮阔的历史中去，从而领略到厚重的历史气息。

（三）摄取文化知识

很多优秀的影视作品是以真实的历史事件或线索为基础，再进行剧情的多线情节发展和人物形象设置，这就决定了它们必须包含丰富的历史信息，借助现代影视技术，将这些历史信息更直接、更深刻地传递给观众，让观众在享受中学习，在潜移默化中被熏陶。同时，从教育方法的角度看，与传统的课堂教学相比，影视教育的方式新颖独特，契合了目前大多数人的需求，因而能在更大程度上得到观众的认可和接受。以2015年拍摄的电影《百团大战》为例，该片讲述了1940年世界反法西斯战争进入最困难时期的故事。在国际战场上，欧洲战场屡战屡败。在国内战场上，国民党主导的前线战场相继失利，江汉平原乃至华中大部分地区被日本侵略者占领。国内外极端紧张的局势，使毛泽东、朱德等中共领导人深感不安，他们一致认为，必须要挺身而出，为世界反法西斯战争作出应有的努力。影片时长111分钟，却在这短短的不到两个小时的时间里交代了当时的复杂时代背景，紧张的国内局势和党内面临的危机。《百团大战》再现了中国共产党领导人的卓越领导能力和保卫国家的民族气节。真实而跌宕起伏的剧情，唐国强等一众老戏骨成熟的演技为影片保驾护航。因此，该影片可谓是时间短小，内容却十分精悍。观众通过观影的方式对百团大战这一段历史的了解和认知比书本上的"死"知识来得更加深刻和透彻。

二、为中小学开展影视教育工作提供丰富的资源和载体

目前，一些教师反映思想政治教育的教学效果不佳，究其原因，主要是抽象的理论和道德知识缺乏低端的认同途径和人情化的感染力。影视资源丰富的思想内涵和独特的艺术魅力，可以极大地增强思想政治课的感染力，充分彰显思想品德课的思想性与人文性。同时，通过运用优秀的影视作品，提高思想政治课堂的外在形式美，实现德育课堂外在形式美与内在逻辑美的高度统一，促进教学的审美化设计。另外，利用影视材料教学的过程，也是教学方式多样化的过程，有利于满足受教育者认知类型的多样化，促进学生的全面发展。

（一）增强思想政治课教学的感染力

"德育要真正发挥作用，必须抵达人的灵魂，给人以心灵的触动，灵魂的撞击，唤起人深层的心理需要和认可。"①在教学中实现"抵达""触动""撞击"与"唤起"，是为了增强学科教学的感染力，使德育的教化作用达到学生潜意识深处。因此，思想政治教育必须依靠审美活动的配合和支持。影视资源的艺术特性，以及艺术表现形式的综合性，为思想政治教育教学的发展提供了丰富的教学素材。

首先，影视素材为学生提供了丰富的情景体验，通常运用故事场景的分析、情节的发展、人物形象的分析来传递某种道理，暗示某种思想。施教者的育德目的明确但不外露，这种施教过程与理论讲授不同，在理论教学过程中，施教过程围绕着理论内容本身展开，而运用影视作品教授则是将育德潜藏在对声画的感受中和情境的体验中，教育学家夸美纽斯曾说过："可以为教师们定下一则金科玉律，在尽可能范围内，一切事物都应该尽量地放到感官跟前。"②此外，视频素材涵盖内容极其广泛，包括家庭生活、学校生活和社会生活。在日常学习中，由于时间和空间的限制，学生对许多生活情景的体验只能停留在课本的字里行间，只能通过教师的言语交际来实现。而影视以具体的方式，展现不同时空的世事变迁，人情冷暖。在观看过程中，学生容易出现观影的心灵投射作用，产生"人同此心，心同此理"的感受，激发内心对美好德行的需求与向往。

其次，影视艺术是多种艺术大众化的体现，是音乐、艺术、摄影等艺术的综合表现。与这些艺术单独呈现时的距离感相比，影视艺术更能被观众接受，更多地用于教学，成为增强课堂感染力的有效途径。优秀的影视作品总是蕴含着丰富的教育因素，其先进的思想、高尚的情操、优美的情感等都融入了特定的形象元素。教育家布鲁纳曾说："我们应当尽可能使学生牢固地掌握科学内容，我们还应当尽可能使学生成为自主且自动的思想家；这样的学生当他在正规学校的教育结束之后，将会独立地向前迈

---

① 游昀.试论影视文化教育对青少年德育的作用及其实施途径[J].当代教育论坛，2008（06）.

② ［捷克］夸美纽斯著，傅任敢译.大教学论[M].北京：人民教育出版社，1984：112.

进。"①在利用影视资源进行德育的过程中，受教育者的思想状态不是"封闭的""逆反的"，而是"开放的"，由"感染之力"打开的德育大门不仅增强了思想品德教学的吸引力，也使学生成为更积极的学习者。

（二）拓宽学生知识获取渠道

在课堂上，教师通过运用视频材料调整原有的单一教学方式，采用多种教学方法进行多模式教学，拓宽学生知识获取的途径，满足不同学习者不同认知类型的需求，弥补了学习者在某些学习方法上的不足，促进了学生的全面发展。认知类型又称为认知风格。认知类型差异是指每个人在感知、理解、记忆、思维、提取和利用信息的过程中所采用的独特方式。这种认知类型在学校教学情境中的差异主要表现在学生在信息加工中的感知、记忆、思维和认知反应的类型差异上。例如，在记忆方面，根据学生在记忆过程中的感知偏好，记忆类型可分为视觉型记忆、听觉型记忆、动觉型记忆和混合型记忆。视觉型记忆的学生善于通过图片、文字材料等进行学习，喜欢阅读和观察。听觉型记忆的学生更容易接受语言、声音和音乐，适合从教师讲课和其他人的讨论中获取信息。对于动觉型记忆的学生来说，通过感觉物体或触摸等行为更能使其理解和记忆知识。当然，事实上，受教育者在接受信息时是多感官的，即利用各种感官渠道获取知识。也就是说，大多数学生都是混合型记忆的，他们在学习时使用各种感官通道。思维也是如此，可分为艺术型、思维型和中间型。艺术型思维的学生想象力丰富，善于形象直观地记忆材料。思维型学生分析能力强，逻辑推理能力强。但在现实生活中，大多数人都属于中间型，即同时具备两者的特点。

因此，在教学过程中，要求教师开展认知差异教育，充分发挥学生认知类型的优势，弥补认知类型的不足，采取匹配策略和失配策略。在具体的教学情境中，应提供丰富的教学内容，采用多种教学方法，避免单一教学方法带来的认知困难和不足。比如，利用影视材料结合传统教学方法，呈现集文字、声音、图片为一体的学习材料，匹配学生的各种感官渠道，

---

① 邵瑞珍主编. 学与教的心理学［M］. 上海：华东师范大学出版社，1990：225.

协调学生的各种思维方式。在激发学生学习兴趣的同时，通过创设图片、声音和情境，促进学生对知识背景的了解。马克思、恩格斯在关于人的本质和人的全面发展时指出："人在作用于自然，改变着自然的时候，同时他就改变着自己本身的自然，使他自身的自然中沉睡的潜能发挥出来，并使这种力的活动受自己的控制。"①关于人类的本质，主要表现在自觉认识世界、积极改造世界的能力上。因此，学生必须在与事件情境和知识背景的联系和作用过程中获得全面发展。

（三）实现德育审美化

德育审美化是德育层面教育审美化的具体表现。教育审美化是指教育活动按照美的规律来设计与实施，要求在教学过程中，既要深入挖掘教学内容本身所蕴含的美，突出其内在的逻辑美，又要运用具有审美属性的教学手段，用艺术的教学形式反映教育活动的外在形式美，从而调动学生积极的情感体验，促进师生的身心健康发展，实现"以美育心"。

实现教育审美化的基本形式是教学审美化，即在课堂教学中运用美的观念、方法和手段，改进教学活动，提高教学效率，促进教学审美转化。影视资源对思想品德课审美化的积极意义主要体现在教学内容的审美化展示和教学手段、教学方法的审美化设计两个方面。

首先，在教学内容审美化方面，影视资源可以吸引受教育者的审美关注，产生审美期待，调动学生的学习认知潜能，使内容形象化、生动化、丰富化，达到最佳教学效果。影视资源内容形象化的实现，主要体现在通过视听结合，对教学要素的外部轮廓或逻辑形式进行充分的描述，使其清晰易懂，便于受教育者接受，并形成图像存储进行信息提取和再处理。教学内容的生动表现是视频的播放，能使教学内容动态呈现，使教学过程充满动感和趣味性，从而保持学生的注意力和主动的信息处理状态。教学内容丰富化则是指在合乎教学意图的前提下，利用视频素材作为教学材料，充实教学实例，丰富教学内容。

其次，在教学手段与方法的审美化设计方面。教学手段和教学方法的

---

① 马克思恩格斯全集（第二十三卷）[M].北京：人民出版社，1980：202.

审美化是教学审美化的载体和外部条件，主要包括教学语言审美化、教学板书审美化、教学体态审美化、现代化教学媒体设计的艺术化。其中，现代化教学媒体设计的艺术化，是指运用声音、形状、色彩、光线等多种方式的配合使用，生动形象地展现知识，表现教学内容发生和发展的动态过程，从而产生丰富的视觉和听觉审美效果。因此，影视艺术作为声画一体以及音乐、艺术、建筑等多种艺术的融合，自然是教学审美化的有效手段和提高教学效果的重要途径。

视频资料在教学应用上确实具有无可比拟的优势，但在实际应用中，教育工作者不仅要了解影视资源的价值，还要理性分析其可能产生的负面效应，尽量规避使用风险。第一，影视资源开发利用的主体是人，人的能力和态度有很大的不同。不同的人在使用影视资源进行教学时可能有不同的目的。在实际的课堂教学中，教师对材料的把握可能不够准确，对教育的挖掘也不够，使资源的利用如走马观花，看似热闹，实则与教学内容脱节，或者使用者过度依赖视频播放，把思想品德课变成了"影视观赏课"，不仅起不到促进作用，而且耽误了教学进程。因此，在应用过程中，需要教师深入挖掘视频材料的德育元素。找准教学的切入点，在学生观看过程中做适当的引导。第二，影视作为一种大众传媒，是对信息的筛选式呈现和多重加工后的解读后，即媒体展现的是其自身筛选过的世界，通过对此世界的理解来影响受众对世界的认识。同样，影视资源呈现的世界不是世界本身，而是被选择过和阐释过的世界。这个"世界"可能是对现实世界的夸大和扭曲，但它是作为现实世界传播给观众的。因此，影视资源在思想政治教育中的应用，离不开教师的精心选择和科学指导。

（四）有利于丰富中小学生思想政治教育内容

根据埃里克森的人格发展阶段理论，中小学生时期是人类"勤奋"和"自我同一性"的探索时期。6至12岁为"勤奋与自卑的冲突"期，12至18岁为"自我同一性和角色混乱的冲突"期，也就是说，在童年期，中小学生会根据社会和他人对自己形成期望和要求，希望自己能达到这些期望和要求。这一时期是中小学生从社会自我到心理自我的发展过程，也是理解自我的过程。影视为中小学生提供了真实的生活场景和自由选择、模仿、比较的机会。他们不仅可以看到同龄人的生活状况和价值取向，还可以看到其他各个阶层的生活状况，反映各行各业人们从事的工作的社会价值，可以据此进行自己的价值选择。

影视作品中有许多青春而积极的励志题材，其中充满活力和梦想的题材可以点燃中小学生的激情和向往，有利于陶冶他们的情操，塑造他们积极的人生价值观，如《中国合伙人》《飞行少年》《红海行动》等。另外，一些电视节目对中小学生正确价值观的形成具有直接的促进作用。比如，对于一些社会热点和公众良知事件，电视节目往往在讨论和分析中形成统一的看法，这直接影响到中小学生的价值标准。如《焦点访谈》这档节目定位于时事追踪报道、新闻背景分析、社会热点透视、公共话题评论等，它以深度报道为主，以舆论监督见长，在每个焦点聚集的背后都向大众传递着社会道德观念。一些优秀的历史题材和优秀人物题材的红色经典影视对中小学生的历史和国情教育也起到了不可或缺的辅助教育作用。为了提高中小学生对历史和国情的认识，1991年，国家教委发布了《中小学加强中国近代、现代史及国情教育的宣传纲要》，要求广泛深入地开展教育义务教育阶段的"两史一情"教育。如《长征》《红岩》等展现中国革命题材的影视作品，《秋收起义》《开国大典》《归途如虹》等重大历史事件题材的影视作品，《渡江战役》《大决战三部曲》等重大战争题材的影视作品，以及《生死牛玉儒》《杨善洲》等重要人物题材的影视作品是影视教育丰富的资源，是丰富中小学思想政治教育内容的"宝库"，是加强中小学中国近代、现代史及国情教育的"宝藏"。

1. 有利于加强国情教育

党和国家制定的方针、政策、制度和措施都是基于一定的国情和社会发展的需要，青少年没有对国情的基本认知就不会理解党和国家制定的方针、政策、制度和措施。

中华民族拥有五千多年的悠久文明历史，但是在近代以后遭受了外敌的长期入侵和内部战争的深重灾难，中国人民经历了百折不挠的、艰苦卓绝的奋斗，终于在中国共产党的正确领导下赢得了民族独立，建立了新中国，确立了社会主义制度。改革开放四十多年来，党领导中华民族探索建立了中国特色社会主义制度，并取得经济社会发展建设的巨大成就，可以说我们国家现在正处于历史上最好的发展时期。但是，我们应该认识到：当前我国仍处于社会主义初级阶段的基本国情没有变化，我们国家仍然是世界上最大的发展中国家。从人均国民生产总值看，我国仍处于世界后列，农村还有大量的贫困人口，工业化和城市化发展仍低于世界平均水平，各地区发展不均衡，可持续发展问题突出，特别是科技创新能力不强，教育、医疗、就业、住房、食品安全等关系民生的问题仍然较多。广大学生应当始终牢记我国当前处于社会主义初级阶段这一基本国情，认清我国当前社会主义发展中的问题，并认识到解决这些问题必须依靠中国共产党的领导，必须坚定走中国特色社会主义道路，以中国特色社会主义发展作为解决问题的第一要务。

可以说，当前我国国内总体形势是好的，但是，经济存在一定下行压力，社会也面临一些问题。对于青少年的教育也面临一些新问题，社会的一些不良影响容易使青少年在思想上产生困惑和迷茫，对一些社会问题容易产生不满情绪。因此必须引导和教育青少年正确看待目前国家在教育、医疗、就业、住房、社会保障、环境保护和收入分配等方面存在的问题，给予恰当的人文关怀和心理疏导，使他们能够正确看待社会问题，培养自尊、自信、理性、平和的健康心态。因此，在对青少年进行国情教育时，引导青少年认清我国当前的国情和当前国家所处的历史发展阶段，激发青少年的历史责任感和实现国家民族梦想的情怀。枯燥单调的理论知识传授对于青少年而言，难以激发他们的学习兴趣，而通过影视教育传播信息，在形式上更易使学生接受，在内容上比理论学习更易让学生理解和消化，并从内心产生对国家国情的了解和认同，提高思想政治教育的实效性，实现影视教育的价值。

2.有利于加强近现代史和党史教育

利用优秀影视作品，加强近现代史和党史教育能够帮助青少年认清中华民族选择社会主义道路、选择中国共产党领导的历史必然和社会主义建设的来之不易，有助于青少年继承和发扬党的历史上形成的红色精神，坚定中国特色社会主义共同理想。

（1）加强近现代史教育

近代中国因为封建、落后而遭受外敌长期入侵，饱经沧桑，在中国共产党的领导下，建立了新中国，才使中华民族重新站立起来，四十多年的改革开放使得中华民族走上了复兴道路。我们国家每一步发展和进步都经过了长期而艰苦的奋斗，只有认知历史才能不断增强凝聚力和战斗力，才能稳定发展。

随着全球化的日益深入，多元的思想文化相互激荡，各种社会思潮的传播，西方意识形态的渗透，对近现代史教育提出了新的更高的要求。在教育内容上，根据青少年更加相信历史事实，对直接的、主观的结论有一定抵触心理的认知特点，将丰富完善的、最新的近现代史资料史实补充到中小学生影视教育资料中来，在教育方式上要与青少年思想特点、生活方式和接收信息的模式接轨，利用慕课、微信、手机APP、网络、多媒体等融媒体时代的先进教学方式方法，向青少年展现英雄人物传记、某阶段历史、某事件历史等都能使其从中学习和感知历史。

（2）加强党史特别是红色精神教育

加强对青少年的党史教育有助于青少年深入理解中国特色社会主义道路是历史和人民的选择，加强党史中的红色精神教育，有助于青少年养成坚忍不拔的意志品质。红色经典影视属于革命文化的一部分，是特定时期历史发展的产物，历久弥新，有其特定的时代内涵和时代价值。随着课程改革的深入，课程资源的开发与利用更加受到人们的重视。红色经典影视以培养爱国主义精神为指南，与中小学思想政治课程的内容相契合，与中小学思想政治课程目标相符合，与中小学思想政治课程性质相一致，因此可以作为教学资源加以利用。红色经典影视资源在中小学思想政治课教学中的运用可以丰富教学内容，强化课堂教学效果，对于中小学的党史教育特别是红色精神教育，能够起到事半功倍的教育实效。

加强党史教育，有助于青少年了解党的奋斗历程，认清中国共产党的领导是历史的选择和社会发展的必然，引导和教育青少年深刻理解党在现阶段的路线、方针和政策，树立正确的社会主义政治理想。通过党史教育，让青少年认识到中国共产党领导中国革命和建设的历史是马克思主义理论不断与中国实际情况相结合的历史，从而坚定走中国特色社会主义道路的信心。青少年将来要实现自己的远大抱负和人生价值，就必须投身到党的事业中去。只有了解党的历史，才能懂得党的奋斗历程，才能体会到如今美好生活的来之不易，才能更好地融入党的事业中去，也才能更好地为党和人民的事业做出更大的贡献。

红色精神是中国共产党在带领中国人民探索社会主义道路的实践中所积累的宝贵精神财富。中国人民探索社会主义道路的实践形成了三种精神：即革命精神、建设精神和改革精神，这三种精神一脉相承，不断丰富、升华，既有共性，也有个性，都可以统称为红色精神。红色精神与加强青少年理想信念教育具有内在一致性，是加强青少年理想信念教育的宝贵资源。红色精神教育是增强青少年对不良社会影响的抵抗能力的必然要求。随着改革开放的深入和市场经济的快速发展，人们的物质生活水平日益提高，贪污腐败、道德滑坡、追求享乐、拜金主义、极端个人主义等不良社会风气也随之出现，社会上不同程度地存在信仰缺失、精神懈怠等问题。同时，在经济全球化背景下，西方文化思潮和价值观影响青少年的价值取向，使青少年对红色精神的认同形成一定的冲击。中小学生思想政治教育将红色精神教育拓展为创新内容，是符合时代特点的，红色精神教育能够鼓舞人心，帮助青少年树立艰苦奋斗的精神，培养坚忍不拔的意志品质，筑牢思想长城，提高对西方意识形态渗透、不良思潮侵蚀的抵抗力。青少年是未来中国特色社会主义事业的中坚力量，肩负着中华民族伟大复兴的历史使命，按照红色精神的方向指引，青少年要努力钻研和掌握科学知识，并积极投身于社会实践，深入了解国情民意，培养勇于奉献的高尚情操和不畏艰难的坚强意志，从小培养自己优良的道德品质和行为习惯，加强自我教育，努力提升自己，使自己成为德智体美劳全面发展的、又红又专的青少年，将来成长为社会主义事业的合格建设者和可靠接班人。

三、传播社会主流价值观，提升学生综合素质

（一）能够引导学生树立正确的价值观，增强价值观教育的感召力

精神文明建设历来是党中央高度关注的问题。党的十九大报告强调，要"加强爱国主义、集体主义、社会主义教育，引导人们树立正确的历史

观、民族观、国家观、文化观"①。中小学生思想政治教育中的影视资源是一种特殊的文化形态，是一种具有思想政治教育意义的文化形态。影片通过具体的情节，表达对祖国的热爱、理想信念的追求以及对社会的奉献等主要内容，传递社会主流意识形态和主流价值观，蕴含爱国主义等广泛的价值观教育资源，能够引导学生树立正确的价值观，增强价值观教育的感召力，能够通过情景再现使观众在观看的过程中自觉地接受影片所传递的价值信息，并逐渐转化为自身的价值观。如《风声》《红岩》展现了艰苦的战争年代中国共产党人与爱国进步人士为实现民族独立和人民解放不畏强权、不怕牺牲的民族气节与英雄气概；《焦裕禄》《任长霞》生动还原了无私为人民服务的优秀共产党员形象。这些影片通过艺术手段将我们印象中抽象、刻板的教育理念同具体的现实情境紧密联系起来，通过演绎一段段可歌可泣的真实故事，为我们树立了正确的榜样，并通过一个个鲜活的人物形象向我们诉说了什么是中华民族真正的价值取向，能够有效增强价值观教育的感召力。

（二）能够丰富思想政治教育形式，提高价值观教育的时效性

价值观教育是思想政治教育的重要组成部分。加强影视教育在思想政治教育中的应用，可以丰富思想政治教育的形式，提高价值观教育的时效性。与传统的教育环境不同，如今的中小学生接触的信息渠道日益多元，获取信息的互动性和选择性大大增强，他们会选择在一定时间后过滤掉头脑中那些对他们来说缺乏吸引力或者不能引起感情共鸣的反馈，这使得传统的教育方式不断受到冲击。思想政治教育影视资源可以通过塑造和还原英勇无畏的革命家、甘于奉献的普通人以及爱岗敬业的劳动者等一系列形象，有效地为学生树立正确的榜样，让学生知道在特定情况下，什么样的价值选择是正确的，引导学生树立正确的价值观。思想政治教育影视素材大多来源于真实的历史事件和真实的人物事迹，具有情节内容的真实性，因此也具有很强的感染力和说服力，可以使学生在观看的过程中通过具体的情节将自身带入到角色中，随着剧情的发展不断体会剧中人物的喜怒哀

---

① 习近平. 决胜全面建成小康社会 夺取新时代中国特色社会主义伟大胜利——在中国共产党第十九次全国代表大会上的报告［M］. 北京：人民出版社，2017：43.

乐，进而影响学生的思想和意愿并外化于行。因此，加强影视文化在中小学思想政治教育中的应用，不仅可以丰富思想政治教育方式，而且可以有效提高价值观教育的时效性。

（三）能够帮助学生增长知识，抵御不良价值观的影响

通过影视教育，向中小学生展现中国的革命史、中华民族的奋斗史，展现具有代表性的历史人物、展现新民主主义革命、社会主义革命和社会主义现代化建设的各个时期的不同的人物形象和事迹。通过观影活动，学生能够增强对史实以及人物事迹的了解，加深对我国不同时期时代特征、历史史实以及政治制度的认识，从而有效地扩展视野，更好地抵御不良价值观的影响。如《建党伟业》讲述了以毛泽东、李大钊为代表的第一批中国共产党人在风雨飘摇的时代为实现民族独立和人民解放而进行艰苦卓绝斗争的故事；《周恩来的四个昼夜》讲述了20世纪60年代初我国遭受重大自然灾害时期，大病初愈的周恩来总理在不到100个小时里，夜以继日走村入户，进行深入调研的感人故事，展现了我党求真务实的工作作风、批评与自我批评的优良传统，并深刻诠释了我党与人民群众的血肉联系；《天上的菊美》以菊美多吉的真实经历为原型，向观众讲述了一名基层共产党员如何用其短暂而绚丽的一生诠释"为人民服务"的深刻含义，带领藏区人们不断提高生活水平的故事。通过观看影视作品，广大学生可以深刻了解党领导全国各族人民赢得新民主主义革命的斗争历程，了解党的有关政策，感受为社会主义现代化建设而努力奋斗的基层工作者的精神品质，从而扩展学生的视野，增长学生的知识面。党的十九大报告指出，要"坚定文化自信，推动社会主义文化繁荣兴盛"[1]。作为思想政治教育的优秀影视作品，尤其是红色经典影视作品，作为中国特色社会主义文化的重要组成部分，是在党领导人民革命、改革和建设的过程中铸造的，根植于中国特色社会主义伟大实践，代表着中国先进文化。通过观看优秀影视作品，增强学生对优秀传统文化、红色革命文化和中国特色社会主义文化的认同，增强对民族文化的自信，更好地抵御不良思想文化的影响。

---

[1] 习近平. 决胜全面建成小康社会 夺取新时代中国特色社会主义伟大胜利——在中国共产党第十九次全国代表大会上的报告［M］. 北京：人民出版社，2017：40.

四、提高青少年审美和人文素养，形成正确"三观"

传播学研究证明：人们阅读文字时能记住10%的有效内容，倾听能记住20%，观看图像能记住30%，边看边听则能记住50%。[①]另外，影视传媒作为新时代传媒工具，消除了时间和地域的界限，可以极大地拓展青少年的生活体验，丰富青少年的精神世界。

（一）增长青少年的知识

影视文化已成为青少年日常生活的一部分，为青少年塑造了"社会"的形象，构建着青少年的常识。与学校教育相比，影视文化具有更强的现实感和感染力，它也可以反复播放，在对青少年进行传播时，可以像一面镜子一样反映当前的主流趋势，有利于青少年的学习和内化。

在影视文化的长期影响下，青少年可以拓展知识能力，更新观念，与时俱进地看待社会，面对世界，掌握自己的命运。利用影视文化作为辅助教育手段，可以辅助相关课程的学习，使学生在愉快的心情中掌握所需的知识，也可以使学生学习到更多的相关知识。专门的教育频道也充分发挥了影视的教育功能，在这里青少年每天都能学到自己需要的知识，打破了时空和地域的限制，也使全体公民的终身教育成为可能。因此，融媒体时代影视教育与中小学思政教育的有机结合是青少年思想政治教育发展的必然趋势。

（二）加速青少年社会化

1.影视作品有利于青少年感知社会角色

媒介在青少年社会化过程中发挥着重要作用。影视文化通过直接的视觉影像把一定社会角色的形象和行为规范呈现给青少年，让他们感受不同年龄、不同职业的社会角色，学习一些生活常识，了解一些与人沟通的技巧，学习一些社交礼仪，并通过这些影视形象来理解和感知社会角色的义

---

① 张志媛.新时期影视文化对青少年生活方式的影响及对策［D］.天津大学，2010.

务和权利。

通过影视文化不仅可以使青少年感知社会角色，还可以为其提供间接的人生体验。在现实生活中，由于各种原因的限制，人们的生活经历是有限的，每个人的人生体验也有所不同。对于那些无法实现的人生体验，影视作品正好可以起到一种补偿作用，从而丰富我们的人生经验。通过移情和认同，人们将自己投射到影视作品的角色中，通过观影来体验不同的人生经历，从而获得间接的人生体验。在影视作品中，给青少年留下深刻印象的人物可能成为他们的模仿对象，包括他们的性格、兴趣爱好及穿着打扮。通过榜样形象，青少年会给自己定位，希望自己将来能成为那样的人。

2. 影视作品有利于扩大青少年的社会体验范围

青少年社会生活体验的主要环境是家庭和学校。家庭和学校形成的教育合力在促进学生身心发展、智力发展和品德养成方面发挥着巨大的作用，但由于教师和家长的过滤，这种生活体验的环境往往是比较狭窄单一的。影视文化作为一种新的现代传媒文化，从多角度、多方面反映了现实生活状况。影视可以追寻过去，展现历史境遇，也可以期待未来更好的生活前景。屏幕可以呈现不同时代、不同阶层、不同地域的人们的生活，丰富了青少年的社会体验范围，拓展了青少年的生活空间。对于青少年来说，影视资源满足了他们在成长过程中渴望了解人生、社会和世界的愿望，影视鉴赏成为他们的第二课堂。

影视是青少年接触广阔外部世界的重要窗口，是他们体验人生精彩、学习做人道理和行事规范的一个便捷途径，也是他们情感释放的渠道、休闲放松的场所。健康的影视文化可以成为一股强大的精神力量，对青少年价值观的形成起着重要的积极作用。它的大众化、人性化和人文化内涵，极大地满足了青少年在娱乐、审美、教育等方面的心理需求，并引领他们去认识世界、感受人生、体验生命、触摸历史、领悟道德、内化价值。

（三）提高青少年审美情趣

1. 有利于青少年感知美好

影视文化承载着中国文化，是我国优秀文化的传播阵地。影视作品中，传递着中华民族的传统美德、传递着陌生人之间的相互帮助、传递着为了梦想不断拼搏的热情等，这样的正能量和情感，可以让青少年感受到社会的美好，对于这个世界怀着无限的期望。影视文化能呈现给青少年各个地域的美景、美食，让他们了解各个民族和国家的民俗风情，让他们见识到大千世界的美好，对于这个世界充满了憧憬。

以美食纪录片《舌尖上的中国》为例，影片分为七个部分，通过美食展现中国传统文化。通过这部纪录片，青少年也能深刻理解人与自然的和谐相生关系。人们到大自然去采摘食物，在这个过程中，也不忘保护这些植物，小心翼翼地遵循自然规律，怀着感恩的心情，延续着自然的馈赠。"自强不息，厚德载物"，是中国人的境界，也是一个人内心需要的强大精神动力，这是《舌尖上的中国》所要传达的价值理念。中国人强调"气"，强调变化，就是事物自身发展的规律，恰到好处，就是顺应自然规律。这是《舌尖上的中国》想要传达的中国价值。[①]

影视文化为青少年塑造了一个美好的、五彩缤纷的世界，就像春日的阳光般温暖、感染着一颗颗敏感、年轻的心，使他们正确认识人与自然、人与社会、人与人之间的关系，看到世界的美好，感受到来自世界的善意，从而提升青少年的审美情趣。

2.有利于提高青少年的文化艺术修养

中小学生艺术教育应该成为中小学教育中的有机组成部分，如何使中小学生在有限的条件下接受纯艺术的熏陶，逐渐提高其艺术修养应成为中学教育思考的问题。艺术作品通常追求真善美的统一，如果学生能经常接触到这些艺术，就会在潜移默化的影响下形成一种修养和素质，逐渐对生活有诗意的认识，精神境界也会慢慢提升，而学生身上体现出来的涵养也会帮助构建一个灵动、智慧、和谐的校园。

影视作品属于艺术作品的范畴，包括音乐、美术、文学等多种艺术元素。同时，影视独特的表现形式能更好地展现其艺术魅力，发挥其吸引力和感染力，使影视成为传播综合艺术美的有效载体，为中小学美育服务。随着教育技术的飞速发展，影视作品在美育中显示出越来越多的优势。优秀的影视作品不仅承载着绚丽的艺术美和自然美，还蕴含着丰富的社会美

---

① 漆谦.谈《舌尖上的中国》传达的中国价值[J].电视研究,2012(10).

和人文美，可以对中小学生进行多重美育。影视教育与思想政治教育以及各学科相融合，以美益智、以美启善、以美灵性、以美强健身心，进行"润物细无声"的教育。

（四）有利于平衡青少年的身心健康状态

苏联教育家苏霍姆林斯基说过："没有心理上的修养，体力的、道德的、审美的修养就不可能想象。"①可见如果青少年没有良好的心理素质，就无法适应社会发展的需要，将来就难以担负社会主义事业建设者这一重任。因此，学校应对学生进行心理健康知识普及教育，帮助他们正确认识自己的心理特点，认识心理与思想的关系以及心理与人格发展、心理健康与理想信念、人生观、价值观的关系，指导学生认识新环境、适应新生活，帮助学生树立心理健康意识，树立良好的心理修养和自我调控意识。1995年，《国家教委关于进一步加强和改进中学思想政治课教学工作的意见》明确指出，要对学生进行良好的道德品质教育和心理健康教育。从1995年至今二十多年以来，中小学心理健康教育越来越受到重视。关注学生的个性心理健康，引进心理品质健康教育内容是中小学思想政治教育不可或缺的重要组成部分。健康的心理是幸福生活的必备条件，很多鲜活的事例都表明，青少年的道德问题大多是由于心理问题没有得到及时重视而引起的。道德教育和心理品质教育都注重"健全人格"的培养，道德观念的内化程度和知行表现与受教育者个体的心理结构密切相关。因此，在思想政治教育过程中，应重视心理品质教育：正视自我、自尊自信、承受挫折、适应环境、培养良好情绪、发展健全情感等。学生个性心理品质的改善，可以为整个人生的心理健康发展和良好的价值观形成奠定基础。

利用影视作品进行心理健康教育已经十分常见。中科院心理研究所对影视资源在灾后心理辅导中的应用进行了相关研究，并将影视制作成相关课件在灾区推广应用，受到灾区广大中小学生和教师的欢迎。一些与心理学相关的影视作品可以丰富人们的心理学知识，了解心理发展规律，充实和丰富心理健康课程。一些具有心理治愈系的影视资源则可以调整人们的

---

① 杨锦.苏霍姆林斯基的环境教育思想与实践[J].比较教育研究,1998(06).

心态，缓解因各种压力造成的心理焦虑。一些电视栏目定位于解决学生成长过程中遇到的各种问题，让学生观看这些节目，可以帮助他们更好地反思自身、关注自身，学会与自身和谐相处。

（五）有利于锻炼青少年的创造性思维品质

影视能激发灵感和想象力，启迪创新思维。约翰·霍华德·劳逊认为：很多善于思想的人都认为电影足以扩大人的眼界，刺激起创造的精神。优秀影视作品具有独特的视听艺术魅力，在调动和提高中小学生的思维、想象、观察、记忆和联想力，提高思维水平和改善知识结构等方面具有巨大潜力。比如《道德观察》《普法栏目剧》等电视节目，通过真实案例，以主人公现身说法的形式，向中小学生传授行为准则，使他们明白什么可以做、什么不能做、应该怎么做；《国家地理》等以形象直观的影视手法，把大自然沧海桑田的变迁过程表现得明明白白，使中小学生在艺术享受中开阔视野、增长见识；有些电影，以哲人的角度和理性的深度，在纷繁复杂的现象中阐明道理，对引导和挖掘中小学生的深层次思维，培养良好的思维品质起到了很好的作用。

科幻片、动画片、科技博览片等可以通过现代科学技术将抽象的科学知识形象化，以画面的形式向学生呈现宏观和微观的科学世界。科学世界的浩瀚神秘性、给人类生活带来便捷以及未来的高科技智能化，都会激发学生对科学的兴趣和向往，增强他们的学习动机。一些动画片也充满了无尽的创意和想象力，在这些精彩画面的熏陶下，中小学生获得了极大的审美享受，也使其想象力和创新意识得到发展。

五、提高全民族文化素养，增强国家文化软实力

（一）凝聚民族文化和强化国家观念的作用

马克思认为，文化的阶级性表现它服务于具体的阶级和统治集团意识形态导向功能，是由统治阶级所创造并为之服务的。文化功能主要体现在集体价值观的整合上，价值观念统一的功能是协调社会思想和个人行为，

形成合理统一的社会生活。任何社会的人都有不同的价值观，经过统一的文化培养，使人们在社会生活的基础条件方面形成相对统一的价值观念，无论他们是否在同一个生活环境中，都能有民族的认同感在思想和实践上保持一致性的特征。

作为思想政治教育影视素材的红色影视是大众文化范畴内阶级文化的代表性产物，红色影视的文化价值主要来源于民族精神的集体认同。通过影视作品，展示中华民族为争取民族独立和民族解放而斗争的历史，展现出不畏牺牲、艰苦奋斗、团结友善、甘于奉献的高贵意志品质。红色影视是民族文化的重要载体，通过大众传播，增强人们对历史事件和历史人物的认识。它不仅消除了时空造成的意识差异，而且为人们参与文化讨论提供了交流材料。红色影视的广泛传播，使民族文化成为当代人的共同记忆。红色影视借助艺术的情感表达能力，提高了文化的精神渗透力。在观影过程中丰富的感官刺激和激荡的历史情节的感染下，增强了人们对民族的认同感和凝聚力，加深了民族的归属感，使原本孤立的个体在民族文化的凝聚下产生广泛而深入的交流，从而形成符合思想政治要求的统一的文化价值观。

国家观是政治思想的核心内容，树立正确的国家观是思想政治教育政治导向功能的重要内容。"只有从观念形态的深层次，从提高全民族文明素质的高度，真正唤起全体国民独立民主自由人格的觉醒，才能促进国家制度的改造和完善，才能在人民的监督下发挥新国家制度的优越性。"[①]例如纪录片《厉害了我的国》，以纪录片的形式展示了我国近五年来的发展变化，以幸福感、获得感、使命感、自豪感为主题，通过在桥梁建设、铁路建设、电子技术等领域的突破，对中国特色社会主义生产建设成果给予肯定，大大加深了人们对国家的认识和理解。因此，思想政治教育影视素材尤其是红色影视对加强人们心中的国家意识和对国家发展建设的认知起着关键性的作用。

---

① 李华兴. 中国近代国家观念的形成与发展 [J]. 马克思主义与现实, 2006（02）.

（二）调节社会各组织之间利益矛盾，维护社会的稳定与团结

1.促进政治社会化

政治社会化是个体与社会双向运动过程的辩证统一。思想政治教育影视素材，尤其是红色影视作品蕴含着无产阶级的政治意识形态。观众在欣赏包含无产阶级政治意识形态的红色影视作品的过程中，一方面，从观众的角度看，红色影视使他们获得了政治知识和政治能力，加深了政治情感，坚定为实现共产主义而奋斗的政治信念。从国家的角度看，这是以红色影视作品为思想政治教育载体，塑造受众政治心理和政治意识的过程。另一方面，在政治社会化进程中，在无产阶级科学政治意识形态的指导下，红色影视作品中关于政治意识上的是非曲直的斗争情节有助于提高观众的政治辨别能力和政治选择能力，从而更加积极主动地参与政治，逐步提高自己的政治素养，实现引导人们政治行为促进政治社会化的目的。

2.增强社会政治稳定

社会政治的稳定来源于人民对于其统治阶级及其主导意识形态的高度认同感和归属感。红色影视能够传播主流意识形态，促进政治社会化，引导人们的政治行为朝着积极健康的方向发展。基于这些功能，一方面，人们可以更多地理解、支持和贯彻党的方针、政策和路线，促进人们对国家的认同，增强民族凝聚力，进一步促进社会政治稳定。另一方面，红色影视中有很多关于党和人民关系的描绘和刻画，譬如《红色娘子军》中，洪常青书记为了保护老百姓而英勇就义的一幕，把党和人民的关系表现得淋漓尽致，凸显了党"全心全意为人民服务"的宗旨。红色影视作品通过这样的剧情，能够激发人民对党的拥护和支持，进而促进党群关系、干群关系健康发展，化解社会矛盾，促进社会政治的稳定和发展。

3.调节社会利益矛盾

利用红色影视作为思想政治教育载体，对社会中各组织和团体的价值理念和行动方向进行调整，使其与社会整体的主流价值和发展方向保持一致。整个社会是由各种社会组织和社会团体构成的，这些组织和团体是由具有一定共性的个人组成的。受地域、分工、年龄等因素的影响，这些组织和团体既相互独立，又同属一个社会整体。这些组织和团体都有属于自

己的内在价值体系和行为模式，这是由每个组织的特点所决定的。在社会交往的过程中，必然会出现价值冲突和行为碰撞，进而影响整个社会的稳定。利用红色影视进行思想政治教育活动在社会层面的作用是：一方面，红色影视可以对社会组织的成员进行思想政治教育引导，以点带面进而影响到其所在的群体。红色影视中描绘不同社会群体真实生活的作品很多，如电视剧《士兵突击》中对军人群体的描写，电影《唐山大地震》中对自主创业者、华侨和中老年人的描写，剧中的影视人物都是具有群体价值观和主流价值观的现实的人。通过对这些人物的思维方式与行为活动的演绎，人们可以结合自己的实际情况，正确引导自己价值观的形成，进而正确修正和调整自己的人生观。当一个组织中的某一个个体价值观发生变化时，必然会对组织中的其他成员产生影响，在不断的思想碰撞中形成综合价值观念，进而改变组织的价值体系和行为方式，实现群体与社会的相对统一。另一方面，红色影视通过对社会环境和发展基调的界定，实现了群体之间的利益平衡，红色影视在发挥思想政治教育作用时，可以通过传播主流意识形态和社会主义共同理想，坚定社会的共同理想信念，指明社会主义发展方向，形成广泛共识，使社会各群体在价值观和行为活动方面不仅以群体利益为行动方向，同时也兼顾全社会的利益，这使得各个群体在价值诉求上形成广泛共识，进而维护社会的稳定和团结。因此，具有调节社会各组织之间利益矛盾和促进社会系统高速运转的重要功能。

（三）传播主导意识形态

每一个国家都是以意识形态为主导的，意识形态统一了人们的思想，控制和调节着精神生产。它在维护统治阶级地位的过程中起着重要的作用，必须是统治阶级利益的反映。我国的主导意识形态的是马克思主义意识形态，习近平同志曾经指出："意识形态工作是党的一项极端重要的工作，要巩固马克思主义在意识形态领域的指导地位，巩固全党全国人民共同奋斗的思想基础。"[①]红色影视作为思想政治教育的重要载体，其最突出、最重要的价值体现就是传播主导意识形态。我们知道，"红色"具有

---

① 习近平在全国宣传思想工作会议上发表重要讲话_新华网［EB/OL］. http://www.xinhuanet.com.

鲜明的阶级性，它是充满着流血和牺牲的新民主主义革命的象征。因此，"红色"本身不仅是一种文化符号，还是一种鲜明的政治符号，它代表了无产阶级及其政党领导的革命，即新民主主义革命，其指导思想是马克思主义，革命过程是以毛泽东同志为代表的革命领袖把马克思主义同中国实际相结合的过程。因此，坚持马克思主义的指导必然是贯穿红色影视作品的灵魂所在。具体地说，红色影视生动地展现了中国共产党的成长史和艰苦卓绝的革命斗争的艰辛历程，在这一过程中，中国共产党领导人民用坚定的马克思主义信念冲破"三座大山"的压迫，最终取得了建设新中国的伟大胜利。这一方面强调马克思主义在整个革命过程中的指导作用，从而在潜移默化中传播并强化了马克思主义意识形态的主导地位。另一方面，以红色影视本身巩固马克思主义在意识形态领域的指导地位，是对马克思主义意识形态对立的思想意识的否定和批判，从而调节整个社会的精神生产，使其朝着正确的积极健康的方向发展。

（四）文化传承与发展

红色影视作为国家主流意识形态的重要载体，是革命精神的"记录者"，是"红色基因"的携带者，是一种先进的文化艺术形式。这些属性决定了红色影视必须具有强大的文化功能。这种文化功能主要表现为红色影视对文化传承和发展的积极作用，主要体现在以下两个方面。

1. 文化传播——传承红色革命精神

文化传播作为影响文化继承、发展和创新的重要因素，可分为横向传播和纵向传播两种类型。纵向传播以时间为标准，表现为对同一性质文化的继承，如对儒家文化的继承。横向传播主要以空间为标准，表现为不同性质文化在不同区域间的采借、传递，如中西文化、我国南北方文化等相互影响、相互借鉴。从文化传播手段来看，现代文化传播最重要的手段是大众传媒，其中网络、电视等媒介已成为现代文化传播的"主力军"。以新民主主义革命为主题的红色影视作为国家意识形态的重要载体，依托电视、互联网等大众传媒记录了20世纪上半叶的革命斗争史和红色革命精神。借助画面和声音相融合的现代艺术形式，吸引着无数现代人群去观赏、体味和学习，在潜移默化中体会领悟这些伟大的精神气质、民族大义，从而实现了红色革命精神的纵向传播，进而推动了"五四精神""长征精神""红岩精神""延安精神"等红色革命精神的传承。同时，与传统的书本学习和理论灌输方式相比，红色影视依靠现代影视技术，将红色革命精神巧妙地融入剧情中，高度符合现代人的审美和生活方式，能够得到更多的认可和接受，从而大大提高了红色革命精神的传承效果。《中国1921》《延安颂》《长征》《西柏坡》《红岩》等都是歌颂老一辈无产阶级革命家伟大红色革命精神的典型剧作。

2. 时代价值——弘扬社会主义核心价值观

传承和发展是同一过程的两个不同方面，传承是发展的基础，发展是传承的目的。"五四精神""延安精神"等红色革命精神，可以通过红色影视等大众传媒得以传承。作为革命战争时期中华民族精神的重要体现，红色影视具有深厚的民族性、鲜明的时代性和先进性，对当今弘扬社会主义核心价值观具有重要意义。

随着经济全球化趋势的深入和网络信息技术的飞速发展，人们的价值观趋于多元化，拜金主义、享乐主义等各种错误的价值观念愈发盛行。同时，西方资本主义国家也趁机对我国进行意识形态渗透。以电影为例，近年来热播的好莱坞商业大片《星际穿越》《蝙蝠侠》系列、《美国队长》系列等都通过塑造美国超级英雄拯救世界和人类来传达美国是世界领导者的错误观念，从而达到渗透资本主义意识形态的邪恶目的。因此，弘扬马克思主义意识形态，以社会主义核心价值观引领社会风尚，培育人民，克服资本主义意识形态的渗透，占领精神文化阵地，已成为当前的一个重要课题。红色影视作品以新民主主义革命为主题，真实再现了千千万万中华儿女为革命前仆后继、建立新中国的艰难历程，这一主题特性决定了红色影视作品必然蕴含着丰富的人文精神内涵。无论是为了革命事业不怕牺牲的革命英雄，还是纯真朴实的普通百姓，他们的一言一行都体现了热爱祖国、艰苦奋斗、团结互助、诚实守信、遵纪守法、辛勤劳动等优秀品质。尽管历经半个多世纪，这些优秀品质仍然具有独特的时代魅力和价值。因此，观看红色影视无疑有利于观众潜移默化地学习、培育和践行社会主义核心价值观，从而做到内化于心，外化于行。因此，红色影视应该也必须成为培育社会主义核心价值观、建设社会主义精神文明、克服西方资本主义意识形态渗透的重要文艺法宝，并将其作为红色影视自身发展的重要历史使命。

综上所述，将红色影视融入中小学思想政治教育，能够提高中小学生的文化素养，增强文化自信，提升中小学生对国家的认同感和民族自豪感，从而提高全民族文化素养，增强国家文化软实力。在融媒体时代，将影视教育与中小学思想政治教育有机融合，充分挖掘影视教育在中小学思想政治教育中的价值体现，将大大提升中小学思想政治教育的实效性，也是中小学思想政治教育发展的必由之路。

第四章 融媒体背景下影视教育应用于中小学教学的现状调查及原因分析

随着信息技术的高速发展，多种新型的媒介传播手段不断诞生、发展。不同的传播通道、不同的传播技术之间的联系愈发紧密，新媒体和传统媒体开始相互交织、融合，它们不再泾渭分明，而是悄然兴起了一场大融合，即媒介融合。在媒介融合的背景下，开启了多媒体共存的融媒体时代。融媒体并不是传统媒体和新兴媒体的简单叠加，习近平在中央全面深化改革领导小组第四次会议上指出："融合发展关键在融为一体、合二为一，要尽快从相'加'阶段迈向相'融'阶段。"传统媒体与新媒体已经从竞争跨步走向合作。融媒体的飞速发展不断弱化和淡化着传统媒体与新兴媒体的边界，融媒体时代是个"你中有我，我中有你"的时代。随着融媒体时代的到来，信息技术能力成为影响教学效果的重要因素。《国家中长期教育改革和发展规划纲要（2010—2020年）》中明确指出："信息技术对教育发展具有革命性影响，必须予以高度重视。"[①]因此，为了充分发挥现代信息技术的优势，实现信息技术与教育的深度融合，必须促进优质资源的共享。作为数字化资源之一的影视资源，理应获得更多的理论探究与实践尝试，把影视资源融入中小学教育是时代发展的需要。

近年来，中小学影视教育积极开展并迅速发展，受到了广大中小学生的热烈欢迎，取得了良好的成效。但总体而言，我国中小学影视教育的基础仍然薄弱，一些地方存在思想认识不到位、教师的应用水平不高、条件保障不完善、活动开展不经常、体制机制不健全等问题，导致中小学影视教育缺乏针对性和实效性。影视教学有利于提升学生学习兴趣，帮助教师

---

① 国家中长期教育改革和发展规划纲要（2010—2020年）[M].北京：人民出版社，2010.

创设学习情境，充分体现新课程改革强调"一切为了学生，为了学生的一切，为了一切学生"的理念。为了深入了解思想政治教育中影视教学的发展现状，找出其中存在的具体问题，分析问题成因，更好地指导影视教学在思想政治课教学中的实践，旨在增加研究分析的可信度，笔者用文献研究法和比较分析法两种方法调研整理了相关数据。文献研究法是通过对大量中外文献资料的查阅，借鉴专家学者的丰富经验，并辅以自己的分析，提出自己的观点；比较分析法是通过对融媒体时代影视教育应用于中小学思想政治教学的相关资料进行比较分析，求同存异，全面总结融媒体背景下影视教育应用于中小学思想政治教育的问题及成因，并提出针对性的创新对策，实现影视教育在中小学思想政治教育中的最大实效。

一、融媒体在中小学思想政治教育中的作用

（一）融媒体的概念及特征

1. 融媒体的概念

"融媒体"是基于美国学者提出的媒介融合概念。20世纪80年代，伊契尔·索勒·普尔提出"媒介融合"的概念，他认为："媒介融合，就是各种媒介呈现出多功能一体化的发展趋势。"[①]在国内，媒介融合的研究始于20世纪90年代，中国人民大学蔡雯教授提出："媒介融合是指在以数字技术、网络技术和电子通信技术为核心的科学技术的推动下组成大媒体业的各产业组织在经济利益和社会需求的驱动下通过合作、并购和整合等手段，实现不同媒介形态的内容融合、传播渠道融合和媒介终端融合的过程。"[②]

纵观国内外对"媒介融合"的认知和界定，不同的研究者表达了不同的观点，这也使得对"融媒体"这一概念至今仍然没有明确的定义。"融媒体"是"媒介融合"的必然产物，也是媒介发展的必然趋势。

基于以上观点，我们认为，融媒体是以数字化技术和网络化技术为基

---

① 刘颖悟、汪丽. 媒介融合的概念界定与内涵解析[J]. 中国广播, 2012（05）: 79.

② 蔡雯、王学文. 角度·视野·轨迹——试析有关"媒介融合"的研究[J]. 国际新闻界, 2009（11）: 87-91.

础，将广播、电视、网络、报纸等不同媒介形态融合在一起而产生一种新的媒介形态，如电子杂志、博客新闻等。它消除了传统媒体和新媒体在传播中的缺陷，择取两者的优势，使其功能和价值得以全面提升，发挥到极致。

2. 融媒体的特点

每一种新事物都以其独特之处成为主流，融媒体作为一种新型媒体也是如此。栾轶玫认为，在当前的多品类媒体并存的时代，媒体环境是"没有最新、没有最旧，只有融合"[①]，这对于融媒体而言是独特的，它整合了多品类媒体，实现了全媒体的一体化发展。此外，融媒体还可以对文字、图片、视频等多种媒介进行重新排列，以最佳展现形式供受众使用。这些都使得融媒体和其他媒体相比有着独特气质，具体表现在以下几个方面。

（1）全媒介

融媒体实现"融"的前提是"全媒介"。什么是"全"？"全"不仅是指媒体形态的多样一体化，包括传统媒体的品类、相关资源等内容，而且还整合了新兴媒体在技术、环境、获得感等方面的特殊优势。融媒体能将所有具有相对优势的媒介形态运用于信息传递的内容、技能、方式、机制上去，实现媒介形态的全品类以及媒介传递的全方位。

人民日报对此有很好的理解。人民日报努力加快传统媒体与新兴媒体的融合发展。"在融合发展的战略布局中，人民日报统筹传统媒体、桌面互联网和移动互联网，从一个传统的报纸形态转变为全媒体的'人民媒体方阵'……，形成了一个覆盖广泛的现代传播系统"[②]，人民日报社不仅将其新闻网站、移动新闻客户端列为融合发展的重点项目之一，在媒体形态上实现"全"，还打通了用户信息、内容资源等，实现传播要素的"全"，融媒体以"如何发挥媒体的最大优势、各介质之间如何进行互通共融，增强传播的效果"作为考量，进一步对多品类媒体进行详细、精准的分析，并将二者进行融会贯通，突破数量上的要求，达到质的飞跃，打造新形势下信息生产和传递的新方式。

① 栾轶玫. 融媒体传播［M］. 北京: 中国金融出版社，2014: 1.
② 中共中央宣传部新闻局. 中国媒体融合发展的实践与探索［M］. 北京: 学习出版社，2015: 5.

（2）一体化

无论是传统的报纸广播还是新兴的微博、微信等网络媒体，它们都以独立的形式存在于信息传播的过程中。作为传统媒体的代表，报刊以其低廉的价格、权威的信息、专业的队伍等优势深受大众喜爱。随着互联网逐渐占领受众市场，一批新生的互联网产品以其移动、便捷、丰富的信息资源迅速受到公众的喜爱。由于其使用的特殊性，这两种媒体深深地影响着受众的选择，二者之间分众化、两极化倾向逐渐明显。

具体来说，新兴媒体并没有借鉴和融合传统媒体优势，尽管信息以一种新的方式传播出去，但由于其虚拟环境在传播过程中存在失真情况，多重价值观也影响了人们正确价值观的确立，面临着诸多发展障碍。传统媒体和新兴媒体以"互不干涉的态度"越走越远，背离了社会发展进步的要求。如何结合二者的优势，优化二者的缺陷，创造新的主流媒体，帮助人们解决实际问题，成为新时代信息传播的最佳选择。

融媒体是传统媒体和新型网络媒体不断竞争发展的结果。它融合了传统媒体和网络新媒体的优势，逐步消融了它们的独立姿态，凸显了其优势。具体表现在：融媒体不单独对某一种媒体进行改造，它首先联合、优选广播、报刊以及智能手机、平板电脑等媒介载体，再进一步择优媒体传播的介质，包括技术、内容等进行信息传递，这种过程所呈现的特质即为"一体化"传播。这种"一体化"的新媒体优化了信息传播的诸多路径，在第一时间解决了信息传播选择的困难，增强了信息传播的效果。

（3）互补性

融媒体的互补性主要指传统媒体和新媒体对信息传递时优劣势上的相融互补。新媒体利用先进的信息技术重构信息传播方式，不仅给人们的生活带来便利，而且深刻地改变了人们对世界的看法，特别是新媒体构建的虚拟世界、网络虚拟游戏使人们脱离现实，增加了违法犯罪的可能性。新媒体构建的网络环境充斥着各种各样的信息，影响了人们正确价值观的选择；更有甚者，新媒体产品强制性地出现在人们生活，如大街小巷的荧幕广告，严重影响了受众的精神和身体健康。此外，新媒体的另一个缺陷是，新媒体在传递信息时无法对受众进行分类，可能同时在同一平台上对不同的人推送同一条信息，对于合适的受众来说，这是件好事，但对于不合适的受众来说，这就是所谓的垃圾信息。

传统媒体的受众主体在某种程度上具有选择性，如果观众认为某些媒体影响了他们的正常生活，他们就可以不予选择。此外，传统媒体还拥有专业的制作团队，因此，信息通过多次筛选、多次调查进入受众视野，具有很高的可信度。但与新媒体相比，传统媒体由于传播速度慢、制作复杂、保存困难，面临着发展危机。而融媒体正是在解决这一发展缺陷时逐渐出现的。融媒体将新媒体和传统媒体进行优势互补，重新排列组合，回炉再造，提炼传统媒体的权威专业的优秀品质，提炼新媒体快捷、丰富信息资源的优秀品质，进而打造专业团队，优化传播拟态环境，类化处理垃圾信息，甄选优质信息资源，停止对受众进行强制性、入侵性的推销，尊重受众的自主选择权。

（4）强互动

媒体融合的另一个特点是双向互动性的增强，它较之于传统媒体和新兴网络媒体而言，这一优势更加明显。传统媒体是一种单向的信息传播媒体，表现为只有信息提供者向受众提供信息，传统媒体的受众不被重视，与传统媒体的互动非常弱，大多数受众处于被动状态。与传统媒体相比，"新媒体"更具互动性。高速的互联网和微博、微信等APP的有效结合，使受众与信息生产者之间的距离更近。信息生产者可以在最短的时间内将信息传递给受众，并为受众所接受，实现两者的双向互动。

虽然新媒体和受众可以进行双向互动，但这种互动更强调受众体验而非用户体验。这是两个完全不同的概念。其中一个区别是，受众体验强调信息的被动接受，进行被动互动，而用户在用户体验中可以主动获取和接收信息。另一个区别是，用户体验是一种将用户信息存储在大数据中并能随时提取的新方法。比如，随着手机等移动终端的智能化程度越来越高，人们对手机APP的需求逐渐上升，越来越多的、纷繁复杂的APP软件充斥着网络市场，但要说明的是，"APP虽然数量众多，来势凶猛，但使用度高度集中，除了常用的3～8个特定的APP外，平均每人都有近40个APP处于沉睡状态"[1]。笔者认为，大部分的媒体缺少了服务和用户体验。在社会

---

[1] 栾轶玫. 融媒体传播［M］. 北京：中国金融出版社，2014.

不断发展和进步的时代，"服务和用户体验"将是获得受众喜爱的关键因素。

融媒体就是伴随着这一特征而产生的，在关注用户体验的过程中，不断加强用户的双向互动。我们可以用融媒体的理念来构建一个中心平台，通过这个平台我们可以与用户建立情感链接。当中心平台发布一条信息时，用户不仅是信息的接收者，而且是信息的完善者。用户可以接收其他相关信息，并将其发送回中心平台，以促进一条信息的完善，一来一往让用户增强创造和完善信息的参与感，以及个人的存在感，让受众认为自己是信息创造和传递不可缺少的一部分，媒体的发展也将步入新的时代。

（二）融媒体背景下中小学思想政治教育的特征

1. 教育主体性特征的明显化

在融媒体背景下，中小学思想政治教育的主体性表现在两个方面：一方面是教育者的主体性。为了提高教育的效果和实效性，探索融媒体背景下中小学思想政治教育的新途径，教育者可以通过不同的教育方式发挥其积极性，从而增强教育效果和实效性，探索融媒体背景下中小学思想政治教育的新途径。另一方面是受教育者的主体性。在融媒体的背景下，当代中小学生有了更多的选择。他们可以根据自己的需要选择适合自己的信息，激发了中小学生积极参与的主动性，充分发挥了他们的主体性。在融媒体时代，教育者和受教育者之间平等的交流形式降低了受教育者的抵触和排斥，这使得思想政治教育变得更容易接受。

2. 教育信息的立体化

在传统的思想政治教育模式中，教育信息大多来源于理论政策，这样的教育信息政治性强，内容滞后，缺乏时代感。融媒体背景下的教育信息实现了传统思想政治教育与新媒体的互补性，使信息来源和渠道立体化，全方位地影响中小学生的思想和行为习惯。因此，在融媒体背景下，中小学思想政治教育克服了传统思想政治教育信息单一、陈旧的弊端，信息形式从静态发展到动态，从平面走向立体，教育效果得到了提升。

3. 教育手段多样化

随着融媒体的出现，中小学思想政治教育在时间和空间上的局限性发生了变化，在传统教育手段的基础上，衍生出丰富的教育手段。在教育者和受教育者之间，可以在任何一个有终端的地方随时传授和获得知识。加拿大传播学家麦克卢汉曾说过，媒介是人体器官的延伸。教育工作者可以利用融媒体的多重功能对中小学生进行思想政治教育，提高思想政治教育信息传播的速度和效率。中小学生的多种感官被各式各样的信息形态所刺激，他们更容易接纳。

（三）融媒体在中小学思想政治教育中的作用

1. 有利于中小学思想政治教育载体的整合

中小学思想政治教育载体作为教育主体与学生之间相互作用的一种教育活动形式，是中小学思想政治教育过程中不可或缺的要素。它是实现思想政治教育过程中各要素之间相互联系、相互作用的重要形式。在当代，没有教育载体，中小学思想政治教育就无法顺利进行。

在全国宣传思想工作会议上，习近平强调，要加快传统媒体与新兴媒体融合发展，占领信息传播制高点。新兴媒体在当今社会已经成为思想政治教育的重要载体，它改变了传统媒体自上而下、"一刀切"的教育模式，丰富了思想政治教育的载体。如今，随着融媒体时代的到来，媒介融合的发展越来越深入，全国中小学思想政治教育也在努力突破原有的束缚，教育载体不再局限于书本、课堂，而是对传统媒体和新兴媒体进行整合。

融媒体的先进性给教育者和受教育者带来了海量的信息、交互性的传播方式和兼容性的传播手段，为中小学思想政治教育载体的联合运行提供了更广阔的选择空间。在资源和技术方面，共享信息平台为教育载体的合力提供了很多便利。例如，教师在进行思想政治课教学时，除了传统的教学方法外，还可以灵活运用前沿媒体技术，利用互联网上的各种教学资源，与学生进行线上线下的交流，打破了时空的限制。

2. 有利于中小学思想政治教育资源的优化

融媒体拥有强大的聚合作用，它可以整合和优化属于不同媒体的媒介资源，将教育者、受教育者、教育内容信息传播测评结果融合到教育系统中。通过整合国内外最新信息和最丰富的资料，教育工作者实现了教育资源的整合和优化，不仅可以充分发挥新兴媒体对中小学生的影响力、吸引力和渗透力来引导中小学生，还可以从不同地区、不同国家收集教育资源，建立属于自己的思想政治教育大数据库。

3. 有利于中小学思想政治教育方法的更新

传统的思想政治教育方法大多采用思想政治教育工作者的单向灌输式的教育方法，即教育者口授，受教育者倾听。在教育过程中，思想政治教育工作者往往以管理为工作主线，忽视与学生的互动与沟通。两者之间没有建立有效的沟通渠道。教育者与受教育者之间的沟通不畅，导致思想政治教育实效性减弱。融媒体在教育方法的更新上有以下两个方面。

一是思想政治教育工作者与学生在互动上的更新。教育者和受教育者之间交流平台多样，受教育者不仅可以在课堂上与教育者互动，还可以在网络平台上获取教育信息。他们可以通过新闻网站、手机APP、微博等平台表达自己的观点，与教育工作者和同学们进行更充分的交流和讨论。通过这些互动，教育工作者可以对学生的思想动态进行梳理和总结，及时进行引导，从而利用媒体上的传播内容积极引导中小学生的思想观念，潜移默化地影响中小学生的世界观、人生观、价值观。目前，许多中小学都在积极建立自己的思想政治教育网络互动平台，并逐步完善，为学生创造平等交流、互动的信息传播空间。融媒体平台的使用对中小学生的思想状况有着潜移默化的影响，融媒体已经成为思想政治教育工作者了解中小学生思想动态的有效渠道。

二是教育时空的更新。打破了教育者与受教育者交流的时空限制，以往思想政治教育的方法一般局限于课堂和一定的教学时间，效果不理想。在融媒体的环境下，教育者开始意识到，中小学思想政治教育需要真正渗透到中小学生的思想培养过程中去，才能取得明显的效果，只有不断地提高运用融媒体的能力，思想政治教育才能真正走进中小学生的头脑。融媒体为教育者与受教育者提供了不受时间和空间限制的教育平台，两者可以随时随地彼此进行交流，从而提升思想政治教育效果，从根本上改变了中小学思想政治教育的境遇。

二、影视教育应用于中小学教学的现状调查

我国影视教育较之于西方国家，基础薄弱、组织分散且水平较低，虽然党和国家历来十分重视影视辅助教学的价值，但是在政策执行以及青少年影视素养的长远发展上，我国当前的中小学影视教育存在一系列亟待解决的问题。本书从思想品德学科中影视教学取得的成绩和经验及存在的问题两个方面进行调查，主要涉及影视教育应用于思想品德教学中对学生学习的影响和教师将影视教育应用到中小学教学中的现状，包括教师是否在思想品德课堂上使用影视资源，通常使用哪些类型的影视资源，学生对目前课堂影视资源运用的体验与评价如何等。透过对这些基本调查信息的了解，从宏观上把握影视教育应用于中小学思政教育的现状，分析取得的成绩及其背后存在的问题、原因，以利于初步探讨影视教育促进中小学思政教育途径的创新。调查问卷见附录二。

（一）思想品德学科中影视教学取得的成绩和经验

鲁迅先生曾因一部电影改变了他的生活。在那部电影里，有一个外国人侮辱中国人的镜头，这本是令人万分气愤的情节，可当鲁迅看到其他人都无动于衷时，他恍然大悟，虽然自己学医可以帮助人们治病，但治疗中国人的精神疾病比治疗身体疾病更重要。于是鲁迅毅然弃医从文，他希望用自己的笔对国人的思想进行教育。后来，当鲁迅先生谈到这件往事时，他表示用影像教学生学习，恐怕比教员那干巴巴的讲义好，未来的教育可能就是这样。当时，他还没说完，观众就已经哄堂大笑。经过百年的发展演变，鲁迅先生当时的设想已经成为现实。不仅如此，成千上万的学生都爱上了"影像"这一教学方法。在一次以"有效课堂教学"为主题的学生调查问卷中，有一个问题：你最喜欢什么样的教学方法？为什么？结果表明，在众多的教学方法中影视教学的"人气指数"最旺，排名第一。很多教师表示，学生们都眼巴巴地盼望着下一堂课。有学生说："在课堂上老师和我们就像伙伴一般，影视课非常轻松"，这些发自学生内心的独白，就是影视教学的魅力最真实的写照。

自国家教育部于1997年正式批准电影类项目进入课堂至今，影视教学已基本普及，尤其在当前的融媒体时代，影视教学取得了飞速发展。影视教学作为思想政治教育的辅助手段，与中小学思想政治教育课堂教学有机融合，虽然我国的影视教育起步晚，目前尚处于初级发展阶段，存在许多问题，但仍取得了一定程度的成绩，获得了一些经验，主要表现在以下几个方面。

第一，基础设施建设方面，全国中小学基本普及影视教育。2004年，国务院就提出要"积极探索少年儿童电影发行、放映工作新路子，形成少年儿童电影的发行放映院线"。2010年，国务院办公厅《关于促进电影产业繁荣发展的指导意见》再次要求："将观看爱国主义教育影片纳入中小学、中等职业学校教育计划""加强农村和学校数字电影院线建设，确保每个学期为中小学放映两部爱国主义教育影片""城市义务教育阶段学生的影视教育经费纳入公用经费开支范围"。2017年，《中华人民共和国电影产业促进法》支持由学校组织中小学生观影，并且支持设立各种放映厅及放映点。教育部、中共中央宣传部联合印发《关于加强中小学影视教育的指导意见》，明确提出工作目标：力争用3～5年时间，全国中小学影视教育基本普及；中小学生影视教育活动时间得到切实落实。教育部办公厅《2019年教育信息化和网络安全工作要点》中明确指出，2019年的主要工作任务是深化基础教育数字教育资源开发与应用、推进网络思想政治与法治教育，"地方各级教育部门组织广大中小学教师开展网络教研和优课应用"，组织开展"中国梦——行动有我：2019年全国中小学校本德育课程和教育案例评选展播活动"。

第二，资源建设方面，全国大部分学校都建立了影视资源共享库，开设了主题德育影视课程。在引入影视资源的学校，都致力于建立丰富多彩的影视资源库，并结合德育的主题或学科特点，对其进行分类，其中包括基础教育资源库、中小学高质量课程资源库以及优秀影视教育资源库，以便于将这些影视资源用于德育活动的开展，资源建设有效机制初步形成。俗话说：巧妇难为无米之炊，类别丰富的影视资源库是学校利用影视资源的第一步，同时，学校建立了统一的影视教学资源管理平台，国家初步建立了教育资源云服务框架，努力为全国师生提供影视教学服务。

第三，在人才培养方面，基本实现影视教育系统化人才培养体系。国家专门开设了影视教育相关专业和影视教育课程，对任课教师进行专业培养，从基础设备使用、影视鉴赏、视听语言、开设活动等方面，全方位多角度对任课教师进行系统培训，力争早日完成影视教育人才培养链的目标，为我国影视教学培养更多高素质人才。

第四，在拓展活动方面，将观影和观影后的拓展活动相结合。如果观影还只停留在道德情感的认知层面，那么基于此展开的道德情感拓展活动将把道德情感提升到实践层面。这些活动可以促进道德观念的内化，促进知行统一，提升学生的素质。

第五，在教学方面，要把影视与学科教学结合起来。语文、历史、地理、思想政治等文史类学科具有利用影视资源的得天独厚的优势，影视资源可以促进学生对这些学科知识的形象把握及理解记忆，做到寓教于乐。

（二）思想品德学科中影视教学存在的问题

1.影视教育应用于思想品德教学中对学生学习的影响调查

影视教育应用于思想品德教学中对学生学习的积极影响有诸多方面的表现，如扩大学生的生活体验范围；在一定程度上舒缓学生的精神压力，平衡身心状态；激发中小学生的想象力和创新思维；丰富中小学生思想道德教育的内容，促进中小学生正确价值观的形成等，但在具体教学应用中也存在一些问题。

（1）学生没有厘清影视教学与课程学习的关系

影视教学作为一种教学方法，其最根本的目的就是为学生的学习服务。但现在有些学生把影视课看成是简单的"看电影"和"看热闹"。他们只注重故事情节的发展，而忽略了与课程学习的关系，没有带着大脑去观察，也不在课后反复思考和探究。如在调查"影视教学在你心中是什么概念"时，选择"看电影"的学生占50%，选择"自习"的学生占20%，选择"老师给大家放松"的占10%，"配合课程学习"的占10%，"其他"占10%；对于"你看完课堂上的影视片段会怎么做"的回答，50%的学生认为"看片时很认真，看后就忘了"，只有20%的学生"结合课本内容认真思考"和10%的学生"在教师指导下开展活动"，还有10%的学生表示"不喜欢这种方式，课后什么都不做"。可见，学生没有真正领会影视教育的真正用意。

（2）缺乏对教学内容的主动思考

"以学生为主体"是新课程改革的重要教育理念，影视资源凭借其自身的特性，能够为学习者创设生动的学习情境，让学习者体验多样的生活情境，有利于加深学生对正确道德观念的理解，充分发挥学习主体性。然而，在实际教学中，影视资源往往只是教师用来吸引学生注意力的一种手段。在使用过程中，缺乏对学生观看视频的教学指导，使教师成为"视频播放器"。在观看过程中，学生成为被动的观看者，对视频中的教学内容缺乏主动的思考。观看后，学生还未及时思考影视资源中的知识，教师就为了赶教学进度而匆匆把学生带到下一个知识点的学习。而一闪即逝的图像信息成为学生在学习过程中的瞬间记忆，无法激发学生的主观能动性，也不能帮助学生对课程内容进行深入学习。通过数据分析可以发现，教师在影视资源的应用上缺乏深入的探究，没有充分发挥学生的积极探究意识和能力。在使用影视资源的某初中思想品德课堂上，只有39.5%的学生表示对所学知识记忆和理解较深，8.3%的学生表示没印象。

（3）学生认为影视教学对自己的学习帮助不大

在调查"学生对教师在思想品德课中运用影视资源的态度"这一问题时，18.3%的学生选择"一般"，77%的学生选择"喜欢"，可见，在课堂上使用影视资源辅助教学的授课方式备受学生喜爱，是广大学生喜闻乐见的一种教学方式。因此，这种教学方法越来越多地被教师所采用。然而，在实际教学中，教师对影视资源的利用还不够成熟，缺乏与其他传统教学方法的有效配合、与教学课堂的有机融合。对于造成某些视频播放对自己的学习帮助不大的原因，近40%的学生认为是播放后没有展开讨论，表示没有看懂或不感兴趣的学生也占有一定的比例，分别为17%和14%。这说明，盲目地使用影视资源并不能取得良好的教学效果，而需要紧密配合讲授法、讨论法等传统教学方式的使用，对影视资源的内容进行细致的选择。从对教师的访谈调查来看，教师在实际教学过程中确实会配合其他教学方法，但由于缺乏经验和研究，仍存在浅尝辄止的情况，即有的教师在播放完视频就匆忙进入下一个教学内容，使得学生观看影视作品如走马观花，难解其意。在教学过程中，关注教学实际动态的发展与变化是必不可少的，因为"现在的社会不是坚实的结晶体，而是一个能够变化并且经常处于变化过程中的有机体"①。在运用影视资源的过程中，需要各要素之间的相互联系，相互配合，共同作用于思想品德教学过程。

（4）学生的智商情商发展失衡，高分低能现象严重

现在的中小学生成长在一个各种信息密集、中西文化碰撞、新旧观念交替的时代，这对他们思想道德、人生观、价值观、世界观的形成都有一定的影响。他们有着不同于成年人的思想意识和行为方式，且思维活跃，感情冲动多于理性思考。所以当学生发现学习内容与现实不符、理论与实际脱节时，就会表现出不满情绪。在这种情况下，如果教师再摆出一副居高临下的态度去高谈阔论，难保学生不会产生强烈的反感和抵触情绪，甚至会导致师生关系的恶化，思想品德教育就难以达到预期的目标。辨是非、知荣辱、好上进、乐生活，是每一个中小学生健康成长的方向，如果心中没有信仰，没有方向，没有目标，没有梦想，只拥有智力，那么，就一定是一个高分低能的畸形儿。回首药家鑫、马加爵等教育悲剧，正是学生智商和情商发展失衡埋下的恶果。因此，加强中小学生思想政治教育，运用影视教学手段和丰富的影视资源，将影视教育与思想政治教育有机融合，使中小学思想政治教育真正落到实处，使广大中小学生树立正确的人生观、价值观、世界观，提升综合能力与素质，全面贯彻"育人为本，德育为先"的教育理念，将智力因素的培养与非智力因素的培养统一起来，培养德智体美劳的全面发展的社会主义接班人。

2. 教师将影视教育应用到中小学教学中的现状调查

（1）影视教学人才少，教师对影视教学的应用水平亟待提高

我国影视教学的发展水平同发达国家相比，的确存在专业人才比例太小的问题。许多中小学只有一两名专业的影视教学教师，远远不够。在"某校影视教学教师应用水平调查"中得知，只有15%的教师"对影视资源分类整理，建立资源库"，30%的教师能够大量看片，97%的教师能够在多媒体教室熟练操作，20%的教师能够因材施教，设计"影视自助餐"。

---

① 马克思恩格斯选集（第二卷）［M］.北京：人民出版社，1995：102.

"影视自助餐"是教师根据课程内容和学生的实际情况，从影视资源库中选择部分视频供学生自主选择的一种方式。从资料可以看出，大部分教师对多媒体教室的操作非常熟练，但在影视教学的准备和后期的活动中存在着许多漏洞。因此，广大教学人员应该提高自身在影视教学方面的专业能力、应用水平，不能让影视教学变成"放电影"课，要学会从优秀的影视资源中寻找能够帮助学生进步的点，而不是扔一部影片给学生后自己就高枕无忧。[①]

（2）应用类型单一，对影视资源的多样化类型应用不足

调查显示，影视资源已成为教师在教学中常用的教学资源之一。但从调查结果来看，中小学思想品德课教学中最常用的影视素材类型是电视新闻类，而其他类型影视资源的开发利用较少。半数以上的学生表示，教师经常或有时使用视频材料进行课堂教学，30.4%学生表示课堂上教师经常使用视频播放来教学，36.5%的学生反映播放视频是教师经常使用的教学方式之一。由此可见，在中小学思想政治教学过程中，影视资源得到了较为普遍的应用，这与学校多媒体设施的普及密切相关。同时，数据分析显示，仍有部分教师很少或从未利用影视资源辅助教学。在回答"思想品德课上教师使用影视资源的频率"问题时，14.1%的教师选择"从不"。原因可能在于，虽然多媒体教学已经成为一种非常普遍的教学方法，但一些教师的教学资源主要以文字和图片的形式存在。与视频教材相比，文字资料和图片资料更容易选择和获取，与传统教学方法的差异较小，因此备受老教师的青睐。

在影视资源被教师广泛使用的前提下，影视资源的使用类型却略显单一。众所周知，影视资源种类繁多，内容丰富，有电影、电视剧、广告、各种电视栏目等。这些类型涵盖各种题材，具体涉及与学生密切相关的社会生活、家庭生活、学校生活，内容十分丰富。每种类型的视频都有其自身的特点，隐藏着丰富的教育因素。比如，新闻报道作为事件的"投射者"，具有真实性和及时性的特点，可以为思想品德课教学提供大量贴近生活、贴近学生的教学案例。同时，它能为学生创设类似生活情节的情

---

① 雷钢.教育信息化视野中的视频资源创建与利用［M］.成都：电子科技大学出版社，2010：20.

境，有助于学生在真实情境中理解知识。影视剧通过感人的情节和鲜明的人物形象传递美好的思想，净化人们的灵魂，启迪人们的心智。广告以其形式上的简约与创意，语言上的通俗与深意，在受众中引起强烈的共鸣，在倡导新风尚、宣传思想观念、激发公众热情等方面发挥着教化作用。各类影视资料蕴含着丰富的教育价值。这些教育价值都隐藏在影视作品的视听影像中，是思想道德教育的宝库，等待教育者的探索。在实际的教学过程中，教师对各种影视资源的教学因素探索不足，使用类型呈现一边倒的现象。在"思想品德课上教师播放的影视资源类型"中，新闻报道类的应用超过一半，电影、电视剧片段占7.9%，可能是由于思想品德科目中有较多关于社会生活的内容，而新闻时事类的视频能够展现当下社会热点问题，引起学生的关注，激发学生的思考。另外，新闻报道类视频是教师在日常生活中非常熟悉的视频类型，选取方便，使得教育者对其他类型影视资源的开发与利用力度不够，使用类型相对单一。

（3）应用准备不足，缺乏对应用环境的综合考量

依靠画面和声音传播信息的影视资源，在应用过程中，其播放效果决定使用效益。因此，影视资源的播放环境和素材本身的质量就显得尤为重要，这需要教师在教学前将其作为教学准备的一部分加以考虑，并在教学前做出适当的调整。

事实上，通过对学生的调查可以发现，由于教师对播放环境的考虑不足，影视资源的应用效果普遍较差。绝大多数学生在思想品德课上都遇到过不同情况下的视频播放问题，如视频模糊不清或屏幕反光造成观看不清等。调查中12%的学生反映他们看过声音模糊的视频片段，有24%的学生表示以上情况皆出现过，仅有不到五分之一的学生反映没有上述情况。

但在教学实践中，教师往往忽视对影视资源播放环境的综合考虑，没有做好充分的准备。因此，一些影视资源在课堂上播放时很难进行有效的信息传播，这使得教师选择的影视资源使用效率低下，导致不知所云。试播可以及时发现视频呈现过程中存在的问题，防止出现播放效果不好、甚至不能使用的情况。然而，这种方式很少被教师使用，只有16%的教师经常在使用影视资源之前进行试播。有的教师只是在公开课前试播选好的视频，但在日常教学中往往忽略了这一环节。另外，只有33%的教师在使用

视频资源前同时考虑了视频质量、设备和观看效果，这说明教师对视频资源的应用缺乏综合考虑，对视频播放的呈现效果重视不够。

（4）所选影视作品内容质量良莠不齐

现在的中小学生正处在一个信息高度发达的时代，这使他们接触到许多非常丰富的思想与观念，同时也使他们对新事物充满好奇，乐于发现生活中的热点。中小学思想政治教师在选择影视作品作为教学素材时，要考虑到学生当前的特点，要找到适合他们的内容，贴近他们的生活，与时俱进，不断创新。虽然许多优秀的影视作品已经在中小学的思想政治课教学中得到了实际应用，但作品选材质量参差不齐，也会影响到实际的教学效果。随着拍摄技术和科技水平的不断发展，许多影视作品增添了各种丰富而新鲜的元素，使影片更受学生欢迎，但也存在一些问题。许多新作品在新特效的应用下，画面和场景都非常的气势恢宏，夺人眼球，过于追求拍摄效果。比如作为思想政治教育核心影视资源的红色影视作品，不是场面有多华丽，特技有多新颖奇特，而是如何把革命历史故事的真实性叙述得淋漓尽致。过于追求拍摄效果的作品大大削弱了影视教育在思想政治教育中的作用，教师在选择作品时需要慎重考虑。

（5）未引导学生联系教材内容，效果不佳

目前，影视作品普遍应用于中小学的教育活动中，有的学校组织学生集体在影院观赏，有的学校利用学生活动时间搭建露天放映场，也有开设选修课在多媒体教室放映等。学校的初衷是让学生学习影片中积极向上的思想和精神，达到德育的目的。但是，如果不能与思想政治课教材和教学任务、教学目标相衔接，观影活动的实际效果可能达不到预期。

比如，学校组织学生去电影院观影，接受思想精神教育与感化。所有的学生都很活跃，在班主任的带领下，他们兴致勃勃地前往影院。到达放映厅，老师们适当维持好秩序后影片就正式开始了。刚开始许多同学还看得津津有味，可是越到后来，有些学生就心不在焉，或者睡觉，或者做其他事情，甚至有些学生溜出去玩。一般来说，组织学生观影是在星期五下午，观影结束后学生可以自己直接放学回家。显然，这样的观影效果是非常低的，全程没有老师的引导与讲解、没有让学生将其与课本进行关联、活动结束后也没有观后感总结。

类似这样脱离教学目标脱离教材课本的观影情况在课堂教学中也存在，比如，教师在思想政治课堂上播放影视，教师对要播放的影视作品作一个简要介绍后就让学生观影。许多学生没有意识到影片历史背景下要传递的思想精神与他们所学的思想政治教材内容有关，更多的同学是将其当作故事片或者是娱乐放松的电影。下课后的课间休息聊天，也都是围绕着影片有乐趣有特色的地方，并未感受到影片的主题精神思想。出现以上的情况都是由于思想政治教师在观影之前没能对学生进行适当的引导、未结合教材理论知识内容、未在观影后带领学生对其进行中心思想的总结，浪费了老师精心挑选的影视作品，浪费了精心准备的课程安排以及宝贵的课堂时间。

（6）教学手段单一，缺少发现"闪光点"的眼睛

中小学生正处于童年期，即使是一些高中生，在很多方面还是很孩子气，如好说爱动，注意力、自控力差，稍受外界感染则情绪易变等。如果教学模式一成不变，满堂课的理论说教，难免会令其昏昏欲睡。因此，教师一定要注意因材施教，因人而异，多种手段交互使用，做到有讲有议，有争有论，有声有像，图文并茂，使学生保持良好的学习心境，进入最佳求知状态，方能充分发挥其内在潜力，展现各自的才能。"闪光点"是指学生在任何一个方面表露出的优点、特长和才华。在这方面，教师要善于发现和捕捉"闪光点"，培养学生成为个性鲜明、有所特长的有用之才，而不是流水线上生产的千篇一律的商品。因此，在进行思想品德课堂教学时，要结合影视作品传递的教育信息，有针对性地分析、总结教育内容，并根据学生的特点，激发其学习兴趣，如将影视作品中的情节与学生的现实生活相联系设计问题，引导学生发现问题、思考问题并最终解决问题，培养学生的创造性思维，挖掘其潜能。

3. 学校将影视教育应用到教学中的现状调查

（1）重硬件建设、轻软件应用的现象普遍存在

在影视教学的发展中，"高投入、低产出"是一种普遍存在的现象。从近年来的总体建设水平来看，基础设施建设取得了一定的成效。但是，软件应用水平却没跟上发展的步伐，软件的缺乏就成为影视教学快速推进的瓶颈，导致影视教学整体应用水平低下。许多学校投入大量资金建设信

息化基础设施、多媒体教学系统，有效提高了校园网络系统的普及率，但在软件开发、影视教育资源创建方面投入却不多。以某校各项目投入占全校总投入比例分析为例，就可见一二：影视教学基础设施建设占40%，软件开发仅占6%。

（2）影视教学信息资源匮乏，更新缓慢

影视教育信息资源是影视教学的核心，没有影视教育资源，一切都会变得毫无意义。如果把影视教学系统比作人体，那么基础设施就像骨骼，而软件就是肌肉，影视资源就是血液。只有血液流动，影视教学才能充满活力。在我国许多学校硬件设备和软件建设都比较齐备，但由于缺乏优秀的影视教育信息资源，这些设备被束之高阁，这本身就是一种极大的浪费。校园内部网络严重缺乏影视教育信息，这成为学生没有渠道观看优秀影片的重要原因。从某校校园内部网络内容分布的百分比上看，影视资源所占比例最低，仅为5%。

4.地方对于影视教育政策执行力度不够

由于我国的应试教育思想，面对升学的压力，学校和教师对应试科目的课程学习过于重视。影视教育只是中小学生培养正确价值观和辅助课程教学的工具。更多的教育实施者认为中小学生的主要任务是学习知识和文化。电影、美术、音乐等艺术教育常常被语数外等课程挤占。尽管相关政策、通知规定"保障接受义务教育的学生每学期至少观看两次由其共同推荐的有利于未成年人健康成长的电影"，但在对中小学一线教师影视教育调查的统计来看，在454个有效样本中，完全不知道教育部每年向中小学生推荐优秀电影片这件事的教师高达161人，占总数的35.5%；只了解一点点的教师有171人，占总数的37.7%；部分了解的有97人，占21.4%；非常了解教育部推荐优秀影片这件事的教师只有25人，占总数的5.5%。[①]政策、通知并未有效地下达至基层学校和一线教师。在政策执行上，接受调查教师所在的中小学中，一年内一次都没有组织学生集体观看电影的占到了23.6%，仅看过一次的占28.9%，每年组织学生集体观看电影2次及以下的学校高达80.0%，这与规定中的"每学期至少两次"的观看频率相差甚远。

---

① 赵剑.影视教育与中小学生社会主义核心价值培育的整合研究报告（10YJAZH134）.2010.09-2013.09

造成影视教育政策执行不力的原因有三：一是教育部虽然制定并下发了影视教育通知，但未对地方落实情况进行跟踪调查，监督落实不到位；二是学校不重视政策规定，往往使通知成为一纸空文或简单地张贴公示，没有传达到教师和学生群体；三是教师对于影视教育的重视程度不高，了解政策的老师大多将其视为行政命令，按流程走完便草草收尾，没有深度拓展。

三、影视教育应用于中小学教学现状的原因分析

（一）社会各界给予影视教育的关注度不足

1.学校基础设备不完善，国家投资资金欠缺

教育经费直接影响到了电影教育的开展情况和效果，虽然2008年《关于进一步开展中小学影视教育的通知》中明确规定："放映经费从公用经费中开支"，但具体还未落到实处，电影放映经费的拨付来源也不明确，这使得地方学校无法组织相关的教育活动。同时，许多中小学基础设施不完善，多媒体放映厅缺乏相应的标准，不能满足电影放映的要求，而硬件设施齐全的学校也缺乏购买电影资源的资金。由于电影票成本高，加上外出看电影的安全因素，很少有学校会组织学生到影院观影。即使现在多媒体技术已经很先进，但是仍旧无法匹及影院观影带来的视听临场感，所以适当组织学生参与影院观影教育活动是十分有必要的，而这都需要教育经费投入的保障。

2.学校重视程度不够，软硬件发展不均衡

目前，在一些学校的确存在影视教育形同虚设的现象，其中很大一部分原因来自学校。在"一切向分数看"的今天，一些学校盲目追求分数，完全忽视了学生综合能力的培养。此外，由于思想品德课课时安排少，学校经常要求教师减少甚至取消影视教学的安排，用传统的讲授式和题海战术为学生"服务"。此外，一些学校在软件更新和硬件建设方面也存在很多问题，没有组织专业人员按照课程要求编排影视教学内容，没有及时更新影视教学设备，师资缺乏专业培训，这些都成为影视教育发展的障碍。

3.没有充分动员社会力量和社会资源

电影教育不仅是国家教育部门、学校、教师和学生的事情，更是一种社会活动，要充分发挥社会组织机构、广电传媒以及院线的社会职能。学校开展电影教育的时候不能故步自封，或者关起门来搞教育。目前，大多数中小学只在学校多媒体教室播放自选的电影，电影教育组织在青少年电影教育中自发地选择不在场，学校缺乏与电影制作公司、电影院线和影视院校的合作，导致中小学的电影教育缺乏合适的场地、科学的教育内容以及切身的实践感受等问题。

4.区域间教育发展水平不均衡

追根溯源，区域经济发展不平衡是制约我国影视教学发展的主要障碍。当生产力在经济基础中占有重要位置时，教育水平就决定于经济基础。我国幅员辽阔，区域经济发展难以齐头并进，尤其是东西部相比，更是相差很大。这一现象也会直接影响本地区的整体教育水平。

人往高处走水往低处流，很多边远地区留不住人才，影视教学自然难以发展。如今全国高等院校纷纷发挥"聚集效应"，使得教育资源在空间上得到优化配置。被寄予厚望的"以一流学府覆盖省会城市—中心城市—带动全地区教育—推动边远地区"的多米诺效应还未见效。因此，要真正推动边远地区影视教学的发展壮大，需要政府伸出有形的"手"，从国家和省级财政设立专项信息扶贫资金，通过"造血计划"从根本上支持全国的影视教学进程。

（二）一味追求教学进度忽略影视教育的存在价值

1.影视作品是中小学德育有待开发利用的重要资源

马克思从"文学艺术是意识形态和精神生产"两个角度揭示了文艺的本质，指出文学具有育德功能。列宁非常喜欢车尔尼雪夫斯基的作品，认为"真正的文学能教导人，引导人，鼓舞人"；毛泽东认为"文艺是团结人民、教育人民、打击敌人、消灭敌人的有力的武器"，在毛泽东文艺思想指引下，许多作家创作了一批塑造工农兵形象和反映伟大革命斗争的优秀作品；邓小平指出"文艺对于培养社会主义新人负有其他部门所不能代替的重要责任"，对社会的安定团结有重要影响；江泽民讲话中的"以优秀的作品鼓舞人"，体现了文学的思想政治教育功能；胡锦涛在中国文联第八次全国代表大会上讲话指出文艺工作者要考虑自己作品的社会效果，"传播先进文化，弘扬人间正气，塑造美好心灵，风成化习，果行育德"。习近平在文艺工作座谈会上指出，要"通过更多有筋骨、有道德、有温度的文艺作品，书写和记录人民的伟大实践、时代的进步要求，彰显信仰之美、崇高之美"。这些论点与马克思文艺育德思想既一脉相承又拓展深化。文艺能育德，影视作品当然也不例外。影视作品能有效地激发中小学生的情感，符合学生道德信念的发生和发展规律，通过鲜明生动的艺术形象所具有的人格魅力，学生不知不觉地接受着教育影响。

（1）内涵丰富的思想资源

①爱国主义教育与民族精神教育。中华民族有着悠久的爱国主义传统，正是爱国主义和民族精神使中华民族产生了强大的向心力和凝聚力。在社会主义现代化建设过程中，仍然要发挥爱国主义的主导作用，团结全国各族人民，努力实现振兴中华的宏伟目标。因此，在中小学思想政治教育中，有必要深入开展爱国主义教育，让中小学生了解祖国壮丽的河山、悠久的历史、灿烂的文明，中国共产党领导全国人民为建立新中国而奋斗的、不屈不挠的民族精神和光荣的革命传统，树立民族自尊心、自信心和自豪感。开展爱国主义教育，大力弘扬民族精神，是中小学思想政治教育的一项长期而重要的任务。通过革命题材的影视作品，激发学生的爱国情怀，增强民族自尊心。一大批主旋律影视作品，有的反映中国人民抗战热情和爱国主义精神，有的反映了革命领袖青年时期的远大抱负、刻苦学习和不懈奋斗，而有的则反映了共产党人在艰难岁月依然保持革命的乐观主义精神，还有的刻画了英雄模范人物形象，这些主旋律影视作品是爱国主义的形象诠释，这将对人们正确的世界观、人生观和价值观的逐步形成产生持久的影响。大型音乐舞蹈史诗《复兴之路》艺术地再现了从1840年鸦片战争开始至今的历史画卷。全剧以历史时间为脉络，由序曲《我的家园》以及《山河祭》《热血赋》《创业图》《大潮曲》《中华颂》五个章节构成。其精湛而富于艺术想象力的舞台展现了壮丽的史诗气质，体现了宏大和顽强的民族精神，使观众在恢宏的气势中得到深深的震撼和精神的洗礼，激发起强烈的民族自豪感和爱国情怀。

②理想与成才教育。对中小学生进行理想与成才教育，帮助中小学生思考成为一个怎样的人、怎样度过自己的一生等问题具有重要的现实意义。有理想的人才有正确的发展方向，才能克服前进道路上的困难和挫折，在磨砺过程中走向成功。在影视资源中，有许多成功人士的生动事迹和经验，有助于中小学生树立正确的理想、成才意识和远大抱负，激发中小学生高昂的斗志。通过学习借鉴，明确前进方向，找到社会理想和个人理想的结合点，成为社会主义现代化建设的有用人才，实现人生社会价值和自我价值。如央视的《大家》栏目，介绍了我国科学、教育、文化等领域做出杰出贡献的"大家"。《大家》不仅是大师们讲述人生经历、展示精神风范的窗口，更是他们播撒智慧的讲坛。

③法制纪律观教育。法制观念和纪律观念是现代社会公民最基本、最重要的观念，也是社会主义思想道德素质不可缺少的内容。在现实社会生活中，一些人由于缺乏法制观念而酿成悲剧，令人遗憾。在社会生活的某些方面，法制不健全、纪律不严明，事务不公开，产生的不公平不公正事件为公众所愤怒。因此，有必要对中小学生进行法制纪律观念的教育。开展社会主义民主法制教育是中小学思想政治教育必须长期坚持的任务。电视上的一些法律栏目紧扣中国法治进程脉搏、关注法治领域热点、揭示人与法的复杂关系、体现人文关怀和法治精神，以鲜明的现场感和新闻性凸显法制精神，是进行中小学生法制纪律教育的鲜活素材。

④社会公德与社会责任感教育。社会公德是社会中每个人都必须遵守的公共生活准则，是社会生活有序进行的保障。社会公德心和社会责任感是一个社会文明程度的表征。开展社会公德和社会责任感教育，使每个学生自觉遵守社会公德，履行社会责任，对构建和谐社会具有重要意义。利用影视公益广告培养学生的社会责任意识不失为一个有效的手段。公益广告通常以简单明快的节奏呈现一个小故事或情景，以简单的情节表达一个深刻的道理，在有限的时间和简短的篇幅里将公益理念诉诸观众，其强烈的感染力受到广大受众的喜爱，近年来，各电视台纷纷推出制作精美、表达形式简单新颖的公益广告，这些广告对引导公众规范行为、提升素质方面发挥着重要作用。例如《经历无数的挫折我们需要再来一次的勇气》——央视"最牛"公益广告："再一次，为成长积蓄力量；再一次，

为平凡人喝彩"，以情动人，蕴含满满的正能量。《选择低碳绿色生活》以动漫的形式展示了家居绿色生活的方方面面，形象生动，感染力强。《节约无小事·餐馆篇》以几个镜头展示了人们在餐馆浪费的各种表现，以反面形象劝诫人们节约粮食。

⑤生态文明教育。生态文明建设是我国现代化建设"五位一体"总体布局的重要组成部分，关系到我国可持续发展的战略任务。当代中小学生是未来社会发展的主力军，他们应当具备与科学发展相适应的观念，学校教育要把生态文明的理念传递给中小学生，让学生践行绿色低碳的生活方式，落实节约资源、保护环境的行动，从点滴小事做起。让学生成为懂得生态知识、具有生态文明理念的现代人，是教育的重要意义所在。这样，我们的学校才能为构建和谐社会和环境友好型社会作出贡献。中央电视台《人与自然》栏目"讴歌生命，关注环境"，介绍动植物与自然的知识，探讨人与自然的相互影响和相互作用，探索社会、经济、生态协调发展和可持续发展的途径。电影《鸟瞰地球》介绍了世界上仅存的一些生态保持原始状态的地区，这些地方已经遭到侵蚀，人类对森林的过度破坏产生了恶果，物种的多样性被破坏，人类自身将自食其果。本片告诫人类，森林是人类赖以生存的宝贵的资源，减少森林的破坏有利于减缓全球变暖，保护森林资源就是保护我们的地球。

（2）身临其境的情境资源

在观看影视作品的过程中，人们很容易融入影视的情节中，可以设身处地地获得类似亲身体验，这种体验会参与塑造人们的价值观和世界观。影视作品的情境性是人们在有限的环境中丰富体验、获得感受的一种途径。影视作品的创作来源于生活，通常是再现或创设现实生活的情境。在观影过程中，我们都会对影视的内容产生似曾相识的感觉，但又似乎离我们自己的生活很遥远。正是这种将现实与虚拟相结合的艺术形式，给观众带来身临其境的现场感和深切触动。"每个观众正是从自己的潜意识去认同影片，与生命情结获得同构，在别人的故事里解读自己的生命体验，整理自己积淀的情绪，在深层次认识自我的基础上重新接纳自我。"[1]因此，

---

① 唐湘宁.论影视资源与生命教育的精神对应性[J].教学与管理，2010（33）.

影视作品通过一段段扣人心弦的故事，一种生命的历程，带领观众去追寻另一种人生轨迹，领略别样的人生体验，将人生经历、人生理想、人生态度、人生价值通过人物形象传递出来，使受众在现实的基础上内化形成自己的人生观。

（3）情趣高雅的审美资源

影视艺术的一个重要属性是它是一种视听艺术，是影视艺术区别于其他六门艺术的本质属性。亚里士多德在他的"快感论"里，提出了审美快感产生的感官条件——视觉器官和听觉器官，通过视、听器官所产生的快乐是种审美快感，属于美学范畴。中国著名教育家蔡元培倡导美育，他强调美育是一种陶冶人的感情进而改造人的世界观的教育，是使人达到一种新的精神境界的最好途径。蔡元培在论述美育时曾说过："美育者，神经系也，所以传导；世界观者，心理作用也，附丽于神经系而无迹象之可求。"[①]可见美育需要以心理学和艺术特质为基础进行才能更有效地发挥作用。鲁迅先生说："意美以感人，一也；音美以感耳，二也；形美以感目，三也。"[②]正因为影视同时具备这三方面的特征，深受广大学生喜爱，可以为美育所用。

审美教育是一种运用自然美、艺术美和社会生活美等培养受教育者正确的审美观和感受美、鉴赏美、创造美的能力的教育。那些蕴含着美的元素的影视作品和影视栏目满足了中小学生的审美需求，促进了心灵美、语言美、行为美的发展，增强了审美意识，培养了审美能力，丰富了精神生活，有助于净化中小学生的心灵，陶冶其情操，完善其品行。探索影视审美资源已成为时代发展的迫切需要，新课程改革指导纲要指出，开发多种课程资源，要求学校"大力拓展与使用电影、电视、广播、网络等多种形态的课外课程资源、培养学生健康、高尚的审美情趣和审美能力"，重视优秀影视作品具有的传递"美"的作用，充分发挥其美育功能，让中小学生在感知美、欣赏美的过程中，不断提高自身的审美能力，升华对美的追求和认识。

---

① 蔡元培. 蔡元培美学文选［M］. 北京: 北京大学出版社, 1983.

② 鲁迅全集（第九卷）［M］. 北京: 人民文学出版社, 1981: 279.

（4）可资借鉴的行为资源

青少年的抽象逻辑思维正在发展，但其辨别能力和自律能力还达不到成人的水平，需要在教师和家长的引导下成长，教师和家长应该把抽象的美和善的思想通过形象化的方式地传递给他们，即明确告诉他们什么可以做，什么不能做，使他们逐步形成清晰的道德意识和信念，规范自己的行为。通过影视资源，通过影视资源，青少年可以观摩影视中人物对事情的态度和处理方式，从而学会如何处理相关问题。

观念影响着行为，影视中的人生价值观念、道德行为方式会成为青少年模仿效法的对象，从而确立自己的道德行为模式。影视作品为青少年提供了现实生活的图景，在影视情境中，青少年会观摩到什么样的人会得到肯定和认可，什么样的表现会使他们得到认可；什么样的人会受到大家的尊重；人们选择什么样的生活方式；现实中如何坚持自己的理想；正义如何战胜邪恶等。影视也为青少年提供了社会行为规范，比如，为人处事，谈吐风范，社会角色扮演等。总之，影视传播的是多维度、多视角的信息，青少年可以从中寻找模范榜样，逐渐明确社会期待和自己人生理想的模型，调整自己的价值取向和行为方向。

2. 教师对影视资源的认识存在偏差

中小学思想政治教师对利用影视资源辅助教学并不陌生，在课堂上使用视频素材已成为教育工作者常用的教学方法之一。然而，许多教师对影视资源的教育价值还没有形成正确的认识，仍有13.6%的教师认为影视资源没有明显的教育价值，只有27.3%的教师认为影视资源具有综合教学作用，32%的教师认为影视资源只是吸引学生注意力的手段。这说明部分教师对影视资源的应用缺乏理性思考，这也是某些教学案例中，影视资源教育优势发挥欠缺的主要原因。

影视作品蕴含着丰富的政治、思想和道德因素。这些因素都隐藏在影视资源生动的画面、有趣的情景和鲜明的人物个性之中。这些教育因素经过科学的挖掘和精心的规划，不仅能提供丰富的教学实例，而且能使教育对象在影视教育中通过创设情境而不自觉地接受教育，也是学生课后思考和学习的有益素材。可以说，影视资源对于学习者知道、了解、体会教学内容有着独特的优势。然而，在教学实践中，教师对影视资源教育价值的认识存在一定偏差，导致部分教师对影视资源的开发利用处于被动状态。主要表现在以下几个方面：一是仅将影视素材作为教学案例运用于教学，忽视了影视资源熏陶、感染的德育作用；二是仅将影视播放视为吸引学生的手段，画面"一闪而逝"，使得影视资源的教学辅助作用不明显；三是缺少对教育对象观影的科学指导，使影视资源隐性的教育功能难以显现。

3.学校缺少完善的影视资源库

目前，各中小学学都开辟了学校空间，这不仅是学校与教师交流学习的平台，也是资源共享的重要途径。在学校空间中，有很多多媒体教学素材可以共享，但影视资源共享零散地分布于各个教学资源中，还没有形成系统的影视资源库。影视资源丰富，增长量迅速，更新快，时效性强，类型极为丰富，包括电视剧、电影、各类电视节目、网络视频等，同时内容涉及极其广泛，涵盖政治、经济、历史、文化、科技、军事等等，可以说整个影视世界就是现实世界的影子，足以让世界成为学生的全部教材。资源海量的同时，学校缺乏与思想政治教育相关的影视资源专门获取途径，使得资源开发利用难度大，教师的资源开发积极性低。

当被问及"在使用影视资源使用过程中的主要困难"时，几乎所有受访教师都反映，"寻找费时，难以找到合适的教学资源"是运用影视资源过程中主要困难。诚然，如今的网络搜索系统已经相当成熟，只需输入关键词就会出现几十页的相关资源，但这些资源既全面又复杂，如果要选择高质量、与教学密切相关的影视资源，就需要耗费教师不少的时间和精力。

4.学校影视资源应用的硬件条件受限

影视资源在中小学思想政治教育中的应用需要具备一定的硬条件，即学校硬件设施。影视资源的应用特别强调课堂配备有音视频设备，影视资源的完整呈现是发挥其教学作用的前提。但目前来看，学校仍存在硬件设施无法满足课堂影视资源使用的情况，26%的教师认为学校多媒体设备陈旧，播放效果差，很少在课堂上使用影视资源。一些学校的多媒体设施陈旧，由于整体换新耗资大，一直没有及时得到升级或更换。实践证明，在中小学思想品德课堂播放影视素材，可以激发学习兴趣，通过视觉形象和学科知识的传授，使学生在观看影视作品的过程中接受思想政治教育，提高思想政治教育的实效性。课堂多媒体教学设施的陈旧状况将直接影响影视资源的呈现效果，不仅使学生无法清晰地捕捉视频中的教学信息，而且分散了学生的学习注意力，造成教学时间的浪费，降低影视资源的应用效果。

5.许多高中的思想政治课未采用多媒体教学

多媒体教学是以媒体信息为教学素材，以预定的教学目标为中心，根据受教育者的实际情况，将科技设备与传统教学方法相结合的一种教学活动。早在2001年，教育部就发布了国家中小学教育信息化政策。随着国家对中小学教育预算投入的不断加大，教学条件和硬件设施不断完备。许多学校在十多年前就开始了电教化的改革。这也为高中思想政治教育中使用影视作品提供了前提条件，但仍有不少高中，甚至省级重点高中都未能使用多媒体教学，这直接导致影视作品无法出现在日常课堂上，甚至在整个校园生活中都难以出现。在许多高中思想政治教师的心目中，思想政治课的重点是通过每天早晚的阅读来背书或背诵教材的知识点，经调查发现，这是我国许多高中思想政治课采用的教学方法。未实现多媒体教学，影视作品在高中思想政治课教学中几乎没有发挥作用的机会。因此，多媒体教学是影视作品实际教学的必要条件，也是影视教育与思政教育有机融合的前提。

（三）应试教育大环境下教学评价模式单一

我国社会主义的教育目的是培养全面和谐发展的人，使学生能够在思想、道德、文化、科学、劳动技能、身心素质等方面适应现有社会的需要，而要培养这样的人则需要实施全面发展的教育。为此，在我国中小学普遍设置了与全面发展教育各构成要素相对应的德育学科、智育学科、体育学科、美育学科和劳动技术教育学科。一方面，这些学科相互联系、相互依存，形成了科学完整的课程结构体系；另一方面，它们又有各自独特的功能和作用，相互独立，不可替代。然而，在应试教育思想影响下，人们对中小学开设的这些课程的态度和重视程度却大不一样。

1.教师能力培训和整体评价机制不完善

我国中小学目前还没有专门担任影视教育的老师，影视教育的教学任务主要由班主任或其他课程的任课老师承担，他们大多毕业于文学、数学、英语等专业，对影视的理解和教学能力有限。虽然大部分教师都参加过一定程度的教师技能培训，但培训内容很少涉及影视相关方面，这导致一些学校的影视教育只能局限于教师对影视的理解，不能科学全面地发挥影视教育的功能。

恰当的教育评价不仅能激发教育者的工作潜能，而且能给优秀的学习者以信心和满足感。目前，我国还没有一个相对科学、完善的影视教育评价体系。学校和教师认为影视教育是他们必须完成的一项行政命令。受学业压力和学校、家长教育观念的影响，学生对影视教学不感兴趣、不关心。教育者和受教育者的集体敷衍，使当前青少年影视教育的发展陷入了停滞不前的尴尬境地。

2. 实践层面的空白

从历年来的中小学影视教育通知中可以看出，电影只是被视为辅导青少年学生价值观的学习工具，我国的影视教育仍以高校的专业培养为主，很少有中小学将电影制作、后期制作和其他相关实践纳入课程计划。在影像充斥的融媒体时代，电影素养不应该只是高层次的精英培养，而应该成为每个人拥有的基本素养，借助影像表达自我的能力变得越来越重要，因此，影视教育应重视对于青少年的培养，摄影技术和后期软件的普及、易操作化也使得这一期望更容易实现。在英国，BFI（英国电影学会）专门制定了《5—19岁青少年电影教育计划》，其中电影制作是教育中的重要组成部分，"First Light（第一束光）"着重培养青少年电影剧本的写作、拍摄和后期剪辑能力；BFI电影学院开设住宅项目计划，让学生真实体验和参与电影制作过程；Into Film电影节和各类青少年电影节，鼓励青少年自己动手拍电影，表达他们的想法，创造出了一系列优秀的青年电影，激发了他们对电影业的兴趣，提高了他们进入电影业的技能。然而，我国青少年影视教育的实践仍然是空白，进入高等院校选择专业时也比较茫然。加强中小学生的影视实践训练，可以使他们更加明确自己的兴趣爱好，同时掌握基本的影像制作技能，对于今后的学习发展也大有裨益。

3. 教师的教育技术能力有待提高

教育技术能力是指教师的教育技术素养，包括对教育技术的运用意识、运用能力、运用道德，是指在合适的技术支持的教学环境中，进行教学设计、教学资源的开发与利用，有效地组织与实施教学活动的能力。在许多情况下，"合适技术"指的是信息技术，但不能简单地等同于教育技术。信息技术属于技术学科，教育技术属于教育学科。前者的研究对象是"信息"，后者的研究对象是"教学过程"和"教学资源"。此外，信息技术能力与教育技术能力也有很大的差异。培养个体信息技术能力的目的是使培训者能够获取和存储、分析和处理、转换和传递信息。教育技术能力虽然也涉及信息技术的许多内容，但更重要的是教育者要利用这些技术来提高教学质量，优化教学过程技能，它是围绕教学设计、教学过程和教学资源紧密发展的能力。目前，随着多媒体教学的广泛应用和各学校开展的技术培训，大部分教师已具备一定的信息技术素养，能够独立使用教学软硬件工具，能够独立获取部分教学资源。但要实现信息技术与教育的深度融合发展，不断创新教育模式，深入开发优质教育资源，充分发挥信息技术在推进教育改革中的作用，教育者要不断提高信息技术的应用水平，完善教育技术能力。

综上所述，影视教学在思想品德课教学实践中已经取得了一定成绩，但是存在的问题依然不容小觑。但是，与传统的教学方法相比，影视教学的实施符合新课程和素质教育理论的要求。在实际教学活动中，新课改、新课本、新气象都是思想品德课影视教学的开山石和引路人，虽然这条路任重道远，但我们还是应该坚定不移地鼓励其推动教学实践的发展。

目前，中小学影视教育课程体系仍在建设中，尚未形成从教学大纲、教材、教学方法到教学队伍的完整架构。部分中小学尚未开设影视校本课，影视只作为辅助其他学科教学的手段而存在。一部分已经开设影视校本课的学校，教学手段单一、教材及授课大纲欠缺，多由本校其他科目的教师兼职代课，无法真正实现影视教育的教学目标。国家已经认识到在中小学推行影视教育的重要性，但影视文化教育任重道远。只有从根本上解决师资配备、课程设置、教材指定等问题，才能真正全面地推进青少年影视教育。从社会整体结构看，这不仅是影视文化知识的普及，更是全民影视文化素养的提升。

第五章 中小学思想政治教育中融入影视教育的影响因素

融媒体和思想政治教育之间具有重要联系，思想政治教育必须紧跟时代脚步，从全方位、多角度认识和容纳时代出现的新型产物，并且加以运用和引导，为社会主义建设提供更加完善的条件。全面深化改革"必须用全局的观念和系统的思维谋划改革，推动新一轮改革大潮涌起"[①]。作为兼具经济和文化功能的媒体和我国主流意识形态的思想政治教育，也毋庸置疑要全面、深入地加强改革，创新媒体发展传播手段，创新思想政治教育传播发展路径，成为新时代思想政治教育改革的重要任务。目前国内思想政治教育领域的研究过多地强调新媒体带来的优势，而忽视了传统媒体对思想政治教育的作用。传统媒体所具有的权威性是新媒体所欠缺的，新媒体若想提高信息的可信度，就要利用传统媒体权威的信息资源，通过与传统媒体合作，整合碎片化的信息，从而提高信息的权威性与可信度，使思想政治教育的内容有体系地呈现在学生面前，从而提高思想政治教育的实效性。因此，新媒体在参与中小学思想政治教育的过程中必须慎之又慎，新媒体中适合传播的媒介形式择善从之，新媒体中不适合的部分逐一完善，坚决抵制思想政治教育不科学、不严谨的传播行为，寻求新思路、新方法、新手段增强中小学生对思想政治教育的认识、学习和传播。

在融媒体发展的大背景下，以视听艺术为核心的影视艺术和影视教育步入了机遇和挑战并存的新阶段。融媒体时代影视艺术的快速发展对社会生活的各个方面产生了广泛影响，尤其是在青少年艺术素养、审美提升等方面彰显出不可替代的艺术教育功用。中小学思想政治教育中融入影视教

[①] 习近平总书记系列重要讲话读本 [M]. 北京: 人民出版社, 学习出版社, 2016: 67.

育的影响因素有诸多方面，包括教学内容的甄选、教学流程的运行、对教师的要求以及对学生的要求等。

一、融媒体背景下中小学思想政治教育的新机遇

（一）媒体融合发展的必然性

1.融媒体是促进中小学思想政治教育发展的必要手段

根据"您所在的学校，思想政治教育最主要传播方式是什么？"的调查结果显示，选择"传统的课本讲授的方式"的教师占12.5%，25.3%的教师表示学校使用了新媒体，但大部分教师都使用PPT等技术含量较低的教育方式进行思想政治教育的传播，有27.08%的教师会综合使用上述两种方法，但仍偏重于传统方式，22.57%的教师结合使用但偏于新媒体，更重要的是，只有5.21%的教师均衡使用各种媒体。以上数据说明，运用媒体传播中小学思想政治教育有不足之处，必须加以完善。

2.运用融媒体进行中小学思想政治教育是中小学受众的自我选择

在"如果对您进行思想政治教育，您更愿意选择哪种形式？"的调查中，有50%的人更愿意选择将传统和新兴媒体结合使用，这进一步说明，在中小学思想政治教育过程中，人们的实际媒体需求与实际媒体运用尚有很大的不同，受众期待一种更为恰当、更科学的方式来解决这一问题，融媒体则恰恰是解决这一问题而出现的。

总结受访者对融媒体的看法，融媒体的发展，第一离不开国家政策的支持，第二离不开数字化技术这个基础内容。实质上，笔者认为，除了受访者提出的两个观点外，融媒体的发展实质上是经济社会催生的产物。"数字技术和网络技术只是为媒体融合铺平了一条道路，真正促使媒体走向融合的核心驱动力首先还是来自媒体作为一种利益组织不断追逐经济利益的本能。"[①]因此，基于以上的数据分析，融媒体的到来不仅是社会发展的必然趋势，也是受众的自然选择，还是经济、技术以及国家政策等因素

---

① 蔡雯.媒体融合与融合新闻［M］.北京：人民出版社，2012：13.

共同催生的结果。

（二）运用融媒体发展中小学思想政治教育的优势分析

1. 对思想政治教育传播方式的优化

首先，移动互联网技术和大数据技术的迅猛发展对中小学思想政治教育传播手段的创新产生了重要影响。因此挖掘融媒体传播特点，授课模式将线上和线下相互结合、理论和实践相互结合、课内和课外相互结合，以此来丰富课堂的教学内容和教学方式。随着融媒体的发展，中小学思想政治教育工作者可以潜移默化地受到媒介环境的影响，不断提高媒介素养，丰富理论知识，从而使课堂教学生动活泼、富有趣味。传统的教育者把自己视为教育的主体，将信息强制性地传递给受教育者，结果可想而知。在融媒体时代，信息传播是以平等的关系进行沟通交流的，能够及时了解和分析受教育者的情绪状态、接受反应和反馈，在充分尊重受教育者参与自主性的基础上，鼓励和引导受教育者的积极参与，逐步将思想政治教育的外化吸纳转化为内化塑造。

此外，融媒体环境下的思想政治教育传播创造了多种平台载体，通过创新运用新媒体加强与受教育者的思想交流。例如，有这样一个网络立体平台，在这个平台上，有倾诉者和倾听者两个角色，倾诉者能够匿名与倾听者进行虚拟视屏对话（对话的影像和声音都是拟化状态），这样既保证了倾诉者的个人隐私，又能达到思想教育的效果。

2. 对思政教育传播内容的优化

"在推进'融媒体'发展的过程中，既要深刻认识技术、资金、渠道、用户等的重要性，更要紧紧抓住内容建设这个根本。"[①]由此可见，内容建设对融媒体的发展起着重要的作用。中小学思想政治教育应重视内容建设。

首先，思想政治教育要体现时代性，必须加强对海量信息的批判继承、吸收和借鉴。比如，教师在讲授枯燥严谨的思想政治教育内容时，如果能举一些相关的当代领导人物的事件，挖掘出发生在他们身上的有趣而

---

① 北京市新闻工作者协会.中国媒体融合发展报告（2016）[M].北京: 社会科学文献出版社, 2017: 8.

有意义的事情，这不仅拓展了思想政治教育的内容，更在某种程度上增强课堂教育的趣味性和新鲜感，提高思想政治教育的实效性。

其次，利用融媒体传播中小学思想政治教育的相关内容，可以净化思想政治教育内部"空气"。"在面对重大舆情、虚假信息、负面情绪时，新型主流媒体要及时有效地发声，在融合舆论场发挥'中流砥柱''定海神针'作用，推送优质内容，壮大主流舆论，传递主流价值"①，在当今信息泛滥的时代，"假、恶、俗"等信息弥漫，严重污染了中小学思想政治教育的本体内部。融媒体肩负着传播社会主流价值观的使命，被称为"权威信息的发布者、虚假信息的过滤器"，必须注重对思想政治教育内容的择善优选，为思想政治教育的发展夯实根基。

最后，融媒体的发展为受众推送个性化内容。融媒体是在大数据和云计算背景下诞生的时代产物，因此，它能够将各个媒体及其丰富的资源实现由表及里、由浅入深的无缝对接，这个条件使得它能够对受众进行精准的定位，分析受众的精确化需求，为受众提供对口的个性化服务。传统的思想政治教育向受众传播的信息内容单一，受众的学习积极性不高。如果融媒体能够在传播主流价值观的基础上，提供个性化服务，传播个性化的思想政治内容，对提高学生的学习积极性，促进中小学思想政治教育的人文发展具有重要作用。

3. 对思想政治教学传播技巧的优化

思想政治教育工作者如何发挥融媒体自身优势，引导中小学生树立正确的价值观，建立和优化教育工作者的教学技能，既是思想政治教育发展的重要方向，也是思想政治教育工作者的重要任务，主要包括以下措施：

第一，思想政治教育工作者要利用融媒体相关载体，提高教学技能，推动思想政治工作走向受教育者的生活。随着社会生活方式的转变和人们竞争意识的逐步增强，不仅大学生面临着巨大的压力，中小学生也同样承受学业、交流交往以及升学的压力，加上社会上不良因素的影响，导致其心理问题逐年增加，正确思想意识的形成逐渐弱化。教育工作者通过融媒体平台对这些信息进行鉴别和辟谣，进一步选择有效的传播方式，将思想

---

① 北京市新闻工作者协会. 中国媒体融合发展报告（2016）[M]. 北京: 社会科学文献出版社, 2017: 8.

政治教育内容隐性地传递给学生，使学生在潜移默化中减轻心理压力，化解心理问题，让学生树立健全的心理，增强其辨别是非的能力，来以此提高学生对网络信息的选择。

第二，思想政治教育工作者可以利用学生喜爱的融合教学方式，无意识地强化受教育者的主体地位，鼓励受教育者主动发声。当前，教育者与受教育者之间呈现出对立统一的关系，主要表现在以下几个方面：由于当前信息泛滥，信息获取便捷，使中小学生被各种文化信息渗透，却得不到正确的信息反馈。在融媒体发展的背景下，受教育者的主体地位得到加强。因此，当前思想政治教育工作者必须高度重视受教育者所处的社会环境的细微变化，更加重视受教育者的学习反馈，以促进中小学思想政治教育的发展。

第三，要学会利用媒体平台为教育工作者打造思想政治教育平台，加大思想政治文化主题融媒体平台建设，增强学习和生活的"黏性"作用。运用融媒传播方式创新和建设丰富的思想政治教育文化展现形式，如：将原有趣味性不强的思想政治教材制作成互动性较强的教育资源视频，把原有略显枯燥的教学资源创新为学生呈现喜闻乐见的内容，变传统的单一的教学方式为独具吸引力、形式丰富、互动性强等方式，帮助学生积极完成思想政治教育相关课程，主动学习"融媒体"开发新课程，从而提高中小学生思想政治教育平台的利用率，增强其使用"黏性"，帮助学养成使用融媒体平台的习惯。

4. 对思想政治教育传播时空的优化

众所周知，传统的中小学生思想政治教育以"填鸭式灌输"的教育方式最为普遍，教育者强化主导作用，忽视受教育者的主观能动性，严重阻碍信息的传递和交流，降低教育信息的传播效果，阻碍思想政治教育的传播。融媒体时代逐步优化了这些条件，主要表现在以下几个方面。

第一，通过融媒体，教育者传递信息的时间和空间不再固定，弱化了单向灌输的弊端。在融媒体时代，教育者可以突破时空限制，采用适合师生的教育方法和内容，通过教育时间传递教育内容。教育者可以利用网络互动交流的特点，在不受时间和空间限制的情况下接收信息，既改善了教师的教育情绪，又改善了学生的学习情绪。

第二，课前、课中、课后一体化学习的时空逐渐形成。在融媒体时代，网络技术的突破性发展，使思想政治教育利用这一技术突破了课前预习、课内学习和课后复习的有机统一。对一个知识点的学习已经没有了课前预习、课上学习与课下复习的界限，学生可以根据具体时间合理安排学习计划，选择合适的学习时间、学习方法和学习方式。这种学习方式突破了时间和空间的限制，对学生的自主性提出了更高的要求。在自主学习的过程中，学生能够主动学习先进的传播技术，不断提高自身的媒介素养，同时为拓展思想政治教育的新时代媒体传播路径提供了更有利的条件。

二、中小学思想政治教育中融入影视教育的作用与影响

（一）中小学思想政治教育中融入影视教育的作用

1.影视作品的运用有助于带动学生的学习热情

随着时代的进步，多媒体的发展也越来越快，影视作品的种类也越来越多，逐渐成为中小学思想政治课教学的重要教学手段之一。影视作品以其独特的叙事方式和另类的表现手法，最大限度地再现、还原、塑造人物、事件、地貌等，使原本单一的图片、画面、声音等形式变得更加生动活泼，高度丰富了学生的想象空间，给他们带来视觉上的冲击，以达到带动学习热情的一种理想效果。影视作品的传播不仅可以增强其自身传播的感染力，还可以通过对作品的理解，促进学生树立正确的价值观、人生观和世界观。

在影视作品中不乏有许多优秀传统的学习人物，《孔子》《孟子传》等作品通过讲述先贤们童年刻苦的生活习俗、持之以恒的学习态度、理解父母的赤子之心等，激发了当代中小学生的学习热情；《东京审判》《南京大屠杀》等纪念性影视作品，通过刻画日军侵华期间全国人民处于水深火热之中却仍不忘初心，誓死捍卫家园，以血肉之躯换来如今的太平盛世，使学生认识到和平时代来之不易，珍惜一切可以安心学习的机会，激发他们的爱国主义精神，催发他们的成才意志，从而最大程度地带动学生的学习热情。

2.影视作品的运用有助于增加中小学思想政治课堂的吸引力

过去，中小学思想政治课主要采用单一的直线教学法，尤其是高中的思想政治课。根据教学大纲的重点和难点，通过课下的备课教案对学生进行灌输式的压榨教育，学生机械地重复记忆知识点，听老师讲解是学生过去学习过程中最常见的学习状态。大多数学生都会忘记思考这一过程，甚至于只能够进行简单重复的知识点的叠加，丧失了学生的自我思维，更谈不上学习的乐趣。如今，丰富多彩的影视作品极大地增加了学生对各种信息的汲取、对各种观点的认知、对新世界的好奇、对未知事物的憧憬和对新知识的渴望。在中小学思想政治课教学中，影视作品的运用弥补了传统教学的不足，抽象的理论知识通过影视作品的趣味性片段来表达，形象生动地让学生直观地感受到学习的乐趣，增强课堂学习本身对他们的吸引力。

在影视作品运用于中小学思想政治课教学中，教师可以在学生观看影片的时候把自己带入学生之中，通过换位思考，了解他们真正需要的、想知道的、体验的、困惑的东西，然后，在课堂教学过程中，解学生之所需，使学生更深入地融入课堂，聆听课堂，使课堂真正变得有吸引力。

3.影视作品的运用有助于强化中小学思想政治课教学的人文理念

中小学思想政治课教学从不同角度促进学生形成良好的思想道德和行为举止，促进了课程教学的人文理念。影视作品应用于中小学思想政治教学活动中，教师可以通过预设性评估分层次地对学生的思想道德、行为品质等发展对学生进行有针对性的引导，引导学生自发地热爱社会生活，自觉遵守社会公德，自主确立积极的人生目标；引导学生从内心出发，善于发现并解决问题，养成良好的修养品德，正面的政治素养；引导学生确立真挚的爱国主义情怀，坚持实现社会主义现代化宏伟目标。影视作品中有许多杰出的英雄人物，如谍战片中他们不屈不挠、百战不殆、顽强不息，时装片中他们善良勤奋、无所畏惧、创新发现，职场片中他们恪尽职守、坚持初心。影视作品中源于生活的这些人物形象塑造出了乐观积极向上的生活态度，而他们所具备的精神状态同样是值得我们去学习，去敬仰，去发扬。

通过观看纪录片或思想政治教育影片，通过教学方法和教学目标，引导中小学思想政治课教学内容朝着有效、有意义的方向发展，使学生形成正确、积极的价值观，例如马克思、列宁等伟人的传记，毛泽东、邓小平等国家领导人的生平等，使学生深入理解马列主义、毛泽东思想、邓小平理论以及社会主义核心价值观等一系列优秀的思想观念。在观看纪实类的影视作品时，教师可以对社会现象进行点评，使学生懂得遵守法律的重要性。在生活中，教师也应对学生的行为进行言传身教，起到表率的作用。爱国电影的播放旨在唤起学生对国家的热爱，教师要通过在教学中播放这类影片，把课程本身的规范反映到当前社会的政治方向、思想观念和道德行为上，使学生成为实践核心价值观体系的新时代的建设接班人，成为特色社会主义共同理想的忠实信仰者，成为社会主义荣辱观的切实的实践者；只有这样，才能使学生具有正确的政治思想和科学的人生指导，才会在现实生活和学习中坚持一切从实际出发，而不是异想天开，促使学生朝着正确的、积极的方向健康成长。

（二）中小学思想政治教育中融入影视教育对学生的影响

1. 积极影响

（1）通俗易通的情境有利于教育理论的消化理解

以高中思想政治课教学为例，在高中思想政治课的教学中，教育理论是整个课堂教学活动的支撑，优秀的教学都是建立在融会贯通课程本身的教学理论之上的，所以让学生理解、记忆高中思想政治教学理论具有重要的意义。因此，在此基础上，在教学中引入影视作品，使学生通过作品的生活对话和情境模式加深理解，并进行自我分析，从而记忆并和教育理论的构成加以重合，达到在学习中发现，在发现中掌握。

当然，对教育现象或教育事实的抽象概括也是有学者支持这样的观点的。这种抽象晦涩的语言，其实在影视作品中有着很好的表现形式。例如，在讲授《经济与生活》中的"公司的经营"一课时，让学生了解公司的组织结构，如果只是单纯地画框架让学生死记硬背，不如借影视作品，让学生通过观察人物来了解公司的组织结构，真正了解每个岗位履行自己职责的意义。

此外，教育理论具有一定的系统性。一个简单的教育概念或命题，没有具体的逻辑形式和一定的具体结构完整性，就不能构成一个理论。即使这一概念是对某一教育现象和事实的概括性准确反映，那也只是一种零散的思想观念或者碎片化的思想记忆。因此，在课程的联系上，教师需要联系知识内容的前后，使学生有一个全面的认识，使影视作品能起到承前启后的良好作用，兼容并蓄，便于学生理解。

（2）优质人物的塑造有利于教育对象的行为模仿

影视作品蕴含着丰富而独特的思想道德教育资源。影视作品通过塑造优秀的人物形象，为学生树立榜样形象，深刻改变和影响学生的日常行为。比如《闪闪的红星》《青春之歌》《张思德》等，这些主人公在看似平凡的工作岗位上发挥了非同寻常的积极作用，无私奉献。这些都为现如今的身处浮躁环境中的中小学生，树立大公无私、坚忍不拔、甘于奉献等美德意识提供了鲜明的参照。

电视剧《士兵突击》展现了一种不抛弃、不放弃的精神，故事以和平年代的一名普通士兵为主角展开。他不放弃自己的理想和信念，在事业、友情和生活中都坚持不抛弃、不放弃的精神，使自己每一天的生活都变得非常有意义。这部电视剧从一定程度上来说都可以影响许多中小学生，将不抛弃、不放弃的信念作为对待学业和憧憬理想的支撑与动力。

（3）红色影视的传播有利于教育信息的文化认同

在中小学思想政治课的教学中，大多数教师都会选择红色影视作品作为教学素材。红色影视作品有的反映了共产党人和爱国进步人士为建设国家而艰苦奋斗，有的为推进国家社会主义现代化作出了让步和牺牲。红色影视具有针对性，在教学过程中，影视作品的传播能够很好地在学生之间进行文化传播，从而促进学生形成文化认同。

反映新民主主义革命时期一些爱国人士先进事迹的作品，也是红色影视作品之一。为了实现新中国的伟大复兴，先烈士们始终保持坚定的信念，为学生现在安逸的学习生活提供了机会，给学生树立了好的榜样。在课堂上使用这样的影视作品，有助于增进学生对中华民族复兴道路的兴趣，让学生热爱祖国、珍惜当下；有助于促进学生与老师和家长之间的文化沟通，更好地传播对文化的认同；有助于促进学生与学生之间的交流，提高学生的辩证思维和语言表达能力。

2. 消极影响

（1）影视作品不明确的分级容易误导学生的辩证思维

世界上有许多国家和地区，如法国、美国、加拿大、伊朗、新加坡等，都有自己的影视作品的分组制度和标准。将影视作品进行分级并不是指影片的好坏，而是为了区分观影人群，让人们能更加清晰地了解需求从而进行选择。因此，分级体系并不是对影片进行审核的体系，而是一个对观众进行引导和分级的系统，主要还是由父母亲来决定是否允许自己的孩子去观看某一部影片。就美国电影分级制度而言，是由美国电影协会下属的影片分级管理委员会完成的，影片分级管理委员会在观看影片之后，大家经过认真的讨论，对影片所应区分的级别进行投票表决，产生的结果即是该影片正确的分级。这种表决相当于是在替大多数美国家长做主，代表他们去决定哪个影片符合哪个等级，这种评价是十分客观的。

而在国内，并没有相应的电影电视分级制度，我国影视作品的种类千千万万，大众所熟悉的最常提到了莫不过于国家广电总局，它对我国大部分影视作品进行了规范和禁止，但对影视作品未进行年龄段的规范。这就导致在目前的应试教育阶段，很多学生看不到适合自己年龄段的作品，因为他们的父母会以影视作品影响学习为由而不让学生观看，从而不利于学生对于辩证性思维方法的把握和应用。

（2）影视作品的夸张表现手法容易导致学生激烈的性格特点

影视作品的优点是直观、生动、形象，容易使学生达到身临其境的效果。同时，影视作品来源于生活，但大多数也失真于生活。夸张的艺术表达手段是现代影视作品的表现手法趋势，一些暴力、色情、迷信和血腥的场面不可避免地出现在影视作品中。而中小学生处于未成年，即使是高中生也大多还不能明辨是非、不能分辨好与不好，更不懂得该与不该，一些影视作品中放大化的社会生活容易引导学生走向极端，尤其高中生正处于性格发展的关键时期。如果在这期间，学生经常观看血腥暴力的镜头，很容易受到不良影响，导致今后脾气暴躁的性格的养成。因此，教师在选择影视作品时，要防止过度的冲击会带给学生的消极作用，必须考虑全面、充分、认真地选择合适的影视作品进行有效的教学。

影视作品在中小学思想政治课教学中的运用，不能只是单单的视频材料的播放课，应该要在遵循教学目标的前提下，以现实主义为原则，特别是要注意不能放大某一观点或现象，避免影响学生的性格形成。因此，影视作品在中小学思想政治课教学活动中所起到的作用只能是一种教学手段，不能喧宾夺主，教师在课程教学中的预设应着眼于教学目标，尤其是教学重点。结合学生的接受程度和认知水平，选取一些典型的、最具说服力的代表作品，尽量避免思想政治课变成简单的影视作品展示课。

（3）影视作品的负面导向容易诱导学生的行为特征

有些老师在思想政治课教学中运用影视作品是"为了情景化而设置情景"，没有考虑学生的全面发展，但是，负责任的教师应该也必须把在思想政治课堂教学中运用影视作品作为传授知识的手段和方式。教师应以影视作品在课堂上帮助学生掌握知识为主要目的，也应注意学生因个体差异而产生的不同发展。那些"为了情景化而设置情景"的教师按照传统的教学模式讲课，虽然进行了情景设置，但实际上忽视了学生思想观念的形成和学习主动性的培养，忽视了学生之间的差异，这些教师忘记了以学生为本的重要原则，甚至忽视了学生作为一个独立个体所需要的不同的成长轨迹。比方说要选择性地引入负面影视作品，弄不好，学生没有记住好的方面，反而将不好的画面深深地映入脑海，在日常生活中不自觉地重复相同的行为，诱导学生进行了错误行为动作。

新课程标准的实质是要求教师给予学生更多的权利，如主动参与学习交流活动或亲身体验情境，从而丰富学生的认识，培养学生的主动性。由于每个人都具有独特性，学生之间也存在着很多差异，教学过程不可能统一，所以在实际教学中问题的答案也并不是唯一的。利用负面导向的影视作品在思想政治课上开展更多的情景和研究活动，是可以理解的，也有一定的合理之处，但现实并不是那么令人满意。目前，在这一案例的实际应用中，有很大一部分存在着散漫和随意的特点，甚至出现背离课堂教学的形式主义。比如，为了完成一定的教学任务，老师随便选择一些作品机械地进行展示，学生只是以新颖、新鲜的态度看视频，而没有对其用意进行更深入的分析和探讨。其结果是思想政治课的形式大于内在，削弱了教育教学的真正目的。单纯地为活动而活动，缺乏自己真实的情感体验，在观看时忘记深层次反思，整个案例应用的实际价值摧毁殆尽。在这种状态下，学生的思想认识只停留在动画片上，创新意识、实践能力和情感方面的培养得不到提高，也就妨碍了学习者的正确理解。如果不重视甚至忽视学生的主体地位，不符合新课程标准的价值观念，很容易导致课堂的枯燥乏味和肤浅。

三、中小学思想政治教育中融入影视教育的影响因素

（一）影视教育教学内容的甄选

尽管影视作品有助于学生思想政治教育，但由于目前影片质量参差不齐，加上中小学生的辨别能力有限，一些滥竽充数的影视作品容易对学生产生负面影响。有少数影视作品违背了原剧的初衷，为了达到想要的情节效果，篡改和歪曲历史事实，对学生产生了误导。尤其是红色影视作品数量庞大，中小学思想政治课教学时间有限，所以教师应根据具体的历史背景，在题材范围内选择最具代表性和经典性的红色影视作品。例如《林海雪原》《铁道游击队》等，更多的是给人一种神秘而神圣的色彩，虽然学生们对此喜闻乐见，但其中讲述真实历史部分还是非常有限；而类似《南泥湾》《井冈山》等作品就侧重于写实与记录革命历程，有助于学生更好地了解时代背景和我们党的革命史，从而把教材内容联系起来，巩固所学知识。运用这种教学方法，可以拉近学生与革命历史的距离，让学生意识到自己现在拥有的生活与这段历史是息息相关的，逐步培养自己的情感和兴趣，最终达到预期的教学目标。因此，对影视作品的甄选是很关键的一步，以下列举出应该避免的作品类型。

1.弃用对原著进行过度改编、缺乏真实性的作品

红色影视作品所具备的深刻感染力和号召力正是其他教学素材所缺乏的，同时，它也具有一定的艺术价值，更是在改革开放之后散发出其特有的光芒，这应该是它能流行至今的关键原因。如今的中小学生生出生在一个和平幸福的时代，在这样的幸福生活中，他们不免会对祖辈父辈的艰苦生活产生兴趣，对那时的岁月产生好奇，而他们正好可以在红色影视作品中找到答案，体验当时的革命岁月和艰苦年代。红色影视作品的适当改编是合理的，但目前荧幕上也时常有"手撕鬼子""手榴弹炸飞机"等不合实际、脱离现实的剧情作品。还有篡改原著、擅自捏造事实、刻意回避现实，以满足观众口味和市场需求。虽然其中一部分是为了艺术创作和表

现手法的需要，但也会对学生和观众产生错误的引导，对历史认识产生偏差。比如，一些所谓的红色影视作品盲目崇拜党，不切实际地突出对党的忠诚与赞扬，却忽视了当时复杂的历史背景和真实事件。这不仅没有达到很好的思想教育目的，反而使观众感到枯燥无趣，在一定程度上影响了我们党的光辉形象，这是不可取的。作为红色影视作品，尊重历史、尊重国家、尊重先烈是最基本的要求。还有许多红色影视作品出于对票房收视率的追求，把原本紧张严肃的革命事迹拍成了幽默诙谐、富有趣味的电影。让学生对历史产生误解偏差，对他们的思想政治教育效果几乎为零。

2. 弃用追求商业利益、鼓励消费主义的作品

许多红色经典影视作品经历了多年的积累和沉淀，在全国产生了许多忠实的影迷和观众。许多人看重其商业价值，为了适应市场的需要，一些影视公司过分添加了许多现代潮流元素，加重了世俗气息，弱化了思想政治教育功能。同时，许多制作人出于经济利益的考虑，有意将红色经典视为消费品，观众自然也会逐渐将其视为娱乐，削弱了其思想政治教育功能，是对红色经典的巨大浪费。过度商业化的红色影视作品无助于中小学生学习党的优良传统和爱国主义精神，更难以引导学生树立理想，投身社会主义建设的伟大事业。

3. 弃用喧宾夺主的情感戏

纵观目前荧屏上的红色影视，在精彩的故事情节中或多或少会涉及一些情感戏，似乎有扩大戏份的趋势。情感戏有助于情节的发展，使情节具有人文情怀，使人物鲜活，更容易打动观众，迎合观众的情感需求。但目前，少数红色影视作品过分强调人物之间的情感，弱化了红色经典的思想政治内涵，成为一部关于男女情感的泡沫剧，甚至夹杂着荒诞。这些作品没有体现"红色"精神。在对当时的革命历史背景缺乏了解的情况下，一味地博观众的眼球，突出娱乐性，过分描绘剧中男女的感情，甚至改写原著，致使原有的思想内涵与思想政治教育意义完全丧失。前段时间网上热议的"裤裆藏雷"话题就是源于名叫《一起打鬼子》的一部抗日剧。片中镜头尺度之大、人物对白之露骨、剧情之荒谬无不挑动着观众的神经。

上述三种所谓的"红色影视作品"和"抗战神剧"在荧幕中泛滥，其基本主题有三：一是在领导人的指挥下"手撕鬼子"；二是男女之间复杂

的情感纠葛；三是各种夸张雷人的剧情，缺少对历史的尊重，对现实生活的思考。这种影视作品对中小学生不仅没有思想政治教育的功效，更有误导学生、混淆视听、扭曲价值观等不良影响，中小学思想政治教育对红色影视作品需要进行严格的甄选。

4.影视作品的选用应以明确教学目标为前提

中小学的思想政治课与高校的政治理论课息息相关，也是不可忽视的恰当衔接，更是和时事政策、社会教育相互补充的；此外，它还与其他相关学科的教学和其他德育工作相配合，是对学生进行公民品德教育和马克思主义常识教育的必修科目，是开展中小学德育工作的主要途径。中小学思想政治教育是帮助中小学生确立正确的人生方向、树立科学的"三观"，形成优秀的思想道德和高尚品质为关键导向的重要科目。

为了让学生更好地理解课程，更好地接受新知识，我们引入影视作品，给学生带来新的视觉体验，让他们在学习思想政治课的同时加深对课程本身的理解。毕竟，课堂时间有限，老师没有太多的空闲时间来放映某部影视作品。为了更好地提高特定影视作品在课堂上的积极作用，在课堂上选择影视作品必须充分考虑影视作品的相关信息。此外，教师在课堂上使用影视作品时，可以先做一些简单的介绍和普及，引导学生更加正确地观看和理解所选影视作品，规划影视作品的放映时间和播出长度。总而言之，在课堂教学中运用影视作品要适量，教师选用影视作品要坚持少而精的原则，避免淡化了实际的教学主题，忽视预设的教学目标。

教育应该是对学习者的内在品德进行的正确引导，而不是对知识的机械堆积。过去教学的重点是知识的传授和理论的学习，缺少对学生人格的塑造以及思想品质的培养。何况仅掌握学科性专业知识是远远不够的，还需要进行更加深层次的价值思考。新时代的政治教育应是人的教育，提倡学习知识的同时，注重教育对象的精神发展。影视作品应用于中小学思想政治课教学时，要紧紧围绕教学目标，根据实际教材的理论内容选择有代表性的作品，起到应有的一个教学效果。中小学思想政治课教学工作的重点是实现学生的三维目标，而教学目标的基础和核心内容是培养学生的基本知识和基本能力。根据课堂教学内容的基本要求，引导学生在课后自发寻找影视作品观看；根据教学目标，使影视作品的运用始终以该具体目标为中心；在思想政治课教学中，通过影视作品的合理恰当运用，让教育活动积极满足学生主体的需要，符合学生自身的实际能力和深层次的潜力挖掘。

5. 选用贴近生活的影视作品防止冲击过度

无论是什么形式的教学工作，都必须贯彻科学性和准确性两个基本原则。中小学生正处于成长期，其心理状态快速变化阶段，是整个人生变化的重要部分和体现。尤其对于高中生来说，他们的思维正在由具体运算阶段向形式运算阶段过渡的重要时期。前者是指他们可以根据具体的事物和材料做出自己的判断，但由于各种因素的干扰，他们可能会因认识不足而受到阻碍，从而影响他们正确客观的判断。而后者则是他们能够对一些具有深层意义的事情相互加以联系，从而相对理性地理解和分析。同时，高中生的思维也在不断深化，可以由具体形象的东西向比较隐形的逻辑性的思维发生过渡，辩证思维和创造性思维能力也得到了很大的发展，使他们的思维能力越来越成熟。高中阶段的学生群体逐渐变得感情细腻，心思缜密，自我观念比较重，有学习的冲动和热情，一些类型的影视作品自身的生动和直观以及浅显易懂，表意明确等特点，可以使学生打破空间的限制去感悟、体验和收获，最大程度地引起学生的学习兴趣，激发学生内部学习动机。

（二）影视教育教学流程

1. 影视教学在各教学环节中对学生的影响

（1）新课导入中运用影视作品，开启学生的思维，激发学习兴趣。良好的开端是成功的一半，新课导入若是能够生动新颖，不但能够起到联系教材，承上启下，创设情境的作用，而且能吸引学生的注意力，开阔学生的思维，激发学生的学习兴趣，促进学生积极思考，探索并快速进入学习状态。研究表明："人们通过听觉所获得的知识能够记忆15%，从视觉所获得的知识能够记忆25%，视听结合起来可以记忆65%。"[①]教育家于漪老师也曾这样讲过，在课堂教学中要努力培养和不断激发每一个学习者的兴趣，首先的关键就是应该抓住导入课堂这个起始环节，使学生在课程教学

① 钱家先、太俊文. 中学历史新课程教学论［M］. 昆明: 云南大学出版社, 2007: 28.

的一开始就被牢牢地吸引住。影视作品将人的视觉和听觉集中在一起，把影视作品应用于新课导入有利于增进教学效果。

例如，在讲授"权力的行使：需要监督"这一课题时，可利用电视剧《人民的名义》中反贪局长侯亮平等人逮捕国家某部委的项目处长赵德汉的桥段进行导课。剧情中的项目处长手握大权，权力本应为人民服务，但处长却用权力贪污敛财。通过这段视频，学生们了解了剧情，这时，老师可以提出这样一个问题："视频中的处长握着大权做贪污腐败的事情，这说明权力的行使需要怎样？"学生结合视频和问题，得出"监督"的结论，这就顺利实现了课堂的导入。

（2）在情景教学中加入影视作品，引导学生发现问题并解决问题，增强学生的理解能力。情景教学是教学中运用影视作品的一种方式，它直观生动，目的性强。一是吸引学生对课程内容的关注，引导学生到课程教学环境中发现问题。二是还可以将影视作品运用到情景教学中，让学生回顾旧的知识，温故知新解决新的问题。此时就需要教师在备课时就考虑到各种运用情景教学法会产生的各式各样的问题，在课堂教学中，教师还应注意对教材内容的讲解，必须在围绕教学目标的前提之下再突出重点。

"哲学生活"对学生而言比较难，在这一部分的讲解中，影视作品经常被用来促进学生对教学内容的理解。比如，在讲授"新事物的发展趋势"这一内容时，可借助纪录片《旗帜》中对中国共产党发展历程叙述的片段，让学生观看，并结合视频内容给学生讲解我党如何经过浴血奋战和艰苦探索最终成为带领全国人民实现中华民族伟大复兴的领导者。通过对我们党发展历程的阐述，可以使学生认识到事物的发展是前进性与曲折性的统一，进一步促进学生核心素养的形成。

（3）课堂总结中应用影视作品，使学生增强记忆、升华情感。课堂总结也可以称之为精华总结，其目的是帮助学生整理所学知识，了解自身知识的掌握情况，及时查漏补缺。从深层次的理解来说，课堂总结是为了总结一段时间以来思想政治课教学中提及的概念，发展的阶段特点和规律，让学生加深对理论知识的理解，增强记忆，升华情感，同时为新课的预习打下基础，为之后的学习做铺垫。

在讲授"源远流长的中华文化"时，原文表述是："中华民族是一个圆，周长可大可小，圆心无处不在，而半径就是汉字，汉字就是中华民族的向心力。"①可以截取纪录片《史说汉字》中的片段，让学生感受汉字的演变和汉字所承载的中华文化。最后，老师将视频与教学内容相结合，升华课程内容，进一步说明汉字是中华文明的重要标志，记录着源远流长的中华文化。

2. 影视在思想品德学科教学中的流程

如何在思想道德教育教学中合理有效地利用影视资源，避免课堂变成电影院，使学生从"看热闹"变成"看门道"。这些问题值得每位教师深思。但是必须肯定的是，只要使用得当，势必会产生乘数效应。

（1）课前准备

充分的课前准备是打造"有效课堂"的前提基础，要想大力发挥影视教学在思想品德学科中的积极作用，需要教师和学生通力合作，默契配合。

①教师课前准备

首先，钻研教材，了解学生。教材既是教师的教学材料，也是学生的学习资料，它不仅决定了课堂教学的内容，而且提供了教学活动的基本方法，是国家课程标准的具体化。要上好一堂课，必须把教材"吃透"。通过通读课本，了解课本的知识体系结构，明确本课内容与以往学习内容的联系和区别，只有对整册教材有一个整体把握，才能在教学中做到胸有成竹，不丢三落四。了解学生，才能做到"知己知彼、百战不殆"。学生是学习的主体，掌握学生的特点，了解学生原有的认知水平和操作能力，可以有针对性地进行教学设计，选择有效的教学方法。课前，教师可以走进学生中间，通过访谈和问卷调查了解学生对课程内容的兴趣度、知识储备、能力现状和关心的话题。

其次，明确目标，设计问题。教学目标是课堂教学的出发点和归宿，是教学活动的核心和灵魂，决定着教学内容的确定和安排、教学方法的选择和运用、教学效果的高低与优劣。美国教育心理学家布卢姆主张将教育目标分为三个目标领域：认知、情感和动作技能。之后，结合我国教育教学的实际，新课程将教学目标分为知识与技能、过程与方法、情感态度与

---

① 教育部普通高中思想课课程编写组. 思想政治3（文化生活）[M]. 北京：人民教育出版社，2016：30.

价值观三个维度。三维教学目标不是三个目标，而是一个问题的三个方面。它体现了新课程的基本理念，集中体现了素质教育在学科课程中培养的基本途径，集中体现了学生全面和谐发展，个性发展和终身发展的客观要求。在确定教学目标后，教师可以着手设计问题供学生课前预习时使用，学生带着问题阅读教材、查阅资料，不仅有了明确的目标，也为学生的自主学习提供了方向和指引。

最后，准备视频，构思教学。影视教学要求教师在课前大量观片、评片，不仅要把握影片的故事情节和思想内涵，还要认真思考如何更好地为教学过程服务。事实上，作为课堂的引导者，一言一行备受关注，视频资料更令学生耳濡目染，所以视频的准备环节是重中之重。完成课前准备工作后，教师可着手构思教学设计。教学设计应把握为完成教学目标服务、为提高学生知识水平服务的最高原则，结合影视教学的特点，将其引入思想品德课教学中。在授课环节大致由导入新课—提出问题—播放视频—合作探究—成果展示—观后活动—总结升华七大环节组成。

此外，由于影视教学的独特性，课堂观看环境也是教师需要提前考虑的问题。提供影视教学的学校，应当配备播放视频资源的相关设施，如多媒体教室、电视系统、计算机或者放映场所。另外教师还应提前确保相关安全保障是否到位，以保证学生在一个良好安全的环境中观看影片开展学习。

②学生课前准备

有效教学强调学生要有饱满的学习热情、强烈的求知欲和充分的课前准备。新课程一再强调学生是学习活动的主体，教师必须发挥"辅助者"的作用。为了更好地预习教材，教师应给予一定的指引和导向，如设计一些与教材内容密切相关的问题。此外，学生在预习过程中一旦遇到疑问，一定要明确标记，大胆提问。在教师讲授新课时带着问题去听、去想、去探究，往往会有事半功倍的效果。考虑到有学生担心提问丢人、碍于面子等原因，教师在准备材料时要多加鼓励，多加引导。

（2）授课环节

将影视教学引入思想品德课教学，并不是要用影视教学取代传统的教学模式，而是希望影视教学能在教学过程中充分发挥自身的优势，在导入新课、创设情境等部分发挥重要作用。

①导入新课

柏拉图认为良好的开端是成功的一半。导入新课在整个教学过程中意义非凡，如何让学生快速进入状态，把握课堂的每一分钟？在此，教师不妨将建构主义中的创设情境理论应用于教学实践。建构主义指出，教学环境中的"情境"非常有利于学生对所学内容的意义建构。"情境"的创设正是影视教学的独创性，通过影视资源跌宕起伏的故事情节、饱满丰富的人物性格、震撼刺激的视听效果，都可以帮助学生身临其境，加深体会。如，以人教版七年级下思想品德第三单元（做意志坚强的人）第五课（让挫折丰富我们的人生）第二框题"挫折面前也从容"为例，结合影视教学，教师选取了影片《一个独生女的故事》《背起爸爸上学》的片段，通过播放视频片段，使学生真切感受深陷"挫折"的残酷与无助，刺激学生感官和心灵，影片中的张鸣鸣和石娃面对生活中巨大的挫折会做出什么反应呢？强烈的猎奇心态和求知欲望催使学生迅速进入预设情境和学习状态，也为下一环节提出问题做了铺垫。

②提出问题

"读书先要会疑。于不疑处有疑，方是进矣。有疑而不疑者，不曾学，学则须疑。"这是晋代学者张载的读书名言，它充分说明学习是一个不断质疑和释疑的过程。从传统的教学观念来看，学生不能在课堂上随意发问。对学生的发问，教师一怕打乱自己的教学思路，二怕回答不了学生的问题有损自己的威望和形象。新课程要求教师发扬课堂民主，帮助学生树立"我是课堂的主人"的意识，树立学生"敢问"的信心。不仅学生要大胆发问，教师也应巧妙设问。

③播放视频

一部优秀的影片，包括引人入胜的情节、经典的对白、鲜明的人物性格、悠扬的音乐、美丽的画面，都能让观众走进艺术殿堂。在视频播放过程中，教师要帮助学生鉴别真与假、美与丑、善与恶，并及时记录学生或喜或悲、或怒或忧的情感变化在难点和重点片段，教师也可做一点拨，因利乘便，让学生学会赏析，并在过程中升华情感和主题。在播放《一个独生女的故事》《背起爸爸上学》这两段影片时观察，全班半数以上的学生都热泪盈眶，大家无不为张鸣鸣和石娃不畏挫折、乐观向上的生活态度折服。虽然这两部影片都是20世纪90年代上映的，但生活中的真实事件、人物间朴实的情感色彩、演员准确到位的表演、震撼心灵的视听效果，都是触动学生的不可缺少的元素，这也是影视教学能够帮助学生创设情境、融入教学、升华情感的原因所在。

④合作探究

"积极倡导自主、合作、探究的学习方式"是新课程倡导的理念之一。根据这一理念，教师在课堂上积极采用分组的方式进行合作学习。它体现了教育方法的多样性，突破了传统教学过分强调死记硬背和机械训练的弊端，体现了"新时代"课堂的活力。在教学过程中，有效地开展小组合作与探究活动，有利于学生体验尝试成功、寻找幸福的过程。在合作探究中，学生不仅要完成资料搜集、数据整理等工作，还要学会和同伴分享资源、互通有无、团队协作、通力合作。这不仅有利于培养生独立思考和团队合作的精神，还能充分调动每一位学生的学习积极性。

⑤成果展示

在进行"挫折面前也从容"的教学成果展示时，在小组选出"挫折王"后，三组同学换位会诊"挫折王"，最后，从每组中选出一名学生代表，向全班展示本组的讨论结果，并就手中的"挫折王"给出本组"会诊"意见。通过成果展示，不仅检验了学生对这一部分知识的掌握程度，还可以锻炼学生的口头表达能力和逻辑思维能力。通过小组展示不难发现，同一个问题在不同人眼中的难易程度很大，这就用实际行动和真实感受告诉学生，看待问题一定要全方位、多角度考虑思量，退一步海阔天空，凡事都会有解决的办法。同时成果展示也能加速学生将所学内容由知识层面向能力层面的转化。

⑥观后活动

在观后的活动中，要始终把握教师只是"导演"和"策划人"、学生是活动的"组织者"和"表演者"的原则，使影视教学成为学生展示自我、洗涤心灵、感受美、创造美的平台。因此，在观看影片、小组探究后，如何开展一系列有意义、有内涵、有品位的后续活动就显得尤为重要。在这一过程中，教师应注意建立友好平等的师生新关系，教学相长，注重因材施教，尊重学生，尊重个性，注重学生能力的培养，拒绝"死读书""读死书"的书呆子，实现从"坐中观看"向"做中体验"的转变是至关重要的。

⑦总结升华

教师结合整体教学设计和学生观影、活动成果总结发言，对学生自主学习、合作探究、成果展示进行评价，度指出不足。教师还需要对课程的全部内容进行总结，这不仅有利于学生对知识的回顾、查漏补缺，而且有利于提高教师的教学效率，促进教师专业能力的全面提高。

（3）课后反思

孔子曰：吾日三省吾身。一堂课结束，及时准确地开展课后反思，不仅能够回顾教学过程，查漏补缺，还能总结经验教训，不断提高。

①教师反思

教师反思包括确定内容、阶段及具体实施方法对学生的需要和满足这些需要的具体目标，以及实现这些目标所需的动机、教学模式和教学策略等它是对教育教学实践的再认识、再思考，并以此来总结经验教训，进一步提高教育教学水平。教师反思一直是教师提高个人专业水平的有效手段，也是总结和创新的最佳选择。

②学生反思

学生反思，顾名思义，就是通过学习者对学习过程的反思来进行二次学习的过程，包括自己的思维过程、思维结果进行再认识的检验过程。它是学习不可缺少的重要环节。当代建构主义理论认为：学习要在活动中进行建构，要求学生对自己的活动过程不断地进行反省、概括和抽象。显然，学习中的反思如同生物体消化食物和吸收养分一样，是别人无法代替的。

（三）影视教育对教师的要求

影视作品引入思想政治教育是一种新的教学方法，它不仅丰富了思想品德学科的教学方法，而且为教学一线的教师提供了新的思维空间。但是，这种教学方法的发展和实施还需要一定的实践条件。除了硬件设备的客观需要外，教师主观上还要求具备一定的专业能力。

对于这种新的教学方法，教师自然需要一种新的教学能力，具体包括熟练运用多种现代教学方法的能力；善于驾驭课堂教学的能力；使学生达到能力和知识双达标的能力，以及善于布置课内外作业的能力。

1. 抓学习

任课教师通过学习需要构建三种思想。第一，课程改革思想，充分发挥影视教学的魅力，让学生热爱学习；第二，以学生为主体的思想，使影视教学成为冲击传统教学的斗士，打破以往"教师中心论"的怪圈；第三，教师甘为辅助的思想，授之以渔才是教师的终极目标，所以必须明确自己在课堂上是为了更好地辅助学生学习的道理。当然，影视教学并不是对传统教学方法的全盘否定，拿接受性学习来说，它并不全是机械被动无意义的学习。从学生认知活动的角度看，它可以分为积极和消极两大类。而决定两者关键的是学生的学习态度、学习目的、学习方法、认知水平等。在新课改的春风中，教师队伍必须明令杜绝"填鸭式"教育，让学生主动学习、积极学习，因此选择学生喜闻乐见的影视教学法就是最佳选择。

2. 抓实践

鼓励任课教师多多开设影视教学，让其扩散到各个年级，在实践中不断发现问题，解决问题。这其中备课就变得尤为重要。在具体操作过程中，教师可分为三个阶段来进行：第一，课前备课，这是一种常规的备课方法，解决对教材理解、教学流程设计、教学重点和难点把握等一系列问题；第二，课中备课，发现教学过程中的问题及时调整教学计划。在新课程背景下，学生是学习的主人。如果课堂上教师的教学设计与学生的认知水平存在差距，教师应及时调整教学思路，而不是依然"照本宣科"；第三，课后准备，即教学反思。主要通过教学日志，反思教学过程，哪个环节设计合理，真正调动学生的学习兴趣。哪个环节设计不合理，学生容易被动学习。只有在教学过程中不断反思，不断改进教学，才能高质量、高效率地开展教学活动，并注意把教学经验理论化。

3. 抓科研

以往的课程安排具有既定性、凝固性和闭锁性，教师只是既定课程的实施者，缺乏对教材的自主选择和重组，缺乏对校内外各种教学资源的自觉广泛开发和对课程发展的创造性研究。在新课程背景下，在信息技术环境下，影视教学帮助教师突破课堂教学的封闭性，积极构建与日常生活的广泛联系，使教材与客观现实有机结合。将影视教学作为校本课程来开发，将影视资源与学科知识内容相结合，充分利用教研室的集体智慧，突破难关，充分发挥影视的良好引导、启发和示范作用，更有效地提高学生的人文素质，陶冶学生的情操心智，让学生得到全方位的锻炼。

4. 抓操作

要求任课教师熟悉影视教学研究的一般程序，包括选择子课题、制定研究计划、实施研究过程和进行研究总结。教师还必须具备通过学习整合课程、重组内容的能力，做到会选片、懂剪辑、能合成和巧播放。

5. 抓方法

影视教学具有信息量大、持续时间长的特点。电影是线性的，一气呵成，不能像教科书那样反复阅读。因此，一节课下来学生究竟有多少收获，观看就是重点。所以在观影中，要注意设置必要的"点拨"，这种点拨宜精不宜滥，否则会影响观看。教师要在难点上加以点拨，毕竟学生在情商和智商方面还有需要开发的地方。结合中小学思想品德课的要求，教师需要在情感升华的细节上给予学生暗示，让学生以点成线，以线成面，方可全面把握影片内涵。

有些教师在实际活动中，运用先进的教学工具与手段的实际操作能力还是相对比较差的。许多教师不能很好地明确终身学习的责任，在专业技能上有所失衡，因此，需要教师进行多方面的自我提升。一些具有代表性的媒体影视作品在思想政治课教学中的应用，有利于促进教学任务的完成和学生个性的发挥。这种作品在课堂教学中经历了多次筛选、不断编辑和拼接的再创作过程，直到最终在课堂教学中顺利播放，都会运用许许多多的计算机技术相关知识。但事实上，大多数中小学教师并没有计算机技术的相关知识储备。在实际的教学过程中，他们经常面临专业技术方面的一些实际问题，这就要求每位教师在备课过程中积极配合，教师要注重自身修养，搞好办公室文化关系，提高自身，也要帮助他人，互相帮助，这有助于教师在设计教学内容、创设教学情境方面投入更多的精力。

此外，教师的思维设计、构思课程和教学活动都应与影视作品的选择和使用相互促进，这不仅能促进教师逻辑能力和创新思维的发展，而且教师通过预先设定的教学形式，可以在适当的时间将预先选定的影视作品投入课堂教学，不仅有利于师生更深入地了解和认识选定的作品，同时也可以帮助师生在学习过程中加强对现代技术的应用和对素材的把握，最终推进专业方面的扩充。增强其对某一部分知识的熟悉程度，更加深教师对新技术的掌握，为教师的文化底蕴添砖加瓦。

（四）影视教育对学生的要求

将学生立于学习活动的主位是新课改的标志，它要求学生积极参与学习活动，把学生参与学习过程的意识、程度与学习成功、能力能够培养直接挂钩。因而面对新型教学方法，结合思想品德课标要求，对学生也提出了一些要求。

第一，总结复述，加深理解。学生在观影后，应尽量对影片的内容和主题进行总结和复述。在这里我们要注意三个方面：一是老师要引导学生观影后复述；二是抓住重点并不等于面面俱到，更无需刻意关注精准细节；三是学生可以向家长复述，这样不仅可以锻炼学生的口才，还可增强学生和家长的沟通意识，让家长也能参与到学生的道德教育中来。不过，复述电影并不是背电影，要引导学生思考影片的思想内涵和情感态度，抒发真情实感，可以谈谈对影片的理解，或尝试做一回影评家，对电影展开一番高谈阔论也未尝不可。

第二，自主学习，合作探究。针对新课程改革的要求，结合思想品德课的具体情况，在影视教学结束后，教师要组织学生进行自主学习和探究，结合自身学习生活来谈，由此及彼，最好是能举一反三，触类旁通。这里要注意的是，不能强迫学生的思想和观点是一致的。所谓一千个人眼中有一千个哈姆雷特，只要言之有理，都是可取的，都应该被鼓励和表扬。在这里，我们请老师和学生一起参加一些有意义的活动。在活动中协作学习合作探究，借助团队力量，学生可以独立完成思考，解决问题，举一反三。

第三，动手去写，整理收集。在完成前面步骤的工作之后，写作应该是水到渠成了。思想品德课虽然对学生的写作能力没有太多的要求，但当今社会需要学生的全面发展，教师应鼓励学生记下自己所说、所议、所想。然而，这种训练并不等同于语文课的作文训练，格式可以灵活多样，篇幅也可长可短。学生也可以随意写一点文字，几十字几百字都可以，关键是观点准确，思想健康。若要求过高，则会加重学生负担，影响情绪，事倍功半。

综上所述，将影视作品引入思想品德学科教学，一定要把握为学科教学服务、为提高学生综合能力的最高原则，将影视作品合理运用于思想品德学科教学中，让其在学科教学中发挥最大效用。

第六章 影视教育促进中小学思政 教育创新的途径

在新媒体技术的支持下，影视艺术的创作与传播呈现出新的特点。青少年熟练使用互联网、手机等移动终端，为影视教育提供了内容传播的渠道和效果保证。随着新媒体技术的全面参与，中小学影视教育获得了前所未有的发展空间。新媒体使中小学生获得了学习资源，但他们正处于价值观未形成的青少年时期，没有准确辨别内容优劣的能力，需要教师和家长的正确引导。因此，如何引导青少年正确选择影视教育资源，通过最优渠道获取精粹、剔除糟粕，是一个需要引起广泛关注的重要课题。"中小学影视教育的主要任务应是培养正确的观看习惯和影视艺术鉴赏能力，进行审美情趣的熏陶，提高艺术素养，以及借助影像进行思想教育，培养良好的人生观与道德观。"①融媒体时代，针对中小学影视教育的发展现状和存在的种种问题，就如何更好地以影视教育促进中小学思政教育，笔者提出以下创新途径。

一、创新原则

（一）要坚持马克思主义的指导地位不动摇

马克思主义是不断发展的，创新是其本质特征，是其永恒生命力的源泉。马克思主义理论具有与时俱进、不断创新的特点。这就要求我们把马克思主义的基本原理同中国社会的现实紧密结合起来，顺应世界和时代的

---

① 张武.影视艺术教育应该全面普及［J］.艺术教育，2007（09）：142.

发展变化，不断创新和丰富马克思主义在实践中的应用。思想政治教育必须以马克思主义为指导，思想政治教育内容的创新也必须坚持以马克思主义为指导。思想政治教育内容创新的实践过程反复证明了，只有坚持马克思主义的指导思想，创新内容就具有生命力，否则，创新内容就会失去存在的价值。

党的十六大报告明确指出："世界在变化，我国改革开放和现代化建设在前进，人民群众的实践在发展，这就要求我们必须以马克思主义的理论勇气，总结实践的新经验，在理论上不断扩展视野，作出新的概括。"①只有这样，党的思想政治理论才具有先进性，富有时代感，才能引导和激励全党全国人民奋勇向前，推动中国特色社会主义现代化建设伟大事业不断前进，实现中华民族伟大复兴的共同理想。改革开放以来，我们党继承和发展了中国特色社会主义理论，形成了新的理论成果，为中小学思想政治教育增添了新的内容。

因此，开展中小学生思想政治教育，创新教育内容，应针对中小学生思想活动的差异性和多样性，坚持贴近实际、贴近学生、不断丰富的原则，用富含时代特色的马克思主义理论成果武装他们的头脑，增强马克思主义的说服力，在青少年学生中树立坚定的信念，真正巩固马克思主义的指导地位。

（二）要充分把握好时代背景与时代主题

经济全球化是当今世界的潮流，正在深刻影响着世界各国。经济全球化是中国特色社会主义现代化建设的现实背景，在这一背景下，把握时代特点，不断拓展和创新思想政治教育内容，是新时代思想政治教育的必然选择。

在全球化背景下，思想政治教育内容创新要牢牢把握和平与发展的时代主题，思想政治教育必须为社会主义现代化建设服务，坚持"以人为本，德育为先"的教育理念，培养德智体美劳全面发展的社会主义建设者和接班人。我们要深刻认识到，中国融入全球化进程，既是机遇，也是挑

---

① 十六大报告辅导读本［M］. 北京: 人民出版社，2002.

战。关键是我们在与西方文明的碰撞中吸收和抛弃了什么。鲁迅在谈到"拿来主义"时，就明确指出，面对外来文明，要取其精华，弃其糟粕。也就是说，要把发展中华民族的优良传统同积极研究世界其他文明结合起来。在这个过程中，我们应该互相学习，互相借鉴，取长补短。这就要求思想政治教育内容的创新，吸收人类文明在这个伟大时代背景下创造的一切优秀文化成果和进步思想，不断推动思想政治教育内容在世界视野中的发展。

江泽民同志曾指出："一个民族、一个国家，如果没有自己的精神支柱，就等于没有灵魂，就会失去凝聚力和生命力。有没有高昂的民族精神，是衡量一个国家综合国力强弱的重要尺度。"[1]因此，在全球化大背景下进行思想品德教育内容创新，我们更要重视爱国主义教育内容的拓展，以增强中华民族的自信心和凝聚力。

（三）要从学生的最大实际出发

思想政治教育的主要目的是对学生进行有目的、有计划、有组织的教育和引导活动，把社会所要求的政治准则、思想观点、道德规范和心理品质内化为学生的思想素质。由于学生认知能力、个体思维和心理状态的不同，他们接受教育的能力也不同。作为认知主体的学生能否接受思想政治教育，取决于教育内容是否适合其心理年龄和接受教育的能力。开展学生思想政治教育，内容创新应立足学生实际，根据学生的年龄特点和思想差异，遵循青少年身心成长规律，有针对性地完善思想政治教育内容。

如果中小学生思想政治教育内容与学生的实际情况不符，势必导致教育实效性不强，教育缺乏吸引力和说服力。比如，当社会环境和时代内容发生变化时，我们不能仅仅用一个宏观而深远的目标来教学生怎么做，而忽视从点滴小事做起，从现在做起，这会让学生觉得说教很枯燥，失去他们的信任，甚至助长他们的叛逆心理。时代变迁了，思想政治教育的内容也要与时俱进。要引起青少年学生的共鸣，增强思想政治教育的实效性，就要针对"时代人"进行具有时代感的思想政治教育。

---

[1]　中共中央宣传部编.毛泽东邓小平江泽民论思想政治工作［M］.北京:学习出版社,2000:14.

如果思想政治教育的内容与学生的实际相违背，那么教育成效显而易见是不高的。在改进思想政治教育内容中，常常会出现这种情况：把少数人和成年人达到的目标作为未成年学生的普遍要求，认为目标设定越大，学生的思想教育可达到的水平和境界就越高，事实并非如此。另外，教育内容的抽象化也影响了年轻人的理解，过于抽象的理论会导致意识形态的排斥，难以产生认同感，结果导致那些高深的纯理论与中小学学生的实际认知能力相差甚远。

改革开放以来，我国社会发生了巨大变化，青少年伴随时代一起成长。社会结构的变化导致思想、意识和行为方式的变化，必然促进思想政治教育内容、形式和方法的创新。但在思想政治教育内容创新上，必须充分考虑青少年年龄、思想观念和心理结构的变化。在思想政治教育内容创新过程中，要紧密结合中小学生的实际情况，使教育内容合理化，思想政治教育才能有的放矢。

（四）明确影视资源选择依据

几乎所有教师在使用影视资源后都认为，资源选择与获取的困难是使用影视素材最大的难题。的确，是否使用影视资源？使用什么类型的影视资源？如何获得影视资源？如何获取更优质的影视资源？这些问题都是决定最终使用效果的关键，需要教师的认真考虑。因此，教师首先要明确选择依据，缩小选择范围，提高选择效率。

依据一：教学目标

教学目标作为整个教学过程的指导思想，既是教师教学方法和教学活动内容的控制阀，也是学生学习知识、选择知识内容的指南针，更是教学资源类型和资源内容选择的指导目标。因此，教学目标是影视资源选择的首要依据。只有满足教学目标的影视资源才能辅助有效教学，否则对教学效果的影响只会适得其反。

依据二：教学内容

同一学科，各单元教学内容不同，所选影视资源类型也不同。虽然影视素材作为视听结合的教学资源，具有形象性和直观性的特点，但各种影视资源类型有其自身的特点和不同的教学功能。因此，教师需要根据教学内容的特点选择与之相契合的影视资源。

依据三：教学对象

选择怎样的教学资源作为辅助教学的材料，其出发点和落脚点都是为了学习者更好地学习，能否达到资源使用的预期效果，需要学习者在自身的学习活动中体现出来，而作为学习活动主体的学生在每个阶段都有不同特点的认知结构，因此形成了不同的学习准备状态和学习风格，"思想品德课的对象是有思想的人，是立体的、多侧面的人"[①]。因此，了解学生在各个阶段的认知特点，对于选择适合学生学习的影视资源具有重要意义。根据皮亚杰的儿童认知发展理论，与处于"具体运算阶段"的小学生相比，处于"形式运算阶段"的初中生（12～15岁）的思维能力发展更快，抽象思维逐渐占主导地位，但与高中生相比，这种抽象思维能力仍然需要感性经验的直接支持，其思维方式也处于经验型。

总之，教育者可以根据教学目标、教学内容和教学对象来选择思想政治教学材料，这样不仅可以大大缩小影视资源搜索的范围，提高影视资源选择的效率，保证所选影视资源与教学目标的高度一致，辅助课堂教学，提高教学效果。同时，通过对教学目标的深入解读、对教学内容的深度思考、对学生的细致观察，能够提高教师影视资源应用能力，获得教学的专业成长。

二、创新内容

随着思想政治教育内容的不断创新，新修订的《全日制义务教育思想品德课程标准（实验稿）》对义务教育阶段思想品德教育内容进行了重新整合，将内容分为四大部分，即心理健康教育、道德教育、法制教育、国情教育。从思想品德教育的内容特点看，它强化了中国特色，突出了时代特征，体现了国际视野，坚持以人为本。但是，中小学思想政治教育内容的创新是没有止境的，展望未来，思想政治教育内容一定会紧跟时代步伐，以先进的德育理念引领和创新发展。

---

① 陈国祥. 进入角色与教学艺术——思想品德课教学初探［J］. 镇江师专学报（社会科学版），1988
（01）：103-105.

（一）更加面向生活实际

归根结底，青少年良好思想品德的形成来自生活。要让学生在热爱生活、理解生活、感受生活中形成自己的道德品质，学会过一种有品质的生活，而不是脱离现实生活，在抽象说教中培养青少年的思想品德。在思想政治教育内容的创新和发展上，坚持以人为本、以生活为基础的路线，注重青少年道德品质的培养与日常生活的紧密联系，克服长期以来思想品德教育与现实生活相脱节，忽视学生个体道德体验的做法。

（二）更加服务于人的生命成长的需要

党的十六届三中全会明确提出了"以人为本"的战略思想，对于思想政治教育来说，以人为本就是要求思想品德教育内容应该服务于人的生命成长的需要。思想政治教育内容的创新和发展要顺应教育的需要和时代的发展，贴近中小学生的个体生命，关心他们的生命状态，注重他们对生活的体验态度，让中小学生学会尊重生命，珍爱生命，促进学生健康成长。

（三）更加尊重中小学生成长的规律

目前，我国实行九年义务教育，从入学到完成基础教育，学生年龄跨度较大，认知能力不断变化和提高，生理和心理变化较大。因此，思想政治教育的内容必须符合中小学生的成长规律，在不同的认知年龄进行不同的思想政治教育。因此，思想政治教育内容的创新应符合中小学生成长的认知规律和思想品德形成的规律。

（四）更加关注德育发展中的现实问题

思想政治教育与社会发展息息相关，没有良好的社会环境作为基础，思想政治教育就不容易开展；反之，思想政治教育脱离社会现实，不能关注社会，不能为社会发展提供动力，培养出来的青少年就很难适应现实社会的需要。因此，随着时代的发展，思想政治教育的内容将更加具有方向性和实效性，能够积极响应时代和社会发展对思想政治教育的要求，进而为青少年学生思想道德水平的发展做出进一步的贡献。

（五）充分挖掘影视载体的潜在价值

影视作品应当丰富思想政治教育的形式、创新思想政治教育的内容。影视载体集文学、美术、音乐、绘画、建筑等于一身，因其强大综合艺术特征具有多重审美度。[1]影视艺术的视觉化、逼真化表达，恰恰填补了思想政治教育形式单一的缺口，新颖的形式激发了受教育者的主观能动性，改变了思想政治教育的模式和观念。随之而来，教育内容也面临着如何培养受教育者的自我辨别能力和自主选择能力等新问题和新任务。影视载体推动和促进思想政治教育的实施，应充分挖掘影视载体的潜在价值，使之更好地为思想政治教育服务。

（六）加强影视教育课程建设

在融媒体时代，中小学影视教育应以提高学生艺术素质为目标，全面加强影视教育课程建设。除了传统的一对多线下课程外，借助先进的新媒体技术，在线慕课、微课等形式可以广泛融入课程体系，鼓励学生开展多元化学习。制定中小学影视教育体系标准，以指导编制全国通用的应用教材，开展影视教育的教材建设。在鼓励教材标准化的同时，要特别关注中小学影视教育的差异性，无论是纸质读物还是多媒体教材，都要针对不同年龄段的青少年有所侧重与区分。此外，要充分考虑中西部地区的区域差异、城乡发展差异，因地制宜、因材施教。

三、创新途径

（一）树立科学的教育理念

"理念，即指导行为的最基本、最核心的思想认识，它既体现着对行为及其结果的理想性认知和理想性追求，也包含着对相应行为的坚信和持守。"[2]科学的教育理念是教育工作得以采取有效教育方法的基础和前提，

---

① 沈涛. 利用红色影视对大学生进行中国梦教育的政治与文化价值[J]. 经济师, 2016（03）：188-190.
② 骆郁廷主编. 当代大学生思想政治教育[M]. 北京：中国人民大学出版社, 2010：72-73.

做好融媒体时代中小学影视教育与思政教育工作，首先要确立科学的教育理念。在新的时代背景下，坚持人的全面发展、服务立德树人、在改革中创新，是中小学思想政治教育应该坚持的基本理念。

1. 坚持人的全面发展理念

马克思和恩格斯在《共产党宣言》中描绘共产主义伟大理想时，向全人类宣告："代替那存在着阶级和阶级对立的资产阶级旧社会的，将是这样一个联合体，在那里，每个人的自由发展是一切人的自由发展的条件。"[①]并指出："每一个人都无可争辩地有权全面发展自己的才能。"[②]全面发展包括思维能力在内的人的一切能力，把人的全面发展作为社会主义社会的基本特征之一。依据马克思主义关于"人的全面发展"理论，人的全面发展可以理解为"人的体力和智力的充分、自由、和谐的发展，实质上就是人类社会从必然王国向自由王国的过渡，它强调的是人的社会化程度，即整个人类社会在经济、政治、文化各方面的全面发展"[③]。也就是说人的全面发展是人在物质生活、精神生活、身心素质等方面都实现发展。人的全面发展不仅是共产主义社会的本质体现，也是建设中国特色社会主义社会的本质要求和奋斗目标，中国特色社会主义的各项事业，既要满足人民的物质需求，又要实现人民素质的提高，也就是要推进人的全面发展。在当今世界知识经济和科学技术对社会影响越来越深远的背景下，国家间的竞争、社会中人与人的竞争都日趋激烈，个人自身素质的高低就成为竞争的关键。只有全面发展的人才才能掌握竞争的主动权，站在决胜的制高点。习近平指出："要把人才工作抓好，让人才事业兴旺起来，国家发展靠人才，民族振兴靠人才。"[④]对于中小学教育而言，就是把培养全面发展的青少年作为教育的最终目标，因此，要在中小学思想政治教育过程中贯彻人的全面发展理论，实现青少年德智体美劳全面发展。

中小学思想政治教育要坚持人的全面发展理念，注重青少年人格的塑造，帮助青少年实现健康成长，为全面提升青少年的综合素质提供精神

---

① 马克思恩格斯选集（第一卷）[M].北京：人民出版社，1995：534-535.

② 马克思恩格斯论教育（修订本）[M].北京：人民教育出版社，1986：55.

③ 谭蔚沁.论马克思"人的全面发展理论"与大学生创业教育[J].思想战线，2009（05）：139.

④ 民族振兴靠人[EB/OL]. http://news.xinhuanet.com/politics/2013-08/29/c_117144699.htm.

支撑。中小学思想政治教育要充分发挥应有的作用，以满足青少年精神层面的需求，养成良好的道德品质和行为习惯，使其健康成长。当前丰富的物质生活使有些青少年过于注重物质需要而忽视精神需要，助长了拜金主义、享乐主义、极端利己主义等不良风气，导致精神空虚，道德滑坡。这需要积极的人生价值观的引领，通过优秀影视作品辅助思想政治教育，教育和引导青少年抵御社会不良风气的思想侵蚀，推进青少年思想道德素质的提升，为青少年的健康成长保驾护航。

2. 坚持立德树人理念

继党的十七大报告提出"坚持育人为本、德育为先"的理念之后，党的十八大报告更是深化了这一理念，将立德树人确立为我国教育的根本任务。党的十八大报告明确指出："把立德树人作为教育的根本任务，培养德智体美全面发展的社会主义建设者和接班人。"[①]这就是说，立德树人体现了我国教育的本质，是教育的立身之本，是新形势下各级各类学校思想政治教育的根本任务所在。"树人"是指培养合格人才，是要通过教育去培养人、改造人和发展人，使青少年健康成长，把青少年培养成国家和社会发展所需的人才；"立德"是树立良好道德，通过道德教育来感化人、引领人和激励人，为塑造人才服务。因此，在立德树人的教育根本任务中，"立德"与"树人"二者紧密相连。一是"树人"是"立德树人"的根本，指明了教育的根本目的和价值追求。这也是教育的目标方向所在，即教育要以育人为本，就是要把青少年培养成为身心健康、德才兼备的优秀人才，培养成有理想信念、又红又专、德智体美全面发展的社会主义合格建设者和可靠接班人。二是"立德"是为了"树人"，德育是培养人才的重要方式和途径，"树人"需要"立德"，只有"立德"才能真正达到"树人"的目标。没有"立德"的"树人"会偏离教育的正确方向，有才无德的人可能会对社会发展有害。教育就是需要培养具有社会主义道德的人才。三是"树人"要先"立德"，教育要坚持"育人为本，德育为先"的基本原则，体现了德育在教育中的首要地位和价值选择。中小学教育也要把道德教育置于整个教育过程的中心环节，处于学校各项工作的首要位置。

---

① 胡锦涛. 坚定不移沿着中国特色社会主义道路前进　为全面建成小康社会而奋斗——在中国共产党第十八次全国代表大会上的报告 [M]. 北京: 人民出版社, 2012: 35.

以"立德树人"作为教育的根本任务，既是对中华传统文化中教育思想的传承，又是对党的与时俱进的教育理念的遵循。我国古代很早就有关于"立德"的教育意识，《左传》中有"太上有立德，其次有立功，其次有立言，虽久不废，此之谓不朽"的观点，古人把培养良好的德行、树立崇高理想，能够建功立业、事业有成和著书立说、形成自己的思想体系视为人生的终极追求，而这三种追求中居于首位的就是立德，这充分体现出古人对道德追求的重视。《管子》中有古人最早对"树人"的认识："一年之计，莫如树谷；十年之计，莫如树木；终身之计，莫如树人。"可见，古人早已看到培养人才的重要，并一直坚持"人才必有高尚道德追求"的教育思想。

为了保证社会主义建设事业后继有人，为国家和社会发展提供可靠的人才保障，党的教育方针始终坚持"育人为本、德育为先"的理念。2019年3月18日，习近平在学校思想政治理论课教师座谈会上的重要讲话，发人深思、令人难忘："国无德不兴，人无德不立。立德树人，是教育事业发展必须落实好的根本任务。"[①]2018年9月10日，全国教育大会在北京召开。习近平发出号召："要把立德树人融入思想道德教育、文化知识教育、社会实践教育各环节，贯穿基础教育、职业教育、高等教育各领域，学科体系、教学体系、教材体系、管理体系要围绕这个目标来设计，教师要围绕这个目标来教，学生要围绕这个目标来学。"[②]中国共产党一以贯之这样的教育理念，即培养社会主义事业所需人才为根本，突出道德教育的目标，把德育放在各项素质培养的首位，把立德树人作为教育的根本任务，并为我国社会主义事业的建设和发展培养了一批批宝贵人才。

（1）贯彻立德树人的教育理念，要求中小学要把思想政治课摆在首要位置。习近平强调，办好思想政治理论课，最根本的问题就是全面贯彻党的教育方针，解决好培养什么人、怎样培养人、为谁培养人这个根本问题。因此，思想政治教育要从小学抓起，从娃娃抓起。中小学校要充

---

① 以习近平同志为核心的党中央关心教师队伍建设纪实_人民网河南频道 http://www.henan. people. com. cn/n2/2019/09.

② 以习近平同志为核心的党中央关心教师队伍建设纪实_人民网河南频道 http://www.henan. people. com. cn/n2/2019/09.

分重视和运用思想政治教育的重要作用，立足思想政治理论课，让教师明确全学科渗透思想政治理论教育的课程意识，让学生从小树立正确的人生观、价值观、世界观，夯实立德树人的基础。 现在，一提到思想政治理论教育，部分老师会认为这是初中以上学生关注的事情，对于小学生而言，太抽象、太笼统，他们根本不理解，小学应该注重行为习惯教育。 其实，这是一种误解，万丈高楼平地起，不论是小学阶段的学生，还是初中、高中、大学生，都应该加强思想政治理论教育，只是侧重点、教学方法不同，其目的就是让学生从小树立健康、正确的思想，明确自己的人生目标和担负的责任。

（2）贯彻立德树人的教育理念，就是把思想政治教育融入学校教育的全过程，要求学校除了要做好教育育人的工作，还要通过履行管理育人、服务育人的职责，实现全员育人、全程育人、全方位育人的良好效果。通过学校的管理和服务，把思想政治教育贯穿于学校日常管理的各个环节，渗透于中小学生学习和生活的各个方面，实现全程、全方位的培养。引导学生树立正确的人生观、世界观和价值观，完善自我教育并贯穿于整个学习生活中，在科学严格的管理和细致入微的服务中，在学生学习和生活的一点一滴中，有效开展中小学生思想政治教育工作。

（3）贯彻立德树人的教育理念，学校领导和教师除了要通过思想政治教育使学生"立德"，还应使自身先"立德"。立德树人中的"立德"应该是双向的，师德对学生的示范引领作用不容忽视。以习近平新时代中国特色社会主义思想为指导，全面加强中小学思政课教师队伍建设，教育部、中央组织部、中央宣传部、财政部、人力资源社会保障部等五部门于2019年10月印发了《关于加强新时代中小学思想政治理论课教师队伍建设的意见》，明确指出："严把选聘政治关、师德关、业务关，让有理想的人讲理想，有信仰的人讲信仰，师德高尚的人讲思政课""加强思想政治建设，建立中小学思政课教师轮训制度，着力加强对马克思主义理论、师德师风、形势与政策的学习教育"[①]。思想政治课教师不但有传授知识学生的责任，还有引导和教育学生树立远大理想和养成良好道德品质的使命。

---

① 教育部等五部门印发《关于加强新时代中小学思想政治理论课教师队伍建设的意见》_中国政府网
　　［EB/OL］. http://www.gov.cn: 8080/xinwen/2019-10/14/.

教师是学生成长的领路人。正人先正己，立德先立师，教育者首先要自觉加强自身的道德修养教育，身教甚于言传，教师应注重正面教育示范，用自己的模范行为给学生做表率，用自己的人格魅力感染学生，以德立身、以德施教，这将对学生的精神引领和良好行为习惯养成起到更加明显的效果。

综上所述，学校只有落实立德树人的理念，把思想政治教育放在教育工作的首要位置并融入学校教育的全过程，从小培养学生的优良的道德品质，促进学生全面健康成长，为国家和社会培养具有良好道德自律能力、德智体美劳全面发展的中国特色社会主义事业的合格建设者和可靠接班人。

3. 坚持在改革中创新的理念

改革创新是推动人类社会进步和民族发展的强大精神动力，改革就是变革旧事物中不适宜的东西，除弊兴利；创新，就是创造新的事物，弃旧图新。人类文明发展的历史，就是靠着改革创新而变得丰富多彩和不断进步。中小学思想政治教育也要坚持改革创新的教育理念，以教育的理念、思路的改革创新，带动教育内容、教育模式和教育方式方法的改革创新，把中小学影视教育与思想政治教育有机融合，是符合时代要求、提升教育的实效性、做到与时俱进的需要。

中国共产党以改革创新的精神，把中国的革命、建设、改革事业不断推向前进，使改革创新逐步凝结成为中国人民认可的时代精神核心。中国共产党从领导革命开始，就勇于突破创新，坚持把马克思主义中国化，反对教条主义，确立实事求是的思想路线，找到中国革命的规律，形成了毛泽东思想，以此作为指导中国新民主主义革命胜利的思想武器。新民主主义革命胜利以后，中国共产党人重视在社会主义建设实践中的创新，在坚持马克思主义基本原理的同时，没有照搬照抄苏联经验，初步探索社会主义建设道路，并为发展中国特色社会主义积累和提供了重要借鉴。改革开放以来，中国共产党人解放思想，坚持实事求是，带领中国人民进行改革开放的实践，提出了邓小平理论，开创了中国特色社会主义发展道路，提出改革创新对民族和国家发展的重要作用。中国共产党在理论和实践上大胆改革创新，在经济、政治、社会、文化、生态文明建设等方面不断变革，使中国特色社会主义事业取得了巨大成就。党在领导中国人民革命、建设和改革中不断坚持改革创新的理念，这对人们产生了巨大影响，极大地调动了人民群众建设社会主义的积极性、主动性和创造性，逐步形成全社会追求变革、奋发向上、敢于创造的进取风尚，改革创新成为时代精神的核心。改革开放以来，改革创新精神激励我国在各方面发展取得的成就举世瞩目，没有改革创新，社会就难以发展，时代就难以进步。如今，改革创新更是大势所趋，人心所向。改革是决定当代中国人命运的关键。全面深化的改革，让我们不再故步自封，奋起直追，解决发展中的现实问题，利用好发展机遇，实现全面建成小康社会和民族的伟大复兴。创新是民族的灵魂，是引领发展的第一驱动力，创新可以让我们在新一轮科技革命和产业变革中抢占先机，可以加快实现经济强国的目标，实现经济持续健康发展。改革创新精神激发了人们革故鼎新的勇气，创新创造潜能，让人们更快接受新事物，敢于变革敢于竞争，极大促进了人的全面发展。

改革创新广泛存在于社会主义建设的方方面面，有力推动经济、文化、社会、理论、生态文明、党的建设、制度、科技等各个领域的发展进步，中小学思想政治教育发展同样需要改革创新的强大动力。改革创新是学校的灵魂，思想政治教育同样需要以改革创新的理念为先导，引领影视教育改革创新，来不断推进影视教育在中小学思想政治教育中的深化进程。缺少改革创新精神的教育，就像一潭死水，缺少灵性和活力，影响教育成效。在社会物质生活极为丰富的今天，如何进行思想政治教育是需要不断改革创新的，要根据不同的时代特征、社会背景、生活环境，进行影视教育与思想政治教育的有效融合，在内容、形式、方法、手段、环境和评估机制等方面不断变革创新，满足青少年成长的实际需要，增强工作时代感和实效性，促进青少年的健康成长和全面发展。

4.树立融媒体发展理念，紧跟融媒体发展步伐

"理念"是运用融媒体发展中小学思想政治教育的前提。融媒体是随着网络技术的发展而逐渐产生的一种新型主流媒体，它"通过理论构想和实践操作，将分属于传统媒体和新媒体的实体媒介进行融合，使其功能、手段、价值得以全面提升，实现单一媒体到多媒体，平面传播到立体传播的传播转变"[1]，融媒体形态的变化是新时代进步的必然结果，融媒体的传

---

① 杨武成、姚海田、于露.融媒体视域下大学生思想政治教育现状及应对策略[J].高教学刊,2016(20).

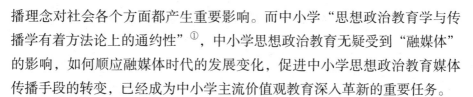

播理念对社会各个方面都产生重要影响。而中小学"思想政治教育学与传播学有着方法论上的通约性"[1]，中小学思想政治教育无疑受到"融媒体"的影响，如何顺应融媒体时代的发展变化，促进中小学思想政治教育媒体传播手段的转变，已经成为中小学主流价值观教育深入革新的重要任务。

（1）将"融媒体"概念渗透到中小学思想政治教育领域

2014年12月，"融媒体"这一说法第一次被《光明日报》刊登出来，并逐渐进入公众视野。到目前为止，普及率还不是很高，有调查资料显示，通过对288份调研问卷分析得知，表示自己知道"融媒体"的占有23%，而表示自己根本不知道什么是"融媒体"的仍有77%。可见，大多数受访者对"融媒体"的概念都很模糊。另外，47.57%的被调查者表示，他们对"融媒体"的认知是通过该问卷首次获得的，这也说明当前有部分人对融媒体并不是很了解。当然，也有52.43%的人通过报纸杂志、微博微信等新兴媒体、周围的人以及学校讲座等方式获得了对"融媒体"的认知。

从以上数据可以看出，要想利用融媒体在中小学进行思想政治教育，首先要传播融媒体的概念，必须要打开中小学思想政治教育的"大门"，让融媒体的概念进入受众的视野。可以邀请从事融媒体相关工作的专家，向思想政治教育专职教师或相关人员做有关融媒体的学术报告，发挥"议题设置"的重要作用。比如，2017年12月，东北石油大学党委邀请《光明日报》融媒体中心专职副主任孙明泉博士到该校做了学术报告。孙明泉博士以"媒体融合 AND 融媒体报道——以光明日报的实践为例"为题，详细讲授了媒体融合升华为融媒体的过程，以及融媒体的传播特点、方式以及效果等，并与学校以及各个学院的师生代表进行了深度的交流。东北石油大学的这一做法使得参与的教师很快熟知融媒体，并快速在工作中进行传播。以此为鉴，在当前中小学思想政治教育对融媒体认识不深的情况下，寻找相关专业人士进行解读和传播，为中小学思政教师打开了解、认知、熟悉、认可和操作融媒体知识的大门，对于提高中小学思想政治教育的教师媒介素养具有十分重要的意义。另外，鼓励学校思想政治教育的领军人物学习研究融媒体相关内容，发挥"意见领袖"的重要作用。

---

① 王贤卿.论传播学受众理论与思想政治教育创新[J].思想理论教育导刊,2009(11).

（2）树立中小学思想政治教育"大数据"信息传播理念

树立中小学思政教育"大数据"信息传播理念，强化互联网思维。维克托·迈尔–舍恩伯格等人在《大数据时代》一书中对大数据作出的界定为："一种前所未有的方式，通过对海量数据进行分析，获得有巨大价值的产品和服务，或深刻的洞见。"[①]"大数据"时代的信息处理系统能够对庞大的数据进行存储和分类。融媒体将"大数据"信息传播作为其传播理念之一，影响着社会的各个领域。在融媒体背景下，中小学思想政治教育要求得生存和发展，就要树立"大数据"信息传播理念，强化互联网思维。为此，具体方法如下。

① "正确的教学理念是教学质量的保证。"[②]融媒体的发展强化了网络大数据的利用，而传统教育工作者基于思想政治教育自身"严谨性和严肃"的特点，在思想政治教育的传播过程中，即使做了PPT这种CP展现形式，也仍然照本宣科，不敢大胆创新具有特色的教学方法，这是中小学思想政治教育工作者故步自封的表现。在融媒体时代，中小学思想政治工作者必须把大数据发展的理念放在首位，这印证了维克多的理念，即大数据可以为人们获取新知识、创造新价值提供前提条件。与教育相比，"大数据"是寻求新的教学理念、新的教学方法，并把握学生视野的重要基础。在此背景下，慕课（MOOC）教学成为一种重要的选择。

② "慕课（MOOC）是在线开放课程模式的一种独特类型，这一术语出现于2008年，并迅速普及、扩张、进化。"[③]慕课是中文名称，意思为大规模的开放式在线课程，它的基础在于"On Line"，即互联网。它是一种全部通过网络传播的教学形式，通过整合海量信息资源，形成一个完整、有趣、互动性强的课堂模式。在这种模式下，思想政治教育的传播者逐渐转变为"观察者和引导者"，而不是"教育的灌输者"。

① ［英］维克托·迈尔–舍恩伯格等著,周涛等译.大数据时代生活、工作与思维的大变革［M］.杭州:浙江人民出版社,2013:4.
② 赖丽萍."媒介融合"视域下高校学生思想政治教育问题与对策研究［J］.黑河学院学报,2017(1).
③ ［英］斯蒂芬·哈格德、王保华、何欣蕾.慕课正在成熟［J］.教育研究,2014(05).

（二）实现影视教育与中小学思政教育课堂教学的有效融合

把受学生欢迎、贴近现实生活的影视资源引入课堂，让学生欣赏、思考、分析，实现思想政治教育与影视的有机结合，是一种值得推广的教学模式。思想政治学科与影视资源的整合，可以有效推进思想政治学科课堂教学改革。优秀的影视作品作为一种超文本的教育形式走进课堂，促进了教师教学方式和学生学习方式的改革，使学生的兴趣和经验受到重视。学习方式呈现出开放性、社会化、主体化的特点，体现"一课一节一空间"的教学实效性。具体而言，"一课"是指思想政治课；"一节"是指创设影视戏剧节，通过丰富多彩的校园文化活动，如模仿、表演、拍摄、歌唱比赛等，将思政课堂理论内容用实践的方式展现出来，达到理论与实践相结合，实现寓教于乐的目的；"一空间"就是通过课堂、影视戏剧节、打造影视思想政治空间，对学生进行思想政治理念的传授。将影视资源引入中小学思想政治课堂，通过小课堂，展示大风采，增强学生的视野，拓展学生获取知识的渠道，提高学生综合素养，树立正确的世界观、人生观和价值观，培养全面发展的社会主义建设者和接班人，真正实现影视教育与中小学思想政治教育有机融合的教育实效。

1.积累、整合思想政治学科影视资源库

影视资源的利用必须以新课程改革为基础，影视资源进入思想政治课堂，改变了教科书作为单一课程资源的局面，而且，影视资源的利用相对具有可操作性和经济性，丰富的影视资源为教学活动的开展提供了大量的素材。以高中思想政治课为例，思想政治学科必修部分有《经济生活》《政治生活》《文化生活》《生活与哲学》四本教材，每节课都有相对独立的学习主题。思想政治学科组教师可以就每一个主题开发出相应的影视素材库，实现课对课影视素材点播，这些影视素材又可分为几类：直接对应每课主题的整部集影视；直接对应每课主题的影视片段集锦；间接对应每课主题的延伸联想类影视。比如以《经济生活》中第二课"多变的价格"为例，与之相对应的影视资源有很多，比如《经济生活半年追踪：涨涨跌跌的背后》《"姜你军""牛魔王"卷土重来？》《猪肉大跌刺痛了谁？》等视频素材，教师可以根据自己本课的教学设计灵活选择视频素材。学科影视资源库是一个庞大的系统，需要教师在长期的教学实践中不断积累和更新。至于影视资源的来源，可以从以下几个方面着手：一是锁定电视重点栏目，收集影视素材资源。对于经济生活部分，教师可以锁定《经济半小时》《央视财经评论》《经济信息联播》《中国财经报道》等栏目，这些栏目都是对当前经济生活热点问题的分析和解读，与经济生活的教学内容密切相关，具有很强的时效性。二是从纪录片、教学片、科教片、专题片等知识丰富、使用方便的教学资源中，收集整理与教学相关的资源。在中央电视台的公开课网站上，有丰富的教学视频，覆盖了小学、初中、高中和大学，还有一些增长见识的微课堂，非常适合学校教学。三是微电影、广告、歌曲等影视资源。这种影视资源的应用价值往往是隐形的，只有在特定的教学情境中才能发挥其教育功能，这就要求教师认真挖掘、剪辑出具有教育意义或能辅助教学的内容。

2. 利用影视资源进行教学导入，活跃课堂氛围

孔子曰："知之者不如好之者，好之者不如乐之者。"有经验的教师总是在课程开始时就能抓住学生的兴趣，让学生在课程教学中体验学习的乐趣。良好的开头是成功的一半，精心设计的教学导入如同乐章的序曲，增强教学的吸引力。影视资源的画面感容易吸引学生，有助于激发学生的兴趣，吸引学生的注意力。

通过观察，在影视资源得到合理利用的课堂上，学生们情绪饱满，注意力特别集中，在教师的指导下，学生能有效地掌握信息，教学双边互动积极。与传统的教学方法相比，利用影视的课堂的生动性和趣味性增强，有利于提高教学效果，也能使学生通过影视资源增加生活阅历。

例如，高中思想政治课《经济生活》第一框"企业的经营"这一内容，教师可以选用纪录片《公司的力量》来导入新课，但是，由于课时的限制，这部纪录片需要教师进行加工和创作，剪切其中集中展示公司的作用的部分以及经济学界杰出人物对公司的看法部分，可以充分调动学生对公司这一组织的兴趣，然后带着问题进入下面课程的学习。虽然在一些常规的课堂上，教师也会用到数据展示、名人名言来导入新课，但效果并不十分显著。学生观看后往往不会留下深刻印象，而同样的内容通过视频资源展示出来，效果就不一样了，图文并茂及视觉冲击刺激了多种器官，将

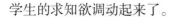

学生的求知欲调动起来了。

3. 利用影视资源创设教学情境，提升教学效果

传统教学依赖于语言的描述和文本的解读，学生对知识的掌握主要依靠抽象的逻辑思维，从理解和记忆两个维度完成对知识的学习。将影视资源引入到教学活动中，这种有声的画面形成对学生全方位的刺激，具有直观性的特点，可以调动学生多方面的情感，达到更好的教学效果。利用影视资源创设的教学情境，可以直接解读所学知识，让学生了解知识应用的实际情况，对突破重点难点、升华学习主题起到积极作用。在高中思想政治课《经济生活》第十课"实现全面建成小康社会"中"全面建成小康社会的新要求"这一目，教师一般会让学生畅想"心目中的全面小康社会"，这一内容比较抽象，用文字表述的愿景在理解上显得不透彻，不利于记忆。教师如果让学生观看视频《奔向小康生活美丽中国》，真切地给学生展示出全面小康的美丽蓝图，通过视频资源将抽象的、概念性的知识点具体化，有利于学生对知识点的记忆。同时，一个富饶、美丽、各方面文明有序的美丽中国铺陈在学生面前，有助于学生增强对小康社会的认同感和使命感，使教学三维目标实现有机结合。

4. 处理好教师、学生、教材与影视资源的关系

影视资源与思想政治课教学的整合，实现了教学方式和学习方式的转变。要充分发挥影视资源的积极作用，就必须处理好教学过程中教师、学生、教材和影视资源的关系。

第一，影视资源在教学过程中的使用不能取代教师的主导作用的发挥。影视资源的使用应作为辅助教学的手段，而不是整个教学过程。教学过程的组织和调控仍应由教师来完成。"瞬时性"是影视资源的一个特点，如果将影视资源像放电影一样在学生眼前一闪而过，授课效果会大打折扣。因此，要真正发挥影视资源的作用，教师需要在备课上下足功夫。首先要熟悉教材内容，明确教材的重点和难点，把突破重点和难点作为课堂教学的基本框架，然后找出与教学内容或重难点相关的影视资源，经过鉴别、比较和筛选，确定要使用的影视资源，然后整合这些资源完成教学设计。一个好的教学设计取决于教师的主导作用。影视只是一种可以为我所用的资源，但是如何利用它，利用什么，都是由教师决定的。如今一堂

课所能利用的影视资源比较多，可是一堂课毕竟时间有限，观看一段长的影片大多情况下是不可取的。这就要求教师精心选择，选择最符合教学目标的资源，必要时使用软件进行剪辑优化处理。另一方面，要合理掌握放映时间和时段。

第二，影视资源在教学过程中的使用不能影响学生的主体性的发挥。在运用影视资源教学中，教师不仅要追求感官的激发，更要重视培养学生学习的主动性和创造性，激发学生学习的内在动力，注重运用学生对影视的思考和观点，引导学生多层次、多维度地分析影视材料，加深对所学知识的理解。在教学过程中，可以多样化地利用影视资源，调动学生的积极性和参与性。除了观看，还可以以学生角色模拟和自编短剧的形式进行。教师也可以事先将学习内容安排为预习任务，让学生自拍一些短片融入课堂教学。在实践的过程中有利于深层次把握知识，有利于理解知识的应用情境，这样学生的主体性凸显出来了，而且寓教于乐的学习效果会更好。

第三，教学过程中运用影视资源不能忽视教材。随着现代教育技术的发展和多媒体教学设备的更新，方便了教师对影视资源的运用，但也存在着影视资源运用不恰当的现象。只求新意热闹而忽视了教学内容，这样的课堂往往教学效果不佳。在利用影视资源时，也要注重对教材的把握，实现教材与影视资源的有效整合。如高中思想政治课《经济生活》第五课"企业经营与发展"这一目，教材设置了三个探究活动，如果所有的探究活动都是在教学中进行的，一方面教学时间难以保证，另一方面使紧密联系的知识孤立、缺乏系统性，但这一目属于重难点内容，需要学生能够清楚地理解和掌握。有教师选取综合反映公司成功经营的视频《海尔砸冰箱事件》，让学生重点探究、深入挖掘，将公司成功经营的三个影响因素都提炼出来，尤其在探究"诚信经营，树立良好的信誉和企业形象"这一主题时，这个视频资源更有说服力。这样视频资源的使用做到了重点突出、主题明确，也围绕教材展开，使知识、能力、情感态度价值观三维目标得到了落实。

总之，影视资源和任何事物一样，是一把"双刃剑"，关键在于角度的把握和利用的程度。影视资源的利用应该服务于教学目标和内容，而不仅仅是为了活跃课堂。影视资源的利用应服务于学生拓展知识、身心健康

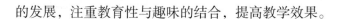

的发展，注重教育性与趣味的结合，提高教学效果。

（三）开发影视文化校本课程，鼓励学生影视创作

1. 建立影视文化校本课程资源库

首先，教师可以根据不同的主题对对影视片进行分类整理。例如，教育部推荐改编的世界名著系列、中国历史、中共党史系列、古罗马古希腊文化系列、古犹太教、圣经故事系列、世界名人传记系列、奥斯卡最佳影片系列，地球人类共同话题系列和其他影视片系列，分门别类，初步构建影视资源网络体系。

其次，结合各学科的学习需要，分学科归类，将网络上的一些微课程、精品公开课、优质课视频划分到各学科门下；还可以根据综合活动课程的需要，建立兴趣爱好、成长课堂等视频资源库。

2. 构建"以学生为中心，以体验探究为主线，以实践为落脚点"的教学模式开设影视文化校本课程，使其真正达到德育渗透的目的，除了有丰富的影视资源外，还必须构建合适的教学模式。

首先要考虑教学内容，即选择什么样的作品进入影视文化课，选取时要以学生为中心，选取内容健康、风格高雅、具有教育目的的优秀影视作品。选择作品的方式有很多，或者根据一段时间内思想政治活动的主题，选择相应范围的影视作品，如励志、放飞理想、奋发向上类，亲情感恩、师生情深、朋友互助类；或者以有影响力的人物为主题，把那些真正影响世界历史进程、引领当今社会发展、思考人类未来生存的人物的影视资源引入课堂，介绍他们的事业和成就；或者以一定的文化范围为对象来选择电影，比如选择不同国家的电影，了解世界各地的风土人情和文明的演变，可以拓展学生的知识面，了解世界各国的优秀文化，培养宽广的胸怀和包容精神，培养成为国际公民的良好素养。

影视文化课的授课方式也可以多样化，以体验探究为主，重视学生主体性的发挥。除了传统的讲授和观影的方法外，教师可以采取活动体验、讨论感染等方法，教师在教学活动中主要扮演组织者、引导者和服务者的角色。活动体验法，运用活动丰富影视文化课程内容，使影视文化课程成为一门综合性课程。将影视课与影视戏剧节活动、主题班会、座谈会、知

识竞赛、演讲诵读、诗歌创作等文化活动结合起来，引导学生以多种形式深入学习领会影片中的精髓。在组织丰富多彩的影视活动的同时，要加强对影视评论活动的指导，通过撰写影评、影视鉴赏、观后感等，让学生思考内化情感。鼓励指导学生动手制作短视频、拍摄微电影、影视模仿、影视原创等新型教育方式。讨论感染法是指开展具有理性思辨色彩的辩论会、讨论会等。结合影视传达的人生价值观、理想信念等内容，组织学生进行讨论和辩论，通过观点的表达，实现思想的碰撞、情绪的感染和人格的升华。

影视文化课立足于实践，解决好影视文化课与其他思想政治教育活动的关系，使影视文化课与学校日常思想政治教育工作实现良性互动，以影视文化推动思想政治教育工作，以思想政治教育活动包容影视文化。

3. 以媒介素养教育减少影视作品负面影响

影视具有丰富的德育资源，同时，它以中小学生喜闻乐见的方式呈现，使学生在愉快的情感陶冶中完成道德教育。然而，随着社会上各种思想文化的激荡，影视作品的负面影响不可小觑。对于中小学生来说，由于好奇心强、自律能力辨析能力也显不足，因而在观看影视作品的过程中，更多地处于被动的角色。比如：一些影视作品让学生过早地进入成人的世界，童真童趣过早地消失；影视作品中有不少暴力血腥的内容，造成学生生命价值观的淡漠，缺乏生命的敬畏感；低俗娱乐节目降低了学生的审美情趣；一些商业广告扭曲了学生的消费观，校园中攀比风日益盛行；都市剧、偶像剧误导了学生的人生价值观，使学生精力分散，不能专注于学业；改编类历史剧颠覆了历史，学生对史实形成错误认识；不恰当电视舆论模糊了学生的道德价值观等等。[①]在这种影视主导构建的媒体环境中，影视对中小学生受众的影响日益深入，中小学生媒介素养教育需跟上这样的变化发展。

媒介素养教育是一种指导中小学生正确理解和建设性地享用媒体资源的教育，一种着眼于帮助中小学生获得对于媒体信息独立自主的批评能力和辨别能力，充分认识媒体的商业功能的教育，中小学生媒介素养教育

---

① 周韵.电视传媒对青少年价值观影响探析［D］.南京师范大学, 2007.

不仅是时代的必然趋势，也是中小学生成长的迫切需要。分析影视文化所传递的多重信息和价值，做出正确的判断和选择，是信息时代的要求。因此，媒介素养教育应成为信息时代学校教育的内容，为信息时代学校思想政治提供有力支撑。要培养中小学生的影视鉴别力。影视鉴别力是经验、知识、思维、观念等综合反映，它包含着对影视信息的事实判断和价值判断。因此，中小学生影视鉴别力的培养应从以下两个方面入手：一是科学人生观的教育，增强对影视作品的思想内容的鉴别力；二是辩证思维能力的培养，学会全面分析当代影视作品。教师要从影视作品入手，借助中小学生喜欢看的影片，了解学生的想法和爱好，积极融入学生的生活世界，与学生交流，了解学生对一些影视作品的理解，从而掌握学生喜欢某些类型作品的原因，有针对性地引导学生正确对待影视作品。

4.鼓励面向青少年的影视创作

《关于加强中小学影视教育的指导意见》指出："教育部、中共中央宣传部定期举办全国中小学生电影周活动和影视教育论坛。各地教育行政部门和学校要积极开展校园影视教育活动，通过电影赏析、电影评论、电影表演、电影配音、微电影创作、影视节（周）活动等，营造浓厚校园影视文化氛围，让中小学生在看电影、评电影、拍电影、演电影中收获体会和成长。"

近年来，我国电影产业发展迅速，2018年全国电影总票房达到600亿元。但其中真正适合青少年、对青少年有益的电影并为之接纳的电影很少。《熊出没》《喜羊羊与灰太狼》之类的动画电影对青少年来说过于低幼，而其他类型电影又较为成人化，电视亦是如此。影视作品的目标受众呈现出严重的断层态势。在这样的背景下，应通过政策引导、产业扶持等方式鼓励并推动面向青少年的影视创作。

举办电影节和电影赛事，可以提高青少年主动参与电影拍摄、评论和剧本创作的积极性，同时比赛获奖也可以增强青少年对于电影的兴趣和信心。比如，英国First Light电影节中就涌现了一批批优秀的青年电影导演。可以通过青少年电影作品，了解这个时代青年人的思维看法。通过电影赛事的实战比赛，一方面可以提升青少年电影经验和对电影的理解，也可以通过作品来审视和评价当今青少年的思维想法，发掘未来电影产业的预备人才。获奖作品可以通过网络展示和播放，增加媒体报道，提升青少年电影节的影响。

（四）提升教师影视教学能力，完善教师培训体系和考评机制

1、组织专题学习，增强知识储备

影视资源教学的应用技能是指通过网络搜索下载资源，截取、选择影视作品的技能，以及利用课堂多媒体教学设备使用影视资源的能力。在信息时代，在网络这个无限与开放的空间中，信息飞速传播并迅速增长，处于网络化时代的人们，更是倍感海量的信息资源足以将人"淹没"。面对如此庞大的资源宝库，教育者要从中选择与教学实际匹配的教学材料，细致选择与思想品德教学契合的科学影视资源，需要运用一定的计算机能力对所选资源进行剪切与整合，最后熟练使用教学设备将资源应用于课堂教学中，培养"健康的媒介批评能力，从而使其能够充分利用媒介资源完善自我，参与社会发展"[1]。这些都需要教师不断增强自身知识储备，提高应用水平，确保对影视资源的有效利用。

学校和教师可以通过多种途径开展关于影视资源应用的专题学习，提高教师影视资源的应用技能。首先，以学校形式，组织教师参加影视资源应用集体培训，开展系统的应用技能学习。这样既能保证知识学习的完整性，又能在短时间内提高教师影视资源的应用技能。其次，以专题短训班的形式，开展网络专题训练，有针对性地对获取或者剪辑能力进行培训。这种形式具有很强的自由性，可以满足教师碎片化学习的需要。每个教师都可以根据自己的实际情况，集中精力重点学习自己欠缺的技术。总之，教师需要不断提高自身在影视资源方面的应用水平和专业技能，不能让影视教学变成"放电影课"，要学会从优秀的影视资源中寻找能够帮助学生进步的点，而不是扔一部影片给学生后自己就高枕无忧[2]。

2. 开展教研活动，钻研应用技能

教研即教学研究，是教育者总结教学经验、研究教学方法、发现教学问题和创新教育模式的重要途径。在教学研究活动中，教育者以研究者

① 张志安、沈国麟. 媒介素养：一个亟待重视的全民教育课题[J]. 媒介素养研究, 2004（05）：11-13.
② 雷钢. 教育信息化视野中的视频资源创建与利用[M]. 成都：电子科技大学出版社, 2010：22.

的身份参与教学研究，通过交流和分享，促进教学成果的整合与提升。因此，为了能够凝聚广大教师的智慧和经验，及时进行教学反思，不断提高影视资源的教学应用水平，学校要开展丰富的教研活动，为教学提供学习交流的平台。

目前，依托计算机网络技术的发展，教研活动可以不仅局限于传统的教研形式，还可以充分发挥互联网的优势，促进传统教研与网络教研的优势互补，培养教师线上线下结合的混合式交流学习模式。网络教研是随着现代网络技术的发展和应用而产生的一种新的教研模式，依托计算机网络技术开展网络教学与研究，是促进教育信息化和教育现代化的有效途径。积极参与网上教研，学习优秀案例，不仅可以凝聚广大教育者的智慧，共同探索影视资源的应用技能，还可以起到示范影视资源成功应用案例的作用，激发教师资源使用的热情。

此外，网络教研可以实现跨区域的资源共享和经验交流。影视资源作为教学资源在中小思想政治教育中的应用研究尚处于起步阶段，各地区发展存在差异。在我国东部地区，影视资源的应用比较成熟。上海、广东等地的学校积累了丰富的应用经验，取得了丰硕成果，形成了行之有效的应用模式。例如，广东省中山市沙溪中学深入开展了运用影视资源开发德育课程的实践与研究，于2014年被评为"全国电影课研究示范学校"。经过多年的实践，沙溪中学在影视教育方面已经具备丰富的成功经验，创建了专门的影视德育素材库，同时将影视的德育效应延伸至教师队伍培训、家长学校教育、学生主体班会活动等。这些成果通过网络教研的方式分享至其他地区的学校，得到最大限度的推广，支持广大教师的提升和发展，促进教研再生力。

为了保证教研活动的有效性，可以从以下几个方面入手：一是利用现有的平台，组织专题教研活动，增强网络教研的针对性，开展影视资源的教学与应用专题研究，钻研"优课""名师"中与影视资源应用相关的案例；二是制定教研制度，结合学校的实际情况，提出教研活动的具体操作方法与实施思路，切实抓好教研过程；三是加强传统教研与网络教研的配合，丰富教研活动的组织形式。

3.重视影视教育的师资队伍建设

在影视作品的选择中，教师的作用举足轻重，直接影响到中小学生的影视接受内容。目前，中小学影视教育师资在数量和质量上都不能满足实际需要。全面加强中小学影视教育，首先要把师资队伍建设作为工作的重中之重，重视影视教育师资队伍建设，包括师资数量和质量。一方面要加强专业人才培养，如影视专业大学毕业生的定向输送；另一方面，要加强现有教师的继续教育，提升其专业技能，如建立一套中小学影视教师培训标准，定向培训中小学影视教育的从业教师。

4.科学评价影视资源应用效果

（1）制定影视资源应用评价方案

在传统教学中，学习资源相当于给定的教材与辅导材料，因此教学评价很少涉及学习资源。但是，随着多媒体教学的普及和课堂网络的接入，教师的教学资源和学生的学习资源不再局限于固定的教材和辅导材料，"教"和"学"资源来源广泛，影视资源在教学中已成为独特的辅助材料，呈现出取之不竭的趋势。为了更好地选择适合教学目标的影视资源，检验影视资源的课堂运用效率、效果和效益，及时调整影视资源的使用策略，应制定相应的教学评价方案，以新课程改革"发展性教师评价"为指导思想，构建科学的应用评价体系。

首先，明确了影视资源在中小学思想政治教育中应用的评价原则。影视资源的应用实质上是一种教学活动，对其效果和质量的测定与判断应遵循以下原则：第一，可测性原则。评价体系要具体、可操作，评价的要素要具备可观察、可感受的特点。二是科学性原则。评价体系的设计要符合教育学和教育心理学的规律，符合影视教学资源的应用特点，符合中小学思想政治教育教学实际。第三，指导性原则。在评价方案的设计上，需要考虑是否能引导教师正确使用影视资源，帮助教师不断提高应用效率。

其次，完善中小学思想政治影视资源教学应用评价的内容。受传统课程资源观念的影响，随着多媒体教学方式的普及而被广泛使用的影视资源，在大多数情况下只是作为吸引学生注意力的手段，而不是教学资源的更新升级和教学方式的创新，从而导致资源运用效果不理想。要突出影视资源优势，挖掘影视资源的教育价值，在进行应用评价时应当多角度测评影视资源的应用情况，不仅要从资源本身的质量来评估，还要结合影视资源与教学主题的契合度，教师运用影视资源与教学过程的结合度等来综合考量影视资源的应用效果。

最后，制定相应的课堂影视资源评价量表，为运用影视素材的课堂提供运用参考和依据，"教师的意图、对教学媒体的理解、教学媒体使用和知识的关联，都可以通过特别开发的量表进行分析"[1]。评价量表是课堂教学评价的重要工具，在传统的课堂教学评价中，量表评价法是最常用的评价方法通过将设定评价指标，评价等级，使评价者在评价过程中能够对照教学实际，逐项给予对应的级别判定，以表格的形式清晰、全面、具体地展示了对被评价对象的要求。通过量表评价的方式对影视资源课堂使用情况进行评价，不仅可以提高影视资源应用的教学质量，提高教师资源开发的效率，指导影视资源的选择，同时也有利于促进影视资源在教学中的应用推广，通过公正、科学、客观、量化的评价结果，肯定课堂资源运用的成效，促进教学者的应用反思，深化教研者对影视资源的应用研讨。

（2）建全影视资源应用反馈渠道

获取学生对影视资源应用的反馈信息，是提高中小学思想品德课影视资源应用质量的重要环节，对于尚未形成应用模式的新增资源来说具有重要意义。影视课堂中学生的应用反馈信息获取经常处于零散、随意的状态，通常都是教师采用口头询问的方式获得一些碎片化、不集中的反馈，缺乏系统性和代表性。对于初中小学思想品德课中影视资源应用的学生反馈可以采取多种途径加以展开。

第一，观察学生在观看影视资源过程中的反应，及时获取课堂反馈信息。在中小学思想政治教育教学中，经常出现影视资源的应用目标与实际应用效果不符的现象。"大众媒介的非中心化和交互性增加了控制和管理思想政治教育活动的难度。"[2]主要表现为：①学生被视频内容所吸引，注意力分散，偏离教学内容。教师在选取影视片段时常常希望选取的材料是学习喜爱的，能够在第一时间抓住学生眼球的，因而精心选取广受观众

[1]　张海、王以宁、何克抗. 基于课堂视频分析对信息技术深层整合教学结构的研究 [J]. 中国电化教育, 2010（11）: 7-11.

[2]　胡忠青. 未成年人媒介素养教育策略刍议 [J]. 教学与管理, 2005（05）: 42-43.

欢迎、好评不断的视频素材。然而，中小学生的自律能力较差，容易被简单活泼的事物所吸引，未必能自觉从视频中获得有效的教学信息。② 学生的接受能力和选用的资源类型之间存在矛盾。某些影视作品就其作品本身而言既好又卖座，是公认的优秀作品，同时也能与某些思想品德内容相契合，但是却不适宜低年级学生观看。比如，前几年最受欢迎的国产电影《战狼》，可以作为爱国主义教育的片段，但血腥的场面却让很多初中生、小学生难以接受。③不同班级对同一影视素材的教学反应存在差异。同一年级的学生有相同的特点，但是人各有异，面对学习情况不同的班级，影视资源也会呈现出不同的应用效果。以上情况在教学过程中得到不同程度的体现，因此，教师在应用过程中需要对这种情况有高度的认识，能够随时观测学生的学习行为，并根据教学实际情况调整影视资源的教学应用模式。

第二，中小学思想政治教师利用课堂或课后时间征询学生意见。教师可以通过多种方式询问学生对影视资源在课堂上的应用效果的感受。一方面，当应用影视资源辅助教学在课堂上受阻时，及时询问学生，也可以在课后通过书面形式、问卷形式、网络通信形式获得学生关于中小学思想政治课堂影视资源应用的建议和要求。

第三，课后由学生家长和同学反馈学生观看完影视片段后的思想行为变化。"人的品格最初源于模仿"①，影视作品中传播的思想观念，呈现的行为方式往往能够成为中小学生争相学习的对象。学生在日常观影过程中，会模仿自己认同的思想和行为。在影视资源应用于课堂之前，学生的这种改变没有人进行专门的引导，因而可能造成错误的思想行为被学生认可的情况。课堂使用的视频片段是经过老师精心挑选、内容健康科学的影视作品，同时在观看过程中由思想品德课教师进行引导，因此，通过家长和同学反馈学生观看后思想行为的变化情况，能够侧面了解课堂上影视资源应用的效果。

（五）用影视教育助力丰富多彩的校园文化建设

文化是学校的血脉，是师生的精神家园，对学生的成长起着潜移默化

---

① 杨素云.利用影视资源开展核心价值体系教育的思考［J］.教学与管理, 2013（03）: 29-31.

的作用。加强校园文化建设，以健康、有益、丰富的文化生活丰富师生的精神世界，是学校传承和创造文化的应有之义。影视资源对学生的思想观念、价值取向和道德情操有着潜移默化的影响，如果学校能够抓住这一教育契机，对于用核心价值体系引领学生、形成奋发向上的校园文化具有独特的作用。优秀的影视资源使学生在观影中积累阅历、积淀素养。影视作品创作植根于时代土壤，必须从社会生活中汲取养分，校园文化建设也应与时代紧密相连，二者在时代精神方面的共同性要求使得我们可以用影视资源为校园文化的建设添砖加瓦。

一些优秀的影片可以为学校精神文化代言，每一所学校都有自己的校训，这是对学校精神内核的诠释，学校可以选择符合校训的相关影片，组织学生观看，用生动的电影画面诠释校训的内涵，比单纯的说教效果要好。选择具有经典价值的优秀影片作为教学资源，引入各学科的教学活动中实现对各学科的常规教学方式及内容的补充和完善，让学生在观看人类优秀电影的过程中，潜移默化地接受熏陶，促进了学校内涵与品位的提升。

利用校园广播或校园电视台这一平台，由学生自己负责采、编、播、主持等工作，结合学校思想政治教育主题，及时报道学校里的新人物、新事件、新活动，多角度、全方位展示学生丰富多彩的生活和活动，使之成为学生自我展示、自我教育的阵地。校园文化建设要引导学生参与进来、指导学生行动起来，使学生感动起来。校报、校刊、广播电视、校园网、橱窗板报等校内媒体，是展示学生昂扬风貌，为学生提供活动的最佳平台，影视资源可以利用这些平台发挥积极作用。

广大教育者可以拓展原有影视资源的获得途径，一方面，可以在各大平台上选择合适的影视资源。另一方面，可以大胆尝试结合教学实际自制影视作品，创作不同思想品德课主题的微影视。比如，2017年5月20日，中央电视台财经频道组织的大型内容众筹纪录片征集活动，鼓励全民参与记录拍摄，只需要用手机拍摄上传，每个人都可以成为导演，每个人都可以成为故事的主角，全面展现人们的获得感、荣誉感和自豪感。在此活动的号召下，成都附属小学六年级二班拍摄了以共享单车为例的"诚信你我他"活动视频，视频中教师通过手机拍摄了学生们自制的"红领巾诚信卡"以及学生参与活动的全过程，充分展现了学生主人翁意识，巧妙地发挥了影视创作的德育效果。

诚然，作为一种新的教学尝试，教师自制影视资源必将面临诸多挑战。如何让自制的校园影视从无到有，从有到优，需要不断地尝试与长时间的积累和探索。然而，教育信息化进程极大地推动了数字化学习资源的建设，"数字化学习资源"包括以多媒体课件和 CAJ 为例的课件类，以典型课例、教学设计方案、各类试题为例的案例类，以及多媒体素材类、文献资料类和信息化学习工具类。其中多媒体素材类就包括本书所谈的影视资源。对数字化学习资源的建设丰富了教学影视资源共享平台，也促进了中小学影视资源的制作。可以通过戏剧节、话剧节、电影节或电影评论、剧本比赛等校园文化活动，来增强校园影视文化特色，校园影视资源的最大特点就是极具教育针对性，同时能够最大限度地彰显各校特色，成为学校教育中的一大亮点。如浙江省教育技术中心组织开展了浙江省中小学影视资源征集活动，广泛征集了校园专题类影视节目、校园综艺节目、课本剧等影视资源。

（六）充分调动社会资源辅助中小学影视教育

1. 国家层面

（1）政府发挥主导职能，加强影视教育政策制定实施

我国青少年电影教育还处于探索期，仅仅靠民间自发的力量来推广，无法保证青少年电影教育得到正规而持续的开展。因此，政府必须提高对青少年电影教育的重视，充当领导者的角色，利用政府特有的强制性和权威性，为推广青少年电影教育创造适当的社会环境。加强关于青少年电影教育的法规规范，加强对政策实施的效果监督。

（2）优化推荐片目

国家教育部门应设立专家组，开展讨论会，广泛征集电影教育家、高校教师、电影从业者和中小学教师等的意见，进而制定出更科学、最具教育意义的电影，片目数量以百部为佳。推荐的影片应纵横兼顾，纵是纵观我国传统优秀的电影，横是注意国别的跨度，不能只关注当下热门电影，也不能只选择国产优秀电影，更不能盲目推崇外国经典，要保证兼容并蓄。同时，电影的主题应该更加全面。当今的青少年思想成熟较早，低龄

童稚化的电影已经不能对青少年产生很好的教育作用，反而那些反映社会现实、折射人性以及真挚的亲情、友情的影视作品更能引起青少年的反思与共鸣。推荐的影片片目应每隔几年更新一次，不是在之前基础上的不断增加，是有取舍地替换，从而避免片目数量过多而导致的选片茫然。

（3）加大对电影教育的资金投入

经费问题是制约青少年电影教育实施的关键性的现实问题。国家加大对电影教育的投入，第一要完善中小学基础设施建设，保证观影条件，在校园内建设多媒体教室，基础设施建设也有利于其他教学工作的开展；第二要保证片源的到位，提供高清正版的电影资源；第三给予学校适当的自由资金支持，使学生有机会到电影院或电影制作单位，切身感受电影的魅力，或让学校组织其他相关的电影教育活动。

2. 社会层面

（1）实现电影教育的自下而上，奠定深厚的群众基础

目前，我国中小学生家长、教师和学生自己仍以基本课程为主要学习目标，缺乏对青少年电影教育价值的科学认识，这导致我国青少年电影教育的普及推广没有受到充分的关注，无法形成广泛的社会影响。因此，媒体要加强对于青少年电影教育的普及和宣传，联合影视制作公司、新闻媒体等社会力量，鼓励各类影视制作公司摄制面向中小学生的科教片或故事片，丰富影视教育资源，社会媒体加强电影教育实施的报道和曝光率，转变群众固化观念，让更多的人认识到电影教育的重要性，拓展青少年电影教育的群众基础，关注并参与到青少年电影教育中来。

（2）成立相关组织协会，对青少年电影教育采取针对性措施

我国青少年电影教育在社会层面的建构严重匮乏，英国青少年电影教育的广泛社会性值得我们借鉴。除了皇家授权的英国电影协会外还有 Film Blub、First Light、Into Film 等专门从事电影教育的组织机构。社会组织可以从点到面，以星火燎原的势头实现青少年电影教育的大范围推广，扩大电影教育的惠及面，而不同类型的电影协会可以为会员提供有针对性的指导和培训，实现一对一和面对面的交流。社会组织成立可以先以一个地方为试点，然后逐步在全国范围内开展，比如英国的Film Club，组织活动应注重与电影行业对接，使电影教育更具实践性。现阶段，我国真正参与青

少年电影教育的社会团体和机构，无论在数量上、规模上还是影响力上，仍然无法承担起推广青少年电影教育的重任，仅仅依靠政府和学校来提升青少年电影教育的影响力是远远不够的，需要更多社会组织协会的积极参与和良性互动。

（七）发挥红色经典影视作品的爱国主义教育功能

1.红色经典影视资源概念

红色经典是指"1942年以来，在《延安文艺座谈会上的讲话》指导下，文艺工作者创作的具有民族风格、民族做派、为工农兵喜闻乐见的作品。"①本书对红色经典影视资源概念的界定建立在红色经典概念界定的基础上，"影视"是电视剧和电影的合称，本书中是指思想政治教育的课程资源。红色经典影视中蕴含着丰富的思想政治教育价值，可以作为中小学思想政治课程资源加以利用。

2.红色经典影视资源的类型

红色经典影视资源的内容广泛，根据内容的不同，可以将红色经典影视资源大致分为以下三种类型。

（1）重大历史事件题材

重大历史事件题材主要是指反映中国革命、建设和改革时期重大历史事件题材的红色经典影视作品。作为时代发展的记录方式，红色经典影视作品全面、完整地展现了中国共产党领导全国各族人民进行革命、社会主义建设和改革的光辉岁月。重大历史事件题材的作品在"红色经典"影视作品中占有较大比重。比如，反映毛泽东领导武装斗争和秋收起义的影视作品有周康渝执导的《秋收起义》，反映张学良和杨虎城为了达到一致抗日的目的而发动"兵谏"的"西安事变"的影片有成荫执导的《西安事变》，反映毛泽东为了避免内战、实现全国的团结统一与蒋介石进行谈判事件的影片有李前宽、肖桂云执导的《重庆谈判》，反映1949年新中国成立的影片有李前宽执导的《开国大典》，反映1978年改革开放以来我国的重大历史事件和辉煌时刻的影片有《归途如虹》《永恒之火》《筑梦2008》等。

---

① 孟繁华.众神狂欢——世纪之交的中国文化现象［M］.北京:中央编译出版社,2003:55.

（2）重大战争题材

抗战题材主要是指侧重于反映重大历史战争的红色经典影视作品。以重大历史战争为主题的影视作品是红色经典影视作品的重要组成部分。红色经典影视作品反映抗日战争时期、解放战争时期以及新中国成立以来的自卫战争等，侧重于对战争事件、战争过程、战争结果的拍摄以及军事行动的展示。抗日战争时期，中国共产党和国民党都为抗日战争的胜利作出了贡献。反映抗日战争时期重大战役的作品有《长沙保卫战》《百团大战》《血战台儿庄》《忻口战役》等；在解放战争时期中国共产党一步步由战略防御转入战略反攻，经历了辽沈战役、淮海战役、平津战役、渡江战役等，取得了最终的胜利，反映解放战争时期的重大战役的作品有《渡江战役》《大决战三部曲》等等。尽管新中国成立以后，基本上处于和平发展时期，但是仍然有局部战争和军事冲突，反映新中国成立以来自卫战争的作品有《上甘岭》《我的战争》《英雄坦克手》《珍宝岛之战》等。

（3）重要人物题材

重要人物题材主要是指反映革命英雄人物以及为社会主义建设和改革作出较大贡献、以人物为主的红色经典影视作品，这些作品大都以国家领导人、革命英雄人物、为人民服务的优秀中国共产党员等为国家建设和发展作出巨大贡献的人物塑造为主。反映我国领导人的影视作品有《毛泽东的故事》《周恩来》《彭大将军》等；反映新民主主义革命时期革命英雄人物的作品，他们身上所展现出来坚定的理想信念和为了国家大义不畏艰难险阻甚至牺牲的精神，对生长在和平年代的人们仍然有情感的触动和心灵的震撼，如《刘胡兰》《我的团长我的团》等；反映优秀共产党员为人民群众鞠躬尽瘁的高尚品德，如《焦裕禄》《生死牛玉儒》《杨善洲》等影视作品。此类题材的影视作品不再将这些重要人物塑造成"高大全"的形象，而是更加丰满立体的形象，展示他们褪去名人光芒后的平凡与真实。

3.发挥红色经典影视作品的爱国主义教育功能

中小学思想政治课程承担着立德树人的任务，是对学生进行爱国主义教育的主渠道，这是由它自身的性质和任务所决定的。教师要把教学内容与学生价值观的培养结合起来，融入学生的爱国主义教育中去。红色经典影视作品是我国民族文化的瑰宝，是学生爱国主义教育的优秀素材，在课堂上适度展示可以激发学生的爱国热情，创新爱国主义教育方法和途径。有心理学家证明：人的学习83%通过视觉，11%通过听觉，3.5%通过嗅觉，1.5%通过视觉，1%通过味觉。红色经典影视资源从声音、画面等多方面展示了中国共产党艰苦卓绝的历史，与传统的"一言堂"的教学模式相比，这种采用视频播放的形式对学生进行教育取得的效果更好，留给学生的印象更加深刻。

红色经典影视资源在教学中的应用，是基于学生的内在需要，符合教学的"三贴近原则"，即贴近学生、贴近生活、贴近实际，使中小学思想政治课更具亲和力，将学生真正吸引进课堂，使学生真正从内心接受和认同政治课。红色经典影视作品展现了中国共产党革命和建设的曲折历程，我国的民族精神和爱国主义精神贯穿其中，带给学生的感受更加深刻。

（1）建立红色经典影视资源库

关于红色经典影视资源在中小学思想政治课堂教学中的运用的研究内容大多比较零散、不系统，教师编辑视频需要一定的时间。因此，有必要建立一个完整、系统的红色经典影视资源库，有利于其可持续的研究发展，有利于中小学思想政治教师教学资源的共享，充分发挥教育技术在中小学思想政治课教学中的优势。

建立红色经典影视资源库，是一项需要人力物力的庞大工程，需要学校、教师、数据库技术人员等多方面的支持。学校要支持建立红色经典影视资源数据库，鼓励教师将红色经典影视资源整合到课堂，使教师能够积极配合数据库的建立，适当购买一些优质的红色经典影视作品以及影视教学资源。教师将自己整理和筛选的红色经典影视资源和融入红色经典影视的教学设计上传至数据库，进行校本资源建设，为中小学思想政治课教师之间进行教学成果的分享与交流提供一个平台，可以看到其他教师对自己设计的教学效果的反馈，帮助教师在教学中取得进步，也为其他教师提供一定的借鉴和参考。需要注意的是要注重保护原创，保护教师的知识产权，对一些红色经典影视教学资源进行免费分享，对于一些下载使用的教师要进行适当收费。资源数据库的建立需要技术人员对数量庞大的红色经典影视作品进行分类，对不同时期、不同地域的红色经典影视作品进行分类，对于红色经典影视作品的背景简介要尽量做到详细完整，对于适合不同年龄阶段的红色经典影视作品要做出具体的推荐，使教师可以按照不同的检索方式进行检索，方便教师对数据库的使用。

（2）拓展学生欣赏红色经典影视作品的第二课堂

通过红色经典影视资源，教师不仅可以在课堂教学中对学生进行思想政治教育，还可以充分发挥课堂教学之外的第二课堂作用，形成适合中小学生思想政治教育的红色经典影视系统工程。第二课堂的内容源于课堂又不拘泥于课堂教学，是培养思想政治学科核心素养的途径之一。与课堂教学相比，它具有形式多样、范围广、实施方便等特点，作为课堂教学在学生学习和生活中的延伸，它在课堂教学中起着重要的作用。教师积极开展学生欣赏红色经典影视资源的第二课堂，课堂教学结束后，可以向学生推荐一些红色经典影视作品的手机软件，如"学习中国""学习强国"等充分发挥红色经典影视作品的育人作用，让学生利用课余时间接受红色经典影视资源的影响，以潜移默化的方式提高思想政治素养，更好地了解课堂教学内容，提高艺术审美能力。教师不仅要把红色经典影视资源融入思想政治教学，还要积极组织学生在课外开展红色经典影视作品实践活动，使学生深入了解红色经典影视资源所蕴含的时代精髓，如开展红色经典影视作品主题歌演唱比赛等一系列实践活动。开展实践活动，可以帮助学生回顾当时的历史事件，深刻认识红色经典影视作品的时代魅力，更加珍惜现在的和平生活。教师组织学生的实践活动，可以充分发挥学生的自主性，培养学生的积极性，使红色经典影视作品传达的精神融入学生的精神世界。

①举办红色经典影视学习实践活动

学校是一个充满活力的地方，除了常规的课堂学习外，还有丰富多样的课外实践活动，这些活动在学生的校园生活中扮演着非常重要的角色。通过各种实践活动，学生不仅可以锻炼实际操作能力，还可以学到更多书本上没有的知识，开阔视野，其教育功能不可小觑。同时，与正规的课堂教育相比，集体实践活动更具开放性、主动性和参与性。学生可以在更加轻松活泼的氛围中学习知识，提升自我。红色经典影视作品可以充分利用这个平台，以丰富多样的实践活动为载体，巧妙地将红色经典影视作品融入各种有趣的集体活动中，让学生潜移默化地受到它的影响，从而发挥红色经典影视作品的思想政治教育功能。

②将红色经典影视作品融入校园文化建设中

学校可以为学生营造适当的思想政治教育环境，它能对中小学思想政治教育起到积极作用。作为学校的教师或管理者，虽然不能控制整个社会环境，但可以改善和治理校园文化环境，其中就可以应用到红色经典影视作品。创建以红色文化为主题的校园活动，融入红色经典影视作品题材，开展观影交流、艺术交流、实践活动等，利用校园刊物、校园广播、校园网等媒体开展红色文化宣传与教育。邀请专家学者到学校交流、组织座谈会或开设红色经典影视作品选修课，提高学生的文化艺术鉴赏水平，拓宽学生知识面，实现红色经典影视作品的思想政治教育功能。

③搭建校园思想政治教育自媒体

师资力量强的学校可以优化教学资源，利用本校大型多媒体教室开展红色经典影视作品观赏活动。在师资力量薄弱地区，可以与当地影院签订租用合作协议，联合搭建中小学思想政治教育新平台。还可以以红色影视教育为切入点，搭建类似公众号的校园思想政治教育自媒体，并将实际教学纳入其中。为了扩大平台的影响力，提升本校思想政治课的品牌特色，学校可以将平台注册为商标，后期的活动将更加丰富。可以在全校范围内征集平台的Logo，商标标识、收集全校师生与关心此平台人士的宝贵意见，让大家都能参与其中，这也让学生的创新意识得以发挥。微信是目前国内非常流行的社交APP，在校园中更是有着广泛的用户群体。在教学中使用iPad已经不是什么新鲜事了，中小学生尤其高中生手机的普及率也在逐年上升，利用微信平台进行思想政治教育已具备一定的现实基础，推送红色影片放映档期、优秀的观后感，增加学生们的互动交流，让红色影视作品融入大家的学习生活当中。在大型节假假举办相关主题的观影活动，不仅营造了节日氛围，也有助于师生在享受节日欢乐的同时，领略红色经典影视作品的魅力，传递正确的人生观、世界观、价值观，传递正能量！

开展红色经典影视作品的学习实践活动，以丰富多样的实践活动为载体，比如开展红色经典影视作品主题曲演唱大赛、通过文艺社团活动进行话剧片段、红色经典影视剧情表演等一系列实践活动，将红色影视教育巧妙融入各种有趣的集体活动中，使学生能够在潜移默化中受其感染，培养学校的红色基因，从而发挥红色经典影视作品的爱国主义教育功能。

结　语

　　随着信息技术的高速发展，多种新型的媒介传播手段不断诞生、发展。不同的传播通道、不同的传播技术之间的联系愈发紧密，新媒体和传统媒体开始相互交织、融合，它们不再是泾渭分明，而是悄然兴起了一场大融合，即媒介融合。在媒介融合的背景下，开启了多媒体共存的融媒体时代。融媒体和思想政治教育之间具有重要联系，思想政治教育必须紧跟时代脚步，从全方位、多角度认识和容纳时代出现的新型产物，并且加以运用和引导，为社会主义建设提供更加完善的条件。作为兼具经济和文化功能的媒体和我国主流意识形态的思想政治教育，也必须要全面、深入地加强改革，创新媒体发展传播手段，创新思想政治教育传播发展路径，成为新时代思想政治教育改革的重要任务。在融媒体时代研究中小学影视教育与思政教育，从理论到实践，实现影视教育与中小学思政教育的有机融合，是新时代中小学思政教育完善的必经之路。

　　影视艺术作为一门综合性的视听艺术，受众最广，教育功能也最明显。影视艺术在融媒体的迅猛发展，对社会生活的方方面面都产生了广泛的影响，特别是在青少年的艺术素养和审美修养方面，显示出不可替代的艺术教育功能。影视资源作为数字化学习资源中的重要组成部分，凭借其视听兼备、内容丰富的优势，成为广受学生喜爱的学习辅助材料，已经被教师广泛运用于中小学思想政治课教学中。因此，如何挖掘影视资源的教育价值，如何实现其与思想政治课堂教学的深度融合，怎样更好地运用于教学过程当中，创新影视教育促进中小学思政教育的途径，提升中小学思想政治课教学的实效性，是本书研究的重点。

　　融媒体时代，从理论到实践，研究影视教育与中小学思政教育的有机融合，首先要从理论上厘清影视教育的概念、特点、理论依据，以及中小学思想政治教育的理论依据及发展历程；深入探讨影视教育在中小学思想政治教育中的价值体现；分析中小学思政教育中融入影视教育的影响因素，全面总结融媒体背景下影视教育应用于中小学思政教育的问题及成因，才能提出针对性的创新对策，实现影视教育在中小学思政教育中的最大实效。因循这个思路，本书从影视教育的概念界定及相关理论依据入手，从文献梳理归纳、理论分析和实证研究三个维度探讨融媒体时代中小学影视教育与思想政治教育。

本书在找准影视教育和中小学思想政治教育的理论依据，以及影视教育在中小学思想政治教育中的价值重要性的基础上，对当前影视教育融入中小学思想政治教育的现状进行了科学客观的分析，并深入探寻影视教育与中小学思想政治教育有机融合的创新途径，促进中小学思想政治教育工作的创新发展，提供清晰的思路、途径、切入点和切实可行的方法体系，对融媒体时代影视教育与中小学思想政治教育的有机整合有一定的指导意义，但是，笔者认为，还有许多值得继续研究的问题。如对影视文化、影视作品的研究，它们与影视教育息息相关。鉴于时间和本人研究水平有限，本书尚有许多不足之处，希望在今后的工作和学习中不断提升自己的研究能力和水平，以期取得更多的创新性研究成果。

附录一

教育部 中共中央宣传部关于加强中小学
影视教育的指导意见

教基〔2018〕24号

各省、自治区、直辖市教育厅（教委）、党委宣传部，新疆生产建设兵团教育局、党委宣传部：

为深入学习贯彻习近平新时代中国特色社会主义思想和党的十九大精神，落实全国教育大会精神，充分发挥优秀影片在促进中小学生德智体美劳全面发展中的重要作用，现就加强中小学影视教育提出如下指导意见。

一、重要意义

优秀影片具有生动、形象、感染力强等显著特点，蕴含着丰富的思想、艺术和文化价值。利用优秀影片开展中小学生影视教育，是加强中小学生社会主义核心价值观教育的时代需要，是落实立德树人根本任务的有效途径，是丰富中小学育人手段的重要举措。近年来，各地积极开展中小学生影视教育，受到广大中小学生热烈欢迎，取得了良好成效。但总体上看，我国中小学生影视教育工作基础还比较薄弱，一些地方存在思想认识不到位、条件保障不完善、活动开展不经常、体制机制不健全等问题，导致影视教育的针对性和实效性还不够强。

长期以来，我国一批优秀的经典影片影响和感染了一代又一代人，激励青少年学习英雄人物、先进人物和美好事物，在学习生活中养成好的思想品德追求。当前电影事业快速发展，不同类型的优秀影片大量涌现，在满足人民群众精神文化需求、提高全民族文化素养、传播社会主流价值观、弘扬中华优秀传统文化、增强国家文化软实力等方面发挥了重要作用，也为中小学开展影视教育工作进一步提供了丰富的资源和载体。通过加强中小学影视教育，着力在坚定理想信念、厚植爱国主义情怀、加强品德修养、增长知识见识、培养奋斗精神、增强综合素质上下功夫，努力构建德智体美劳全面培养的教育体系，对于激发学生对党、国家和人民的热爱，增强对"四个自信"的理解与认同，对于从小养成良好思想道德、心理品质和行为习惯，形成正确的世界观、人生观、价值观，对于提高学生审美和人文素养，形成健康文明的生活方式等具有重要意义。

二、工作目标

加强中小学影视教育，必须遵循中小学生年龄特点和认知规律，统筹影视教育资源，强化观影条件保障，完善工作协调机制，推动各地各校因地制宜开展影视教育活动，让中小学生在影视教育中感受世界、开阔视野、体验情感，促进他们身心健康和全面发展。

力争用3～5年时间，全国中小学影视教育基本普及，形式多样、资源丰富、常态开展的中小学影视教育工作机制基本建立，中小学生影视教育活动时间得到切实落实，适合中小学生观看的优秀影片得到充分保障，学校、青少年校外活动场所和社会观影资源得到有效利用，形成中小学影视教育的浓厚氛围。

三、主要任务

1. 纳入教育教学计划。各地教育行政部门要会同宣传部门加强对中小学影视教育工作指导，把影视教育作为中小学德育、美育等工作的重要内容，纳入学校教育教学计划，与学科教学内容有机融合，与校内外活动统筹考虑，灵活安排观影时间和方式，使观看优秀影片成为每名中小学生的必修内容，保障每名中小学生每学期至少免费观看两次优秀影片。有条件的地方可以开发影视教育的地方课程和校本课程，进一步丰富课程内容，优化影视教育的方式方法。

2. 遴选推荐优秀影片。各地要注重遴选思想性、艺术性强，弘扬民族精神和时代精神，符合青少年身心特点和认知规律的优秀影片，推荐给广大中小学生观看。教育部将会同中共中央宣传部每年向全国中小学生推荐优秀影片片目，各地可优先从中选取影片进行放映。中国儿童少年电影学会要加强对儿童电影创作指导，指导支持影视制片机构拍摄有益于未成年人健康成长的优秀电影。全国中小学生影视教育协调工作委员会要做好优秀影片的评选、推荐和促进发行等工作。国家电影数字节目管理中心要加强电影数字平台儿童专区建设，定期向影视制片机构征集优秀影片，建立少年儿童影片资源库，提供给农村、社区和校园院线进行放映。

3. 改善学生观影条件。有条件的中小学校，可依托现有礼堂、阶梯教室等改扩建放映场地，利用原有电教设施或购置专门放映设备，为学生观影提供良好环境。学校可在指定网站点播或下载优秀影片，组织学生在教室进行集体观看。具备放映条件的示范性综合实践基地、少年宫、研学实践教育基（营）地、青少年学生校外活动中心、乡村（社区）青少年校外活动站、乡村学校少年宫等校外活动场所，要利用现有的场所和设施设备，积极组织开展影片放映工作，并主动为附近不具备放映条件的中小学校提供观影服务。

4. 拓展学生观影渠道。各地宣传部门要积极实施中小学生观影普惠计划，推动当地影片放映机构创造条件为城市中小学生开设电影专场，制定合理放映计划，科学安排场次和时间，精心组织观影活动。要组织农村放映队深入农村中小学校进行电影放映，实现农村学生免费观影活动全覆盖。要推动电视台相关影视频道，定期开展优秀影片展映活动，让学生在家也能欣赏到优秀影片。要组织开展特种电影公益放映活动，让盲、聋等残疾儿童少年与健全孩子一样，感受优秀影片魅力。

5. 丰富影视教育活动。教育部、中共中央宣传部定期举办全国中小学生电影周活动和影视教育论坛。各地教育行政部门和学校要积极开展校园影视教育活动，通过电影赏析、电影评论、电影表演、电影配音、微电影创作、影视节（周）活动等，营造浓厚校园影视文化氛围，让中小学生在看电影、评电影、拍电影、演电影中收获体会和成长。要教育引导学生深入学习影视作品中的英雄人物、先进人物和美好事物，正确看待影视从业人员，不盲目追星。学校在组织开展重大节庆纪念日、主题班会、少先队、共青团、学生社团、社会实践等活动中，可利用优秀影片进行理想信念、革命传统、社会主义核心价值观、中华优秀传统文化等教育，增强教育活动的感染力和吸引力。

6. 强化师资队伍建设。各地教育行政部门、宣传部门要结合中小学校影视教育工作的实际需要，将电影放映、电影理论、电影鉴赏、微电影创作等专业知识纳入中小学德育和校外教育教师培训内容，提高教师的艺术素养和审美能力，培养一批专兼职结合的影视教育教师队伍。邀请影视教育专家，通过建立学校影视教育工作室、开展电影主题讲座等形式，讲授电影知识，传播电影文化，提高教师开展影视教育的能力和水平。

7. 加强观影活动管理。各地中小学校、承担影片放映任务的青少年校外活动场所，要建立健全影视教育管理模式和规章制度，加强对观影活动的组织管理，研究制定安全预案，细化管理职责和要求，组织开展应急疏散演练，确保集体观影活动安全开展。电影院线等影片放映机构要针对中小学生实际，合理安排放映场地，加强用电、消防、卫生等相关安全检查，切实做好观影活动的各项安全工作。

四、保障措施

1. 加强组织领导。各地教育行政部门和宣传部门要在当地党委、政府的统一领导下，建立中小学影视教育工作协调机制，把影视教育工作纳入重要议事日程，结合地方实际统筹推进中小学影视教育工作。要进一步增强阵地意识，对各类影视教育活动内容进行严格把关，大力弘扬社会主义核心价值观，确保鲜明正确的价值导向，传播正能量。

2. 加强服务保障。各地宣传部门和影片发行放映机构要坚持公益性原则，在片源、票价、观影场所和放映设备等方面制定优惠政策，支持学校开展影视教育活动，为中小学生观看优秀影片提供服务。各地教育行政部门要探索建立中小学影视教育激励和保障机制，鼓励学校多种形式开展观影活动，丰富教育内容，并在活动安排、人员培训、经费投入等方面予以保障。

3. 加强考核评价。各地教育行政部门和宣传部门要加强中小学影视教育目标考核和效果评价，将结果作为学校教育工作考核评价的重要内容。要加强督促检查，定期对活动开展、观影条件、影片资源、放映机构及设备等开展检查，促进影视教育工作制度化、规范化、常态化开展。

4. 加强宣传引导。各地教育行政部门和宣传部门要积极探索中小学影视教育工作有效模式，充分挖掘提炼各地典型经验和做法，加强宣传推广，创新形式内容，发挥引领示范作用，为影视教育持续有效开展营造良好的环境和氛围。

教育部 中共中央宣传部

2018年11月21日

附录二

中小学思想品德课影视资源应用现状调查问卷

（学生卷）

　　亲爱的同学们，耽误大家5分钟的时间，让我们一起来做一份小小的问卷。下面是关于平时思想品德课上教师运用影视资源教学的情况，请在你要选择的答案字母上打"√"。本次调查采用不记名的方式，在所选的答案中没有对错之分，希望根据你的实际情况回答！（注：其中影视资源是指电影、电视剧、电视节目、动画片等）

年级（　　　）

1.思想品德课上教师使用影视资源来教学吗?

　　A. 经常　　　　　B. 有时　　　　　C. 很少　　　　　D. 从不

2.你认为思想品德课上影视资源的使用频率_____。

　　A. 太少　　　　　B. 刚好　　　　　C. 太多　　　　　D. 没感觉

3.你是否喜欢思想品德课上教师使用影视资源来教学?

　　A. 喜欢　　　　　B. 一般　　　　　C. 没感觉　　　　D. 不喜欢

4.你喜欢的主要原因是_____。

　　A. 能让学习更有趣

　　B. 可以加深对学习内容的理解与记忆

　　C. 能从中知道更多想知道的东西

　　D. 其他

5.思想品德课上教师播放的影视资源的主要类型有（多选）_____。

　　A. 新闻报道

B. 电影、电视剧片段

C. 动画片

D. 广告

E. 其他（电视访谈、综艺节目、纪录片等）

6. 你认为思想品德课上教师使用的影视资源对自己思想品德课的学习帮助大吗？

    A. 帮助很大   B. 有一定帮助   C. 没什么帮助   D. 没感觉

7. 你认为下列哪些类型对自己的思想品德课学习帮助最大？

    A. 新闻报道

    B. 电影、电视剧（片段）

    C. 动画片

    D. 广告

    E. 其他（电视访谈、综艺节目、纪录片等）

8. 教师在思想品德课上使用影视资源后，你_____。

    A. 对思想品德课更感兴趣   B. 对当节课知识记忆和理解更深

    C. 对视频内容记忆很深   D. 没感觉

9. 你认为某些影视资源对自己学习思想品德课帮助不大的主要原因是_____。

    A. 没有看懂   B. 播放后没有展开讨论

    C. 不感兴趣   D. 其他

10、观看思想品德课的影视片段时，你遇到过下列哪种情况

    A. 视频模糊   B. 屏幕放光   C. 听不清声音

    D. 三者皆有   E. 三者皆无

11. 思想品德课老师_____课堂上播放的影片资源相关的课后思考题或作业。

    A. 布置过   B. 没有布置过

12. 你期望教师在什么时间使用影视资源？

    A. 课堂刚开始时

    B. 课中学习新知识时

    C. 课堂最后复习知识时（知识总结时）

参考文献

1. 经典著作

[1] 马克思恩格斯选集（第二卷）[M]. 北京：人民出版社，1957.

[2] 马克思恩格斯全集（第三卷）[M]. 北京：人民出版社，1960.

[3] 马克思恩格斯选集（第十六卷）[M]. 北京：人民出版社，1964.

[4] 马克思恩格斯选集（第一卷）[M]. 北京：人民出版社，1972.

[5] 马克思恩格斯全集（第二十三卷）[M]. 北京：人民出版社，1980.

[6] 毛泽东选集（第三卷）[M]. 北京：人民出版社，1993.

[7] 邓小平文选（第二卷）[M]. 北京：人民出版社，1993.

[8] 马克思恩格斯全集（第二十卷）[M]. 北京：人民出版社，1994.

[9] 邓小平文选[M]. 北京：人民出版社，1994.

[10] 江泽民文选（第三卷）[M]. 北京：人民出版社，2006.

[11] 邓小平. 马克思主义文艺论著选讲[M]. 北京：中国人民大学出版社，2003.

2. 报纸

[1] 习近平. 建设社会主义文化强国　着力提高国家文化软实力[N]. 人民日报，2014-01-01.

[2] 习近平. 谋创新就是谋未来[N]. 人民日报，2015-07-20.

[3] 肖群忠. 铸民族文化道德之魂——学习习近平总书记关于理想、文化、道德的重要论述[N]. 中国教育报，2014-02-26.

3. 论文专著

[1] [德]马克思. 法兰西内战[M]. 北京：人民出版社，1961.

[2] 鲁迅全集（第九卷）[M]. 北京：人民文学出版社，1981.

[3] 中国教育年鉴编辑部. 中国教育年鉴（1949—1981）[M]. 北京：人民出版社，1982.

[4]蔡元培. 蔡元培美学文选[M].北京:北京大学出版社,1983.

[5][捷克]夸美纽斯著,傅任敢译. 大教学论[M].北京:人民教育出版社,
1984.

[6]马克思恩格斯论教育(修订本)[M].北京:人民教育出版社,1986.

[7][德国]H. R. 姚斯、[美]R. C. 霍拉勃著,周宁、金元浦译. 接受美学与接
受理论[M].沈阳:辽宁人民出版社,1987.

[8]中国教育文献选编(1997—1985)[M].北京:光明日报出版社,1987.

[9]陈国祥. 进入角色与教学艺术——思想品德课教学初探[J].镇江师专学报
(社会科学版),1988(01).

[10]朱立元.接受美学[M].上海:上海人民出版社,1989.

[11][瑞士]皮亚杰著,范祖珠译. 发生认识论[M].北京: 商务印书馆,1990.

[12]邵瑞珍主编.学与教的心理学[M].上海:华东师范大学出版社,1990.

[13]中国教育改革和发展纲要读本[M].北京:人民教育出版社,1993.

[14]中国教育年鉴(1993年)[M].北京:人民出版社,1994.

[15]中央文献研究室. 十二大以来重要文献[M].北京:人民出版社,1994.

[16]巴赞. 电影是什么[M].北京:中国电影出版社,1996.

[17]石中英. 关于当代道德教育问题的讨论[J].教育研究.1996(07).

[18]傅道春. 情境心理学[M].长春:东北师范大学出版社,1997.

[19]教育部人事司. 中学教育学[M].北京:北京大学出版社,1997.

[20]张春兴. 教育心理学[M].杭州:浙江教育出版社,1998.

[21]金元浦. 接受反应文论[M].济南:山东教育出版社,1998.

[22]童庆炳. 文艺理论教程[M].北京:高等教育出版社,1998.

[23]杨锦.苏霍姆林斯基的环境教育思想与实践[J].比较教育研究,1998(06).

[24]中国教育年鉴编辑部. 中国教育年鉴(1997年)[M].北京:人民出版社,
1998.

[25]胡克、张卫、胡智峰. 当代电影理论文选[M].北京:中国传媒大学出版
社,2000.

[26]中国教育年鉴编辑部. 中国教育年鉴(1999年)[M].北京:人民教育出版
社,2000.

[27]中共中央宣传部编. 毛泽东邓小平江泽民论思想政治工作[M].北京:学

习出版社, 2000.

[28]［美］Robert D. Nye著, 石林、袁坤译. 三种心理学——弗洛伊德、斯金纳和罗杰斯的心理学理论［M］. 北京: 中国轻工业出版社, 2001.

[29] 刘敬发. 思想品德教育概论［M］. 哈尔滨: 黑龙江人民出版社, 2001.

[30] 王敏. 思想政治教育接受论［M］. 武汉: 湖北人民出版社, 2002.

[31] 骆郁廷. 论思想政治教育内容结构及其优化［J］. 学校党建与思想教育, 2002（Z1）.

[32] 十六大报告辅导读本［M］. 北京: 人民出版社, 2002.

[33] 孟繁华. 众神狂欢——世纪之交的中国文化现象［M］. 北京: 中央编译出版社, 2003.

[34] 戴锦华. 镜与世俗神话: 影片精读18例［M］. 北京: 中国人民大学出版社, 2004.

[35] 朱立元. 接受美学导论［M］. 合肥: 安徽教育出版社, 2004.

[36] 中小学心理健康教育［M］. 长春: 东北师范大学出版社, 2004.

[37] 麻彦坤、叶浩生. 维果茨基最近发展区思想的当代发展［J］. 心理发展与教育, 2004（02）.

[38] 张志安、沈国麟. 媒介素养: 一个亟待重视的全民教育课题［J］. 媒介素养研究, 2004（05）.

[39] 李道新. 中国电影文化史［M］. 北京: 北京大学出版社, 2005.

[40] 林兴岚. 诚信教育论［M］. 长春: 吉林人民出版社, 2005.

[41] 李辽宁. 思想政治教育功能研究综述［J］. 求实, 2005（02）.

[42] 陈梅香、连榕. 情境学习理论在教育中的应用［J］. 当代教育论坛, 2005（04）.

[43] 胡忠青. 未成年人媒介素养教育策略刍议［J］. 教学与管理, 2005（05）.

[44] 李光珍. 解决化学实验问题思维训练对学生形式运算思维的影响［D］. 华东师范大学, 2006.

[45] 李华兴. 中国近代国家观念的形成与发展［J］. 马克思主义与现实, 2006（02）.

[46] 张耀灿、郑永廷、吴潜涛、骆郁廷. 思想政治教育学［M］. 北京: 北京高等教育出版社, 2007.

[47] 钱家先、太俊文. 中学历史新课程教学论［M］. 昆明: 云南大学出版社, 2007.

[48]周韵.电视传媒对青少年价值观影响探析[D].南京师范大学,2007.

[49]张武.影视艺术教育应该全面普及[J].艺术教育,2007(09).

[50]徐建军、胡杨.大学生认知特征与思想政治工作创新[J].思想教育研究,2007(12).

[51]游昀.试论影视文化教育对青少年德育的作用及其实施途径[J].当代教育论坛,2008(06).

[52]陈燕.新时期思想政治教育新探[M].昆明:云南科技出版社,2009.

[53]赖亦明、汪荣有.马克思主义基本原理专题研究[M].合肥:安徽大学出版社,2009.

[54]谭蔚沁.论马克思"人的全面发展理论"与大学生创业教育[J].思想战线,2009(05).

[55]王贤卿.论传播学受众理论与思想政治教育创新[J].思想理论教育导刊,2009(11).

[56]蔡雯、王学文.角度·视野·轨迹——试析有关"媒介融合"的研究[J].国际新闻界,2009(11).

[57]国家中长期教育改革和发展规划纲要(2010—2020年)[M]北京:人民出版社,2010.

[58]陈海涛.浅谈影视资源与文综合科目的课程整合[D].辽宁师范大学,2010.

[59]云南现代教育中心.教育学[M].昆明:云南人民出版社,2010.

[60]王树荫.中国共产党思想政治教育史[M].北京:中国人民大学出版社,2010.

[61]张志媛.新时期影视文化对青少年生活方式的影响及对策[D].天津大学,2010.

[62]周鸿铎.传播学教程[M].北京:中国书籍出版社,2010.

[63]雷钢.教育信息化视野中的视频资源创建与利用[M].成都:电子科技大学出版社,2010.

[64]骆郁廷主编.当代大学生思想政治教育[M].北京:中国人民大学出版社,2010.

[65]胡玲红.情境学习理论对英语教学的启示[J].新课程论坛,2010(08).

[66]张海、王以宁、何克抗.基于课堂视频分析对信息技术深层整合教学结构

的研究[J]. 中国电化教育, 2010 (11).

[67] 唐湘宁. 论影视资源与生命教育的精神对应性[J]. 教学与管理, 2010 (33).

[68] 中华人民共和国教育部. 义务教育思想品德课程标准[M]. 北京: 北京师范大学出版社, 2011.

[69] 焦建利、贾义敏. 真实境脉中的学习研究与教育变革——学习科学研究回顾、反思与展望[J]. 开放教育研究, 2011 (06).

[70] 胡锦涛. 坚定不移沿着中国特色社会主义道路前进 为全面建成小康社会而奋斗——在中国共产党第十八次全国代表大会上的报告[M]. 北京: 人民出版社, 2012.

[71] 教育部人事司. 中学教育学[M]. 北京: 北京师范大学出版社, 2012.

[72] 郭学萍、徐谨. 论语·子张[M]. 广州: 南方日报出版社, 2012.

[73] 安小兰. 荀子·劝学[M]. 北京: 中华书局, 2012.

[74] 蔡雯. 媒体融合与融合新闻[M]. 北京: 人民出版社, 2012.

[75] 王志敏、赵斌. 电影对人类文明发展的革命性意义[J]. 艺术百家, 2012 (04).

[76] 刘颖悟、汪丽. 媒介融合的概念界定与内涵解析[J]. 中国广播, 2012 (05).

[77] 漆谦. 谈《舌尖上的中国》传达的中国价值[J]. 电视研究, 2012 (10).

[78] 马之先. 廉洁教育中小学读本[M]. 合肥: 安徽大学出版社, 2013.

[79] [英] 维克托·迈尔-舍恩伯格著, 周涛等译. 大数据时代生活、工作与思维的大变革[M]. 杭州: 浙江人民出版社, 2013.

[80] 杨素云. 利用影视资源开展核心价值体系教育的思考[J]. 教学与管理, 2013 (03).

[81] [美] 约翰·W. 桑特洛克著, 田媛、吴娜译. 发展心理学[M]. 北京: 机械工业出版社, 2014.

[82] 张大均. 教育心理学[M]. 北京: 人民教育出版社, 2014.

[83] 钱均鹏、徐荣梅. 习近平总书记系列重要讲话精神学习辅导读本[M]. 北京: 中国言实出版社, 2014.

[84] 栾轶玫. 融媒体传播[M]. 北京: 中国金融出版社, 2014.

[85] [英] 斯蒂芬·哈格德、王保华、何欣蕾. 慕课正在成熟[J]. 教育研究, 2014 (05).

[86] 教育部普通高中思想政治课课程编写组. 思想政治3 (文化生活) [M]. 北

京：人民教育出版社，2016.

[87]习近平总书记系列重要讲话读本[M].北京：人民出版社，学习出版社，2016.

[88]沈洊.利用红色影视对大学生进行中国梦教育的政治与文化价值[J].经济师，2016（3）.

[89]杨武成、姚海田、于露.融媒体视域下大学生思想政治教育现状及应对策略[J].高教学刊，2016（20）.

[90]朱磊.高校思想政治理论课翻转课堂教学改革的"变"与"不变"[J].思想政治教育研究，2016（05）.

[91]习近平.决胜全面建成小康社会 夺取新时代中国特色社会主义伟大胜利——在中国共产党第十九次全国代表大会上的报告[M].北京：人民出版社，2017.

[92]北京市新闻工作者协会.中国媒体融合发展报告（2016）[M].北京：社会科学文献出版社，2017.

[93]赖丽萍."媒介融合"视域下高校学生思想政治教育问题与对策研究[J].黑河学院学报，2017（01）.

[94]刘世衡.马克思主义传播观的现实借鉴意义[J].马克思主义研究，2017（02）.

4. 网络文摘

[1]中共中央政治局委员、中央书记处书记、中宣部部长刘云山2010年9月26日在影视创作座谈会上的讲话_人民网[EB/OL].http://www.people.com.cn/GB/paper39/8202/774.

[2]习近平在全国宣传思想工作会议上发表重要讲话_新华网[EB/OL].http://www.xihuanet.com.

[3]民族振兴靠人[EB/OL].http://news.xinhuanet.com/po|itics/2013-08/29/c_117144699.htm.

[4]罗杰斯的人本主义教学理论_淘豆网http://www.taodocs.com/p-97535966.html.

[5]习近平在全国高校思想政治工作会议上发表重要讲话_新华网[EB/OL].http://news.xinhuanet.com/politics/2016-12/08/c_1120082577.htm.

[6]中国未成年人互联网运用和阅读实践报告：六成小学生有手机_央视网

　　http://www.southmoney.com/caijing/caijingguanch/201809/2579400.html,
　　2018-9-11.

［6］教育部、中共中央宣传部关于加强中小学影视教育的指导意见［EB/OL］.
　　http://www.moe.gov.cn/srcsite/A06/s3325/201812/t20181224_364519.html.

［7］教育部、国家发展改革委、财政部、文化部、国家广电总局关于进一步开
　　展中小学影视教育的通知［EB/OL］.http://www. moe. edu. cn/jyb _ xxgk/
　　gk _ gbgg/moe_0/moe_1964/moe_2375/tnull_37641.html.

［8］以习近平同志为核心的党中央关心教师队伍建设纪实_人民网河南频道
　　http://www.henan. people.com. cn/n2/2019/09.

［9］教育部等五部门印发《关于加强新时代中小学思想政治理论课教师
　　队伍建设的意见》_中国政府网［EB/OL］.http://www.gov. cn：8080/
　　xinwen/2019-10/14/.